民國文化與文學_{研究文叢}

五 編

李 怡 主編

第21冊

追尋隱沒的詩神
——朱英誕詩歌研究文選(上)

王澤龍　程繼龍 編

國家圖書館出版品預行編目資料

追尋隱沒的詩神——朱英誕詩歌研究文選（上）／王澤龍
程繼龍 編 -- 初版 -- 新北市：花木蘭文化出版社，2015〔民
104〕
目 4+254 面；19×26 公分
（民國文化與文學研究文叢 五編；第 21 冊）
ISBN 978-986-404-263-0（精裝）
1. 朱英誕 2. 詩歌 3. 詩評
541.26208   104012157

特邀編委（以姓氏筆畫為序）：

ISBN-978-986-404-263-0

9 789864 042630

民國文化與文學研究文叢
五　編　第二一冊　　　　　　　ISBN：978-986-404-263-0

追尋隱沒的詩神
——朱英誕詩歌研究文選（上）

編　　者　王澤龍　程繼龍 編
主　　編　李　怡
企　　劃　四川大學現代中國文化與文學研究中心
　　　　　北京師範大學民國歷史文化與文學研究中心
總 編 輯　杜潔祥
副總編輯　楊嘉樂
編　　輯　許郁翎
出　　版　花木蘭文化出版社
社　　長　高小娟
聯絡地址　235 新北市中和區中安街七二號十三樓
　　　　　電話：02-2923-1455／傳真：02-2923-1452
網　　址　http://www.huamulan.tw 信箱 hml810518@gmail.com
印　　刷　普羅文化出版廣告事業
初　　版　2015 年 9 月
全書字數　307181 字
定　　價　五編 24 冊（精裝）新台幣 45,000 元　　　　版權所有・請勿翻印

追尋隱沒的詩神
——朱英誕詩歌研究文選（上）

王澤龍　程繼龍　編

作者簡介

　　王澤龍，1957 年出生，湖北洪湖人；華中師範大學文學院教授、文學博士、博士研究生導師。中華人民共和國教育部長江學者特聘教授。兼任《華中師範大學學報》主編。主要學術著作有《中國現代主義詩潮論》、《中國現代詩歌意象論》、《中國新詩的藝術選擇》等。

　　程繼龍，1984 年出生，陝西隴縣人；文學博士，嶺南師範學院人文學院講師，發表學術論文多篇，主要研究領域為中國現當代詩歌研究、評論。

提　　要

　　朱英誕是 20 世紀現代文學史上一位被長期遺忘了的優秀詩人，近一些年來開始被關注。朱英誕屬於 20 世紀 30 年代開始在詩壇展露頭角，他的詩被廢名先生稱為現代「南宋的詞」，是京派文人圈中的代表性詩人。朱英誕生活在大動盪的 20 世紀，靜心沉默地以詩歌創作作為自己人生的存在方式，從 20 世紀 30 年代之初至 80 年代初期，默默地堅持詩歌寫作 50 餘年，在詩歌中留下了他獨特的人生感受與生命體驗。近幾年受朱英誕家屬的委託，有機會接觸了朱英誕創作的絕大部分作品，並帶領我的博士、碩士研究生整理朱英誕的詩集與文稿，朱英誕詩歌與文集的整理工作已經完成大部分，將編輯為 10 卷出版。在整理編輯朱英誕詩歌與文集的同時，我們也收集了從 30 年代至現在的朱英誕研究文獻。為了讓海內外廣大讀者對朱英誕及其詩歌有更多的瞭解，我們編輯了這一本《朱英誕詩歌研究文選》。為了閱讀方便，按照四個方面編選輯成。一是「詩人尋蹤」，是有關朱英誕生平與創作生涯的介紹，其中有朱英誕在北京大學任教時的老師、同行為他詩歌集作的序跋，詩人夫人與長女撰寫的生平小傳。「理論探討」主要挑選的是有關朱英誕詩歌的專題性研究文章，包括朱英誕詩歌與中外詩歌的關係，朱英誕詩歌理論、詩歌語言的研究等。「經典解讀」部分大部分是對朱英誕代表性詩歌作品的品鑒分析。「學位論文選輯」，彙集的是近一些年來大陸研究生研究朱英誕詩歌的學位論文的內容簡介，也收錄了兩篇朱英誕研究的綜述文章。

民國文學：闡釋優先，史著緩行
——第五輯引言

李　怡

　　中國學界提出「民國文學」的概念已經超過十五年了，[註1] 在新一波的文學史寫作的潮流之中，人們對民國文學的研究也出現了一種期待，就是希望盡快見到一部《民國文學史》，似乎只有完整的文學通史才足以證明「民國文學」研究的合理性，或者說在當前林林總總的文學史寫作意見裏，證明自己作爲新的學術範式的存在。在我看來，受各種主客觀條件的限制，目前最需要開展的工作還不是撰寫一部體大慮深的文學史著，而是努力從不同的角度深入勘探、考察，對這一段歷史提出新的解釋。

一

　　眾所周知，中國文化具有悠久漫長的「治史」傳統。在一個宗教裁決權並沒有獲得普遍認可的國度，人們傾向於相信，通過歷史框架的確立可以達到某種裁決與審判的高度，所謂「名刊史冊，自古攸難，事列春秋，哲人所重。」[註2] 中國最早的史官除了司職記事，還負責主持祭祀，占卜吉凶，溝通神靈。史不僅可以成爲「資治通鑒」，甚至還具有某種道德的高度，所謂「孔子成《春秋》，亂臣賊子懼」，[註3] 史家如司馬遷等也是以「究天人之際，通古今之變」自我期許。

〔註 1〕　中國大陸最早的「民國文學」設想出現在 1997 年（陳福康），最早的理論倡導出現在 2000 年代早期（張福貴）。

〔註 2〕　劉知幾撰，浦起龍釋：《史通通釋・人物》第 240 頁，上海：上海古籍出版社 1978 年版。

〔註 3〕　《孟子・滕文公章句下》，見楊伯峻《孟子譯注》上冊 155 頁，中華書局 1960 年版。

文學史的出現原本是現代的事物，它顯然不同於古代的史官治史，這種來自西方的學術方式更屬於學院派知識份子的個體行為。但是，歷史的因襲依然存在，尤其是在一些世代交替的時節，無論是政治家還是知識份子本身，都自覺不自覺地認定「著史」可以樹立某種新的「標準」，完成對過往事物的「清算」。於是，如下一些史著的意義是可以被我們津津樂道的：

奠定中國現代文學學科的基礎是王瑤先生的《中國新文學史稿》。集中代表了撥亂反正過渡時期的文學史觀的是唐弢、嚴家炎先生主編的《中國現代文學史》。

體現了新時期的現代文學視野、集中展示研究新成果的是錢理群、陳平原、溫儒敏等人的《中國現代文學三十年》。

生動體現著「重寫文學史」意義的是陳思和的《中國當代文學史》。

展示 1990 年代以降學術研究的「歷史化」傾向的是洪子誠的《中國當代文學史》。

揭示「文學周邊」豐富景觀的是吳福輝獨撰的插圖本《中國現代文學史》。

錢理群主編的最新三卷本《中國現代文學編年史》展示了以「廣告為中心」的文學生產、流通、接受及其他社會文化環節，讓文學敘述的圖景再一次豐富而生動。

今天，隨著「民國文學」研究的呼聲漸起，在一系列命名和概念的討論之後，應該展示更多的文學史研究實績，只有充分的實績才能說明「民國社會歷史框架」的確具有特殊的文學視野價值，如何集中展示這些實績呢？目前容易想到的似乎就是編寫一部紮實厚重的《民國文學史》。

但是，在我看來，文學史編寫的工作固然重要卻又不可操之過急。因為，今天所倡導的「民國文學」，並不僅僅是一個名稱的改變（以「民國」替代「現代」），更重要的是一些研究視角和方法的調整。這些重要的改變至少包括：

正視民國歷史的特殊性，而不是簡單流於「半封建半殖民地」等等的簡略判斷。據史學界的知識考古，「半封建」一詞曾經出現在馬克思、恩格斯筆下，列寧第一次分別以「半封建」「半殖民地」指稱中國，以後共產國際以此描述中國現實，「半殖民地」一說並先後為中國國民黨人與中國共產黨人所接受，又經過蘇聯內部的理論爭鳴及共產國際的理論演繹，「半

封建半殖民地」的並稱出現在 1926 年以後，[註4] 又經過 1930 年代初的「中國社會性質問題論戰」，逐步成爲中共領導的馬克思主義史學的基本概括。到延安時期，毛澤東最爲完整清晰地論述了這一學說，從此形成了對中國知識份子歷史認知的主導性影響，直到今天應該說都有其獨到的深刻的一面。但是作爲一種總體的社會性質的認定，是不是就完全揭示了民國歷史的特點呢？就不需要我們具體的歷史問題的研究了呢？當然不是。例如對「封建」一詞的定義在史學界一直爭議不已，民國時代的經濟已經明顯走上了資本主義的發展道路，忽略這一現實就無法解釋中國近現代工商業文化對於文學市場的重要作用，辛亥革命之後的中國儘管軍閥混戰，也難掩其專制獨裁的性質，但是卻也不是「帝國主義買辦與走狗」這樣的情感宣泄就能「一言以蔽之」的。對於民國史，國外史學界同樣多有研究，有自己的性質認定，這也需要我們加以研讀和借鑒。之所以強調這一點，乃是因爲在此之前的《中國現代文學史》，幾乎都是以主流史學界的社會性質概括作爲文學發展的前提，從舊民主主義革命到新民主主義革命就是中國現代文學發生發展的基礎，文學的偉大和深刻就在於如何更加深刻地反映了這一歷史過程，1980 年代以後，爲了急於從這些政治判斷中脫身，我們的文學史又試圖在「回到文學自身」的訴求中另闢蹊徑，所謂「審美的文學史」成爲了口號，但是關於中國現代文學在民國時代的諸多歷史基礎的辨析卻被擱置了起來，今天，如果不能正視民國歷史的特殊性，也就不能在文學的歷史前提方面有眞正的突破。

發掘民國社會的若干細節，揭示中國現代文學生存發展的具體語境。無論是政治、經濟、社會文化等方面，民國社會的種種特徵都直接影響了現代中國文學的生產、傳播和接受，決定著文學的根本生存環境。關於這方面的研究，最近幾年已經在「文化研究」的推動下頗有收穫，不過，鑒於文化研究在來源上的異質性，實際上我們的考察也還較多地襲用外來的文化

──────────

[註4] 一般認爲，1926 年上半年，蔡和森在莫斯科中共旅俄支部會上作《中國共產黨的發展（提綱）》，已經提到「半殖民地和半封建的中國」和「半封建半殖民地的國家」（《聯共（布）、共產國際與中國國民革命運動（1926～1927）》，下冊第 408 頁，北京圖書館出版社，1998 年），另據李洪岩考證，最早的「半殖民地半封建」字樣，則是 1926 年 9 月 23 日莫斯科中山大學國際評論社編譯出版的中文周刊《國際評論》創刊號上的發刊詞，見《半殖民地半封建理論的來龍去脈》（《中國社會科學院近代史研究所青年學術論壇 2003 年卷》，社會科學文獻出版社，2005 年）。

理論，沒有更充分地回到民國自己的歷史環境。例如性別研究、後殖民批判、大眾文化理論等等的運用，迄今仍有生吞活剝之嫌。要真正揭示這些歷史細節，就還需要完成大量紮實的工作，例如民國經濟在各階段的發展與營運情況，各階層的經濟收入及其演變，社會分化與社會矛盾的基本情形，經濟與政治權利的區域差異問題，法制的發展及對私人權利（包括著作、言論權利）的保護與限制，軍閥政治對輿論及思想的控制方式，國民黨政權對輿論及思想的控制方式，國民政府時期的「黨政關係」及其內在的間隙，國民黨內部各派系的矛盾及其對思想控制的影響，民國各時期書報檢查制度的制定與實施情況，民國時期出版人、新聞人、著作人各自對抗言論控制的方式及效果，主流倫理的演變及民間道德文化的基本特點，文學出版機構的經營情況與文學傳播情況，民國時期作家結社及其他社會交往的細節等等，所有這些龐雜的內容倉促之間，也很難為「文學史」所容納，在一個相當長的時間裏都將成為文學研究的具體話題。

解剖民國精神的獨特性、民國文本的獨特性，凸顯而不是模糊這一段文學歷史的的形態。文學史究竟是什麼史？這個問題討論過很多年，至今也可能存在不同的意見，在我看來，儘管我們今天一再強調歷史研究與文化研究的重要性，但是所有這些討論最終還都應該落實到對於文學作品的解釋中來，否則文學學科的獨立性就不復存在了。最近幾年，民國文學研究的倡導與質疑並存，但更多的時候還都停留在口號的辨析和概念的爭論當中，就文學研究本身而論，這樣並不是對學術發展的真正推進。如果民國文學研究的提倡不能以大量的具體文學作品的闡釋為基礎，或者說民國文學的理念不能落實為一系列新的文學闡釋的出現，那麼這一文學史框架的價值就是相當可疑的；如果我們尚不能對若干文學作品的獨特性提出新的認識，那麼又何以能夠撰寫一部全新的《民國文學史》呢？

以上幾個方面的工作都是一部新的文學史寫作的必須的前提。我們的文學史的新著，從大的歷史框架的設立與理解到局部事件的認定和把握，乃至作為歷史事件呈現的文本的闡釋都與應該此前我們熟悉的一套方式——革命史話語、現代性話語——有所不同，如果只是抓住名稱大做文章，幾乎可以肯定的是，其結果必然很快陷入到業已成熟的那一套知識和語言中去，所謂「民國文學史」也就名不副實了。早在 1994 年，人民出版社就出版過《中國民國文學史》，這個奇特的書名——不是「中華民國文學史」而是「中國民國

文學史」——顯然反映出了當時的某種政治禁忌，平心而論，在 10 年前，能夠涉及「民國」二字，已屬不易，對於其中所承受的禁忌，我們深表理解；但是也的確因爲這一禁忌的存在，所謂「民國」的諸多歷史細節都未能成爲文學史觀察和分析的對象，所以最終的成果還是普遍性的「現代化」歷史框架，「中國民國文學史」的主體還是不折不扣的「現代文學三十年」，對歷史性質、文學意義的描述都依然如故，對作家的認定、作品的解釋一如既往，只不過增加了一點補充：民國建立到五四新文化運動發生的幾年。這樣的文學史著，自然還不是我們理想中的「民國文學史」。

二

當然，能夠標舉「民國」概念的文學史論已經出現了，這就是臺灣學者尹雪曼主編的《中華民國文藝史》及周錦主編的《中國現代文學研究叢刊》系列叢書，也包括最近兩岸學者的最新努力。

尹雪曼（1918～2008），本名尹光榮，河南汲縣（今衛輝市）人。抗戰時期西北聯合大學畢業，美國密西里大學新聞學院文學碩士。曾主編重慶《新蜀夜報》副刊，在上海、天津、西安等地擔任報社記者，1949 年去臺灣。曾任臺灣中國作家藝術家聯盟會長，《中華文藝》月刊社社長，在成功大學、中國文化大學等校任教。自 1934 年起，創作發表了小說、散文及文學評論多種。是很有代表性的遷臺作家。周錦（1928～1992），江蘇東臺人，1949年赴臺，曾經就讀於臺灣師範大學、淡江大學等，後創辦燕智出版社，擔任臺北中國現代文學研究中心主任。兩人的最大貢獻便是撰寫、主編或者參與編撰了一系列的中國現代文學研究論著，在新文學記憶幾近中斷的臺灣，第一次系統地總結了五四以來的中國文學發展歷史，尹雪曼撰寫有《現代文學與新存在主義》、《五四時代的小說作家和作品》、《鼎盛時期的新小說》、《抗戰時期的現代小說》、《中國新文學史論》、《現代文學的桃花源》，總纂了《中華民國文藝史》。〔註 5〕其中，《中華民國文藝史》大約是第一部以「民國」命名的大規模的系統化的文學史著作，民國歷史第一次成爲文學史「正視」的對象；周錦著有《中國新文學史》、《朱自清作品評述》、《朱自清研究》、《〈圍城〉研究》、《論呼蘭河傳》、《中國新文學大事記》、《中國現代小說編目》、《中國現代文學作家本名筆名索引》、《中國現代文學作品書名大辭典》、《中國現

〔註 5〕《中華民國文藝史》由臺北正中書局 1975 年初版。

代文學鄉土語彙大辭典》等，此外還主編了《中國現代文學研究叢刊》三輯共 30 本，於 1980 年由成文出版社有限公司印行出版。《中國現代文學研究叢刊》的史論也具有比較鮮明的「民國意識」。《中國現代文學研究叢刊編印緣起》這樣表達了他的「民國意識」：

> 中國新文學運動，是隨著中華民國的誕生而來。儘管後來有各種文藝思潮的激蕩以及少數作家思想的變遷，但中國現代文學卻都是在國民政府的呵護下成長茁壯的……〔註6〕

這樣的表述，固然洋溢著大陸文學史少有的「民國意識」，不過，認真品讀，卻又明顯充滿了對國民黨政權形態的皈依和維護，這種主動向黨派意識傾斜，視「民國」為「黨國」的立場並不是我們所追求的學術客觀，也不利於真正的「民國」的發現，因為，眾所周知的事實是，疲於內政外交的「國民政府」似乎在「呵護」民國文學方面並無傑出的築造之功，嚴苛的書報檢查制度與思想輿論控制也絕不是現代文學「成長茁壯」的理由。民國文學的真實境遇難以在這樣的意識形態偏好中得以呈現。

同樣基於這樣的偏好，民國文學的優劣也難以在文學史的書寫中獲得准確的評判，例如尹雪曼《中華民國文藝史·導論》作出了這樣概括：「中華民國的文藝發展，雖然波瀾壯闊，變幻無常；但始終有民族主義和人文主義作主流；因而，才有今日輝煌的成就。」「至於所謂『三十年代』文藝，則不過是中華民國文藝發展史中的一個小小的浪花。當時間的巨輪向前邁進，千百年後，再看這股小小的浪花，只覺得它是一滴泡沫而已。其不值得重視，是很顯然的。」〔註7〕

民國時期的現代文學是不是以「民族主義」為主流，這個問題本身就值得討論，至少肯定不會以國民政府支持下的「民族主義文藝運動」為主導，這是顯而易見的；至於所謂的「三十年代文藝」當指 1930 年代的左翼文學，事實上，無論就左翼文學所彰顯的反叛精神還是就當時的社會影響而言，這一類文學選擇都不可能是「一個小小的浪花」、「是一滴泡沫而已」，漠視和掩蓋左翼文學的存在，也就很難講述完整的民國文學了。

由此看來，20 世紀下半葉的冷戰不僅影響了大陸中國的學術視野，同樣扭曲了海峽對岸的學術認知。受制於此的文學史家，雖然不忘「民國」，但他

〔註6〕 周錦：《中國新文學簡史》1 頁，臺北成文出版社 1980 年。
〔註7〕 尹雪曼總纂：《中華民國文藝史》1 頁，臺北正中書局 1975 年。

們自覺不自覺地要維護的中華民國依然是以國民黨統治為唯一合法性的「黨國」，民國社會歷史的真正的豐富與複雜並不是「黨國」意識關心的對象。以民國歷史的豐富性為基礎構建現代中國的文學敘述，始終是一個難題，對大陸如此，對臺灣也是如此。

當然，考慮到臺灣歷史與文學的種種情形，《民國文學史》的寫作可能還會再添一個難度：如何描述海峽對岸當今的文學狀況，是排除於我們的「民國文學史」還是繼續延伸囊括，〔註8〕排除於現實不符，從「民國」敘述轉向「臺灣」敘述，恐怕也正是「獨派」的願望，相反，努力將「臺灣」敘述納入「民國」敘述才能體現中華統一的「政治正確」；不過，納入卻也同樣問題重重，「民國」與「人民共和國」並行，不僅有悖於「一個中國」的基本政治理念，就是在當下的臺灣也糾纏不清。我們知道，在今日，繼續奉「民國」之名的臺灣目前正大張旗鼓地推進「臺灣文學」甚至「臺語文學」，所謂「民國文學」至少也不再是他們天然認同的一個概念，學術考察如何才能反映出研究對象本身的思想追求，這個問題也必須面對。也就是說，在今日臺灣，「民國」之說反倒曖昧而混沌。

2011 年，臺灣學者陳芳明、林惺嶽等著的《中華民國發展史・文學與藝術》出版，較之於此前冷戰時期的文學史，這一著作終於跳出了「黨國」意識的束縛，體現出了開闊的學術視野，〔註9〕但是由於歷史的阻隔，關於民國文學的豐富細節都未能在這一史著中獲得挖掘，我們看到的章節就是：百年來文學批評的開展與轉折，百年女性文學，百年現代詩發展與自我身份的探求，故事萬花筒──百年小說圖志，美學與時代的交鋒──中華民國散文史的視野，百年翻譯文學史，從啟蒙救亡開始：中華民國現代戲劇百年發展史等等。從根本上說，《中華民國發展史・文學與藝術》由多位學者合作，各自綜述一個獨立的文學藝術領域，在整體上更像是一部各種文學藝術現象的概觀彙集，而不是完整的連續的歷史敘述。

也是在 2011 年，大陸學者湯溢澤、廖廣莉出版了《民國文學史研究》

〔註8〕 丁帆先生試圖繼續延伸民國文學的概念，他區分了政治意義的「民國」和作為文化遺產的「民國」，試圖以此作為破解難題的基礎，不過這一延伸也不得不面對與臺灣作家及臺灣學者對話、溝通的問題（見《關於建構民國文學史過程中難以迴避的幾個問題》，《當代作家評論》2012 年 5 期）。

〔註9〕 陳芳明、林惺嶽等著：《中華民國發展史・文學與藝術》，臺灣政治大學、聯經出版公司 2011 年。

（1912-1949）。〔註10〕湯先生是中國大陸較早呼籲「民國文學史」研究的學者，在這一部近40萬字的著作中，他較好地體現了先前的文學史設想：回歸政治形態命名的歷史記事，上溯民國建立的文學發端意義，恢復民國時期文學發展的多元生態。可以說這都觸及到了「民國文學史」的若干關鍵性環節，《民國文學史研究》由「史觀建設」與「編史嘗試」兩大部分組成，前者討論了民國文學史寫作的必要性，後者草擬了「民國文學史綱」，嚴格說來，「史綱」更像是民國時期文學的「大事記」，似乎是湯先生進一步研究的材料準備，尚不能全面體現他的「民國文學史」面貌。

海峽兩岸的學者都開始彙集到「民國文學」的概念下追述歷史，這令人鼓舞，但目前的成果也再次說明，書寫一部完整的《民國文學史》，無論是史觀還是史料，都還有相當的欠缺，時機尚未成熟，同志仍需努力。

三

民國文學史，在沒有解決自己的史觀與史料的時候，實在不必匆忙上陣。在我看來，民國文學研究在今天的主要任務還是對民國社會歷史中影響文學的因素展開詳盡的梳理和分析，對現代文學歷史演變中的一些關鍵環節與民國社會各方面的關係加以解剖，如民國建立與新文學出現的關係、民國社群的出現與現代文學流派的形成、民國政黨文化影響下的思想控制與文學控制、民國戰爭狀態下的區域分割與文學資源再分配等等，至於文學自身力量也不能解決的文學史寫作難題當然更可以暫時擱置（如當代臺灣文學進入民國文學史的問題）。只要我們並不急於完成一部完整系統的民國文學史，就完全可以將更多的精力放在民國文學一個一個的具體問題之上，可供我們研究範圍也完全可以集中於民國建立至人民共和國建立這一段，我想，海峽兩岸的學者都可以認定這就是「民國歷史」的「典型」時期，這同樣可以爲我們的雙邊交流營造共同的基礎。在民國文學史誕生之前，我們應該著力於歷史更多更豐富的細節，對細節的了悟有助於我們歷史智慧的增長，而歷史智慧則可以幫助我們最終解決這樣或那樣的歷史書寫的難題。

那麼，在一部成熟的《民國文學史》誕生之前，還有哪些課題需要我們清理和辨析呢？

〔註10〕湯溢澤、廖廣莉：《民國文學史研究》（1912～1949），吉林大學出版社 2011年。

我覺得在下列幾個方面，還有必要進一步研討。

一是「民國文學」研究究竟能夠做什麼。隨著近幾年來學界的倡導，對於「民國文學」研究的優勢大約已經獲得了基本的認識，但是也有學者提出了自己的疑慮：研討民國文學，對於那些反抗民國政府的文學該如何敘述？例如左翼文學、延安文學。或者說，民國文學是不是就是國統區追求民主、自由這類「普世價值」的文學，「民國機制」是不是與「延安道路」分道揚鑣？在我看來，「民國文學」就是一種近現代中國進入「民國時期」以後所有文學現象的總稱，既包括國統區的文學，也包括解放區的文學，因為「民國」不等於「黨國」，也代表了某種「革命者」共同的「新中國」的夢想，左翼文化、解放區反抗的是一黨專制的「黨國」，而不是民主自由均富的「新中國」，尤其在抗戰時期，當解放區轉型為民國的特區之後，更是恰到好處地利用了民國的憲政理想為自己開闢生存空間，為自己贏得道義與精神上的優勢，只有在作為「新中國」的「民國」場域中，左翼文學與延安文學才體現出了自己空前的力量，「延安道路」才得以實現。「民國文學」也不是歌頌民國的文學，相反，反思、批判才是民國時期知識份子的主流價值取向，所以，我們可以發現，「民國批判」往往是民國文學中引人矚目的主題，左翼文學精神恰恰是民國時代一道奪目的風景，儘管它的文學成就需要實事求是地估價。在這個意義上，民國文學史的研究肯定是中國近現代史學的組成部分，而不是大眾時尚潮流（如所謂「民國熱」）的結果。

民國文學研究更深入的理論問題還在於，這樣一種新的文學史研究範式的出現究竟有什麼深刻的學術意義？對整個文學史研究的進行有何啟發？我認為，相對於過去強調「現代性」時間意義的「中國現代文學史」而言，「民國文學史」更側重提醒我們一種「空間」的獨特性，也就是說，從過去的關注世界性共同歷史進程的「時間的文學史」轉向挖掘不同地域與空間獨特涵義的「空間的文學史」，以空間中人的獨特體驗補充時間流變中的人類共同追求，這就賦予了所謂「民族性」問題、「本土性」問題與「中國性」問題更切實的內涵，從此出發，中國文學研究的新範式也許可以誕生？

二是「民國文學」研究當以大量的具體文學現象的剖析為基礎。這一方面是繼續考察各類民國文化現象對於文學發展的重要影響，包括經濟、政治、法律、教育、宗教之於文學發展的動力與阻力，也包括各區域文化現象對於文學生長的有形無形的影響，包括民國時期一些重要的歷史事件對於文學的

特殊作用，例如國民革命。過去我們梳理中國現代的「革命文學」，一般都從 1927 年大革命失敗之後的無產階級文學倡導開始，其實「革命」是晚清以來就一直影響思想與現實的重要理念，中國現代文學的「革命意識」受到了多重社會事件的推動，從晚清種族革命到國民革命再到無產階級革命等等都在各自增添新的內容，仔細追溯起來，「革命文學」一說早在國民革命之中就產生了，國民革命也裏挾了一大批的中國現代作家，爲他們打上了深刻的「革命」意識，不清理這一民國的重要現象，就無法辨析文學發展的內在脈絡。大量現代文學現象（特別是文學作品）的再發現、再闡釋是民國新視野得以確立的根據。如果我們無法借助新的視野發現文學文本的新價值，或者新的文學細節，就無法證明「民國視野」的確是過去的「現代文學視野」能夠代替的。所幸的是，最近幾年，一些年輕的學者已經在「民國機制」的視野下，發掘了中國現代文學的新的內涵。這裡僅以《文學評論》雜誌爲例：顏同林從「法外權勢的失落與村落秩序的重建」這一角度提出對趙樹理小說的嶄新認識〔註 11〕，周維東結合延安文化，剖析了解放區文學「窮人樂」主題的意味〔註 12〕，李哲發現了茅盾小說中沉澱的民國經濟體驗〔註 13〕，鄔冬梅結合 1930 年代的民國經濟危機重新解讀了左翼文學〔註 14〕，羅維斯發現了民國士紳文化對茅盾小說的影響〔註 15〕，張武軍透過「民國結社機制」挖掘了從南社到新青年同仁的作家群體聚散規律，賦予社團流派研究全新的方向〔註 16〕。在重新研討新文學發生過程的時候，李哲發現了北京大學教育「分科」的特殊意義〔註 17〕，王永祥則解剖了民國初年的國家文化所形成的語境與氛圍〔註 18〕。這樣的研究都在很大程度上突破了過去的「現代文學」研究視域，通過自覺引入民國歷史視角而推動了文學史研究的發展。

〔註11〕 顏同林：《法外權勢的失落與村落秩序的重建——以趙樹理四十年代小說爲例》，《文學評論》2012 年 6 期。

〔註12〕 周維東：《解放區的天是明朗的天——延安時期的移民運動與「窮人樂」敘事》，《文學評論》2013 年 4 期。

〔註13〕 李哲：《經濟·文學·歷史——〈春蠶〉文本的三個維度》，《文學評論》2012 年 3 期。

〔註14〕 鄔冬梅：《民國經濟危機與 30 年代經濟題材小說》，《文學評論》2012 年 3 期。

〔註15〕 羅維斯：《「紳」的嬗變——《動搖》的一種解讀》，《文學評論》2014 年 2 期。

〔註16〕 張武軍：《民國結社機制與文學的演進》，《文學評論》2014 年 1 期。

〔註17〕 李哲：《分科視域中的北京大學與「新文化運動」》，《文學評論》2013 年 3 期。

〔註18〕 王永祥：《〈新青年〉前期國家文化的建構與新文學的發生》，《文學評論》2013 年 5 期。

　　當然，類似的文本再解釋、歷史再發現工作還遠遠不夠，我們期待更多的研究者加入。

　　三是對於從歷史文化的角度闡釋現代文學的這一思路本身也要不斷反思和調整。在相當多的情況下，民國文學研究與現代文學研究都擁有相似的研究對象，相近的研究方法，不過，相對而言，「民國」一詞突出的國家歷史的具體情態，「現代」一詞連接的則是世界歷史的共同進程。所以，所謂的民國文學研究理所當然就更加突出民國歷史文化的視角，更自覺地從歷史文化的角度來分析解剖文學的現象，倡導文學與歷史的對話。鑒於民國歷史至今仍然存在諸多的晦暗不明之處，對於歷史的澄清和發現往往就意味著主體精神的某種解放，所以澄清外在歷史真相總是能夠讓我們比較方便地進入到人的內在精神世界之中，因而作為精神現象組成部分的文學也就得到了全新的認識。最近幾年，中國現代文學研究中較有收穫的一部分就是善於從民國史研究中汲取養分，詩史互證，為學術另闢蹊徑，文學研究主動與歷史研究對話，歷史研究的啟發能夠激活文學研究的靈感，「民國文學」的概念賦予「現代文學」研究以新機。雖然如此，我們也應該不斷反思和調整，因為，隨著歷史研究、文化研究在文學考察中的廣泛運用，新的問題也已經出現，那就是，我們的文學闡述因此而不時滑入到了純粹的歷史學、社會學之中，「忘情」的歷史考察有時竟令我們在遠離文學的他鄉流連忘返，遺忘了文學學科的根本其實還是文學作品的解釋。捨棄了這一根本，模糊了學科的界限，我們其實就面臨著巨大的自我挑戰：面向文學的聽眾談歷史是容易的，就像面對歷史的聽眾談文學一樣；但是，如果真的成了面對歷史的聽眾談歷史，那麼無疑就是學科的冒險！對此，每一位文學學科出身的學人都應該反覆提醒自己：我準備好了嗎？

　　在這個意義上，我們應該始終牢記，從歷史文化的角度研究文學，最終也需要回到「大文學本身」，民國文學研究對民國時期文學現象的研究，而不是以文學為材料的民國研究。將來我們可能要完成的也不是信馬由繮的《民國史》而是不折不扣的《民國文學史》。

　　沒有對這些研究前提、研究方法的反思，就不會有紮實的研究，當然最終的文學史是什麼樣子，也就難以預期了。闡釋優先，史著緩行，民國文學史的寫作，當穩步推進。

目

次

前　言

　　朱英誕是 20 世紀現代文學史上一位被長期遺忘了的優秀詩人。近一些年來開始被關注。在謝冕先生主編的《中國新詩總系》（人民文學出版社 2012 年出版）中，共選取了朱英誕的詩歌 26 首，數量爲第 3 位，列艾青、聞一多之後，比第 4 名郭沫若的 23 首多 3 首。大陸與臺灣近一些年來先後出版了多種朱英誕的詩集、詩文選集和著作。朱英誕的詩歌也越來越被學術界關注，不僅有老一輩學者，而且有年輕讀者，包括在校大學生、研究生。朱英誕屬於 20 世紀 30 年代開始在詩壇展露頭角，他的詩被廢名先生稱爲現代「南宋的詞」，朱英誕是京派文人圈中的代表性詩人。朱英誕生活在大動蕩的 20 世紀，卻能靜心沉默地以詩歌作爲自己人生的存在方式，默默地堅持詩歌寫作 50 餘年，在詩歌中留下了他獨特的人生觀與生命體驗。朱英誕的詩歌基本上是一種以傳統意象爲依託的意象抒情詩或智性詩，較集中地在大自然的意象世界與夢幻意象世界表達他的體驗與情緒，而與傳統詩歌意象內涵與呈現方式又具有了明顯不同的現代特質，這樣一種古代與現代交織的匯通的經驗特別值得我們借鑒。

　　近幾年受朱英誕家屬的委託，有機會接觸了朱英誕從 20 世紀 30 年代之初到 80 年代之初創作的絕大部分作品，並帶領我的博士、碩士研究生整理朱英誕的詩集與文稿，同時指導我的研究生研究朱英誕的詩歌與詩論。其中有多名研究生以朱英誕詩歌與詩論作爲研究生畢業論文，他們的部分研究論文已經在大陸學術期刊陸續發表，並向國內一些詩刊推薦介紹了一些整理後的朱英誕詩作。朱英誕詩歌與文集的整理工作已經完成大部分，將編輯爲 10 卷出版。其中，包括新詩 4 卷（共 3100 餘首），現代舊體詩 2 卷（共 700 多首），

詩論（2卷）、詩歌研究與詩歌翻譯作品（2卷）。在整理編輯朱英誕詩歌與文集的同時，我們也收集了從民國時期開始至現在的朱英誕研究文獻。爲了讓海內外廣大讀者對朱英誕及其詩歌有更多的瞭解，使這樣一份不可多得的中國現代詩歌資源得以繼承與流傳，我們編輯了這一本《朱英誕詩歌研究文選》。爲了閱讀方便，按照詩人尋蹤、理論探討、經典解讀、學位論文選輯四個方面編選輯成。

　　這個選輯的大量工作由我的博士研究生程繼龍完成，其他研究生協助作了一些整理。特別是朱英誕先生的長女朱紋女士，提供了不少資料。北京師範大學李怡教授積極關心，並推薦介紹給臺灣花木蘭文化出版社出版，在此一併致謝！

王澤龍　2014年12月12日於武昌桂子山

詩人尋蹤

《無題之秋》〔註1〕序

林　庚

　　近年來寫自由詩已成了詩壇一般的風氣，這自然是一個可喜的現象；然而究竟我們爲什麼要寫自由詩呢？什麼樣子才叫做自由詩呢？似乎許多人還都未弄清楚。自然，我們可以說自由詩是不受拘束的；可是初期白話詩又受了什麼拘束呢？「新月」的作品篇篇都整齊有韻嗎？自由詩至多也不過就是不整齊而已，然則何以別於其成的白話詩呢？寫詩的人如果對於這點並不認識，則不但從事於自由詩的人所寫的未必就是自由詩；即我們爲什麼要寫新詩恐亦只是逢場作戲耳。

　　創作第一要忠實，這已成了濫調，然而多少作品的失敗卻仍舊是失敗在這上面。春天裏有杜鵑，秋天裏有草蟲，陶醉時有柳絮，寂寞時有梧桐，……這些寄情夠多麼方便，大家用起來自更不覺得有何拘束。可是平心自問，果真自己靈魂中所感受的，恰恰好就會是杜鵑草蟲柳絮梧桐嗎？每讀「眼前紅日又西斜，急似下坡車」句，覺其生氣勃勃前途無限，此中道理實甚顯明。故寫詩要自由並不在它的形式上，形式對於詩原無必然的關係；陳子昂有名的《登幽州臺》：「前不見古人，後不見來者；念天地之悠悠，獨愴然而涕下。」究竟是什麼形式呢？而且克服形式上的困難亦不見得是什麼大不了的事，不過在一種草創時期，爲要求詩人們能把全副精神注意在表現的忠實上，因此乃離開了與陳舊調子有極大影響的整齊的格式；這跳出陳舊的調子，求得表現的忠實，並不是一件如說得那麼容易的事，也不是一朝一日所可煅煉成的；卻是許多人彷彿覺得自由詩不過是形式自由的詩而已，這尤其對寫詩的人們，實是今日自由詩的危機。

〔註1〕《無題之秋》，詩集名，朱英誕著，1936年開明書店出版。

　　李商隱的「滄海月明珠有淚，藍田日暖玉生煙」，這自由的表現，才是打開晚唐詩甚至五代詞的局面的作品；這與形式又有何關係呢？近來寫自由詩的人日見多了，而因此在自由的形式下，摸擬仿作之風遂也不免時時出現；這不但使人輕視了自由詩，且近於放棄自己最高的創作權利與「自由」二字乃日遙遠了。英誕平日常以詩來往，近擬選印，囑爲作序；正苦無話可說，心有此感順便寫出，願英誕與我共勉之。

一九三五年十一月三十日

——選自林庚著《林庚詩文集》，清華大學出版社 2005 版

《小園集》序

廢　名

　　此時已是今夜更深十二時了吧，我不如趕快來還了這一筆文債，省得明天早晨興致失掉了，那是很可惜的事，又多餘要向朱君說一句話對不起，序還沒有寫也。今夜已是更深十二時也，我一口氣一頁頁的草草將朱君英誕送來的二冊詩稿看完了，忍不住笑也。天下有極平常而極奇的事，所謂樂莫樂兮新相知也。其實換句話說也就是，是個垃圾成個堆也。今日下午朱君持了詩稿來命我在前面寫一點文章，這篇文章我是極想寫的，我又曉得這篇文章我是極不能寫也，這位少年詩人之詩才，不佞之文絕不能與其相稱也，不寫朱君又將以爲我藏了什麼寶貝不伸手出來給人也，我又豈肯自己藏拙不出頭讚美讚美朱君自家之寶藏乎，決非本懷也。去年這個時候，詩人林庚介紹一個學生到我這裡來，雖然介紹人價值甚大，然而來者總是一學生耳，其第一次來我適在病榻上，沒有見，第二次來是我約朱君來，來則請坐，也還是區區一學生的看待，朱君開頭一句卻是問我的新詩意見，我問他寫過新詩沒有，他說寫過，我給一個紙條給他，請他寫一首詩我看，然後再談話，他卻有點躊躇，寫什麼，我看他的神氣是他的新詩寫得很多，這時主人之情對於這位來客已經優待，請他寫他自己所最喜歡的一首，他又有點不以爲然的神氣，很難說那一首是自己所最喜歡的，於是來客就拿了主人給他的紙條動手寫，說他剛才在我的門口想著做了一首詩，就寫給你看看，這一來我乃有點惶恐，就將朱君所寫的接過手來看，並且請他講給我聽，我聽了他的講，覺得他的詩意甚佳，知道這進門的不是凡鳥之客，我乃稍爲同他談談新詩，所談乃是我自己一首《掐花》，因爲朱君說他在雜誌上讀過這一首詩，喜歡這一首詩，我就將這一首詩講給他聽，我說我的意思還不在愛這一首詩，我想鄭重的說

明我這首詩的寫法,這一首詩是新詩容納得下幾樣文化的例證。不久朱君的詩集《無題之秋》自己出版了,送一冊給我,我讀了甚是佩服,乃知道這位少年詩人的詩才也。不但此也,我的明窗淨几一管枯筆,在眞的新詩出世的時候,可以秋收冬藏也。所以我在前說一句是個垃圾成個堆,其實說話時忍不住笑也,這一大塊錦繡沒有我的份兒,我乃愛惜「獺祭魚」而已。說道這裡,這篇序已經度過難關,朱君這兩冊詩稿,還是從《無題之秋》發展下來的,不過大勢之所趨已經是無可奈何了,六朝晚唐詩在新詩裏復活也。不過,我奉勸新詩人一句,原稿有些地方還得拿去修改,你們自己請鄭重一點,即是洞庭湖還應該吝惜一點,這件事是一件大事,是爲新詩要成功爲古典起見,是千秋事業,不要太是「一身以外,一心以爲有鴻鵠之將至」也。若爲增進私人的友愛計,這個卻於我無多餘,是獺祭魚的話,秋應爲黃葉,雨不厭青苔也。是爲序。二十五年十一月三日,廢名於北平之北河沿。

（原載 1937 年 1 月《新詩》第 4 期）

──選自廢名著《新詩十二講》,遼寧教育出版社 2006 版

林庚同朱英誕的新詩

廢　名

　　林庚的詩早在我的意中，我早已喜歡他那一份美麗。他從前曾同我談舊詩，他說有許多詩只是一句好，也本只有一句詩，其餘的都是不能不加上去的罷了，因爲不加上去便不能成一首詩，而實在只有一句詩。他舉了杜甫的「花近高樓傷客心」做例子，又舉了杜甫的「玉露凋傷楓樹林」。另外他又讚美李商隱的「滄海月明珠有淚」一句。我很佩服他的話。而實在我也很喜歡他的詩了。他這一句詩的話，如他所舉的例子，很足以說明他自己的詩品了。眞的，我讀了他的詩，總有一種「滄海月明」之感，「玉露凋傷」之感了。我愛這份美麗。所以此回我預備重寫新詩講義的時候，林庚認爲是毫不成問題的，一定不令我費力，我可以很容易的選好些首了。他雖然有四本集子，我又毫不遲疑的只要他的《春野與窗》。孰知我講完卞之琳之後，要動手講林庚，把《春野與窗》看了又看，結果只能選四首，大出乎我的意外，我本意決不以爲只會選四首了。卞之琳乃選了十一首。在二十六年我同他們兩位分別的時候，卞詩我只記得一首《道旁》，林詩則不特意的記那一首，因爲決不只一首了，何必記呢？那麼，照我現在看來，林庚的詩不好了嗎？不然，他的詩，在我的眼中，一點沒有失卻美麗，就詩的完全性說，恐怕只有這四首詩了。本來讀古今人的詩，並不一定要看他的完全，不完全的詩或者還更有可愛處，但我的工作卻不容許我泛濫的愛好了。我選的林庚的這四首詩，卻都能見其美麗，這是我差自告慰的。另外我將朱英誕的詩附在講林庚這一章裏頭，在我卻是有深意存焉。我並不是說林庚的分量不夠，要拉一個人來合力才足以與人抗衡。在新詩當中，林庚的分量或者比任何人要重些，因爲他完全與西洋文學不相干，而在新詩裏很自然的，同時也是突然的，

來一份晚唐的美麗了。而朱英誕也與西洋文學不相干，在新詩當中他等於南宋的詞。這不是很有意義的事嗎？這不但證明新詩是真正的新文學，而中國文學史上本來向有真正的新文學。如果不明白這一點，是不懂文學了。亦不足以談新文學。真正的中國新文學，並不一定要受西洋文學的影響的。林朱二君的詩便算是證明。他們的詩比我們的更新，而且更是中國的了。這是我將他們兩人合講的原故。此外還有道義的關係，朱君是林君的學生，他又總說他是我的學生，雖不是事實，我卻有情，他作詩時年齡甚青，我將他同林老師合講，是表示我對於後生總有無限的希望，不必專列一章，那樣便反而沒有進步的意思。朱英誕的詩比林庚的詩還要選的多，也並不是說青出於藍，藍本身就是他自己的美麗，好比天的藍色，誰能勝過呢？現在說來，我同他們兩位好像很熟似的，當然很熟，但熟是從不熟來的，我同他們本沒有一點關係，並不如之琳尚有北大同學關係，我與林朱的關係是新詩罷了。我一讀了他們的詩就很喜歡，這真是很古的一句話，「樂莫樂兮新相知」了。中國的文壇卻也是應該害羞的，因為專講勢力，不懂得價值，林朱二君的詩都是自己花錢出版的，朱君的集子恐怕沒有人知道。此外程鶴西有一本薄薄的散文集，是真正的新文學，幾位詩人都愛好，都是二十六年前的事，到現在無處出版，所以「不薄今人愛古人」，這句話也很不容易了。我這話卻講到題外去了。

下面是我選的林庚的四首詩。

大風之夕

風在冬夜是格外緊的
風中的旅行者啊
昨夜的路上我們趕著走著
追上前面一個相識的人了

暮

屋頂的炊煙散入四方
夜欲收拾零亂的村舍
家家的雙扉深閉上
模糊中路上的行人
漸漸踏上了熟識的路

　　履聲傳到遠處

　　招來一個同樣的人了

　　履聲從對面走來

《大風之夕》與《暮》這兩首詩我從前初讀時便很喜歡，詩的意思很明白，很像初期的新詩，但初期的新詩決沒有這裡的清新。我喜歡這裡面的詩人的哀愁，其哀愁總不以題目裏的事實為止，總另外見詩人的性靈。這是這種詩所以清新之故。若初期時則是渾樸的。今天因為選詩的緣故，選了《大風之夕》，照抄下來，覺得無須加解釋，再抄《暮》，抄了兩首詩之後，乃覺得兩首詩原來是一個性靈，難怪我們讀著覺其完全了。新詩之必有詩的完全性而後能成為好詩，確乎是顛撲不破的事實。在我拿著詩集選定這兩首詩的時候，只覺得詩好，並沒有注意到兩首詩都是「路上」的詩情，但是作者自己一定也不能留心到了。我說這話，是表示我的詩選的工作確乎是切實的。

滬之雨夜

　　來在滬上的雨夜裏

　　聽街上汽車逝過

　　簷間的雨漏乃如高山流水

　　打著柄杭州的油傘出去吧

　　雨中濕了一片柏油路

　　巷中樓上有人拉南胡

　　是一曲似不關心的幽怨

　　孟姜女尋夫到長城

這首詩真是寫得太好，我很早就向作者表示我的讚美的。它真是寫得太自然，太真切，因之最見作者的性情了。凡屬詩，當然都是見性情的，難得想像之不可抑制，而眼前的現實都是詩人的性情，而詩人無心於悲哀，倒是倔強於自己的一份美麗，結果是這份美麗彈其知音之曲了，所以我們讀之喜歡它的哀音。凡是美麗都是附帶著哀音的，這又是一份哲學，我們所不可不知的。這話說得太玄了，我們還是具體的講這首詩罷。林庚是福建人，但他是不是生長在福建我還不知道，他是在北平長大的確是知道的，凡屬南方人而住在北方沙漠上，最羨慕江南，江南對於他們真是太美麗了，無論在他們的想像中，或者有一天他們到江南去了。所以林庚的《江南》有云：「滿天的

空闊照著古人的心，江南又如畫了。」江南眞不知從什麼時候起便是「暮春三月，江南草長」那麼可愛了。林庚到江南去的詩都是「滿天空闊照著古人的心」的詩，而作者又是現代的摩登少年，故詩都寫得很有趣，而以《滬之雨夜》為一篇神品，也寫得最完全。詩是寫實，「來在滬上的雨夜裏，聽街上汽車逝過」，上海街頭的汽車對於沙漠上的來客一點也不顯得它的現代勢力了，只彷彿是夜裏想像的急馳的聲音，故高山流水乃在簷間的雨漏，那麼「打著柄杭州的油傘出去吧」也無異於到了杭州，西湖的雨景必已給詩人的想像撐開了，這兩句詩來得非常之快，但只是作詩的一點萌芽。到了「雨中濕了一片柏油路，巷中樓上有人拉南胡，是一曲似不關心的幽怨，孟姜女尋夫到長城」，則詩已完全了，並不是寫完全了，本來沒有寫的，要寫也不過是這四句：

> 雨中濕了一片柏油路
> 巷中樓上有人拉南胡
> 是一曲似不關心的幽怨
> 孟姜女尋夫到長城

這確是同陶淵明「採菊東籬下，悠然見南山」一樣是寫實的，同時也沒有另外的抒情文法了。我告訴諸君，這種詩都是很不容易有的，要作者的境界高，局促於生活的人便不能望見南山，在上海街上忙著走路的人便聽不見一曲似不關心的幽怨，若聽見也不過是販夫走卒聽見樓上有人拉胡琴而已，詩人則是高山流水，林庚一定在北方看見過萬里長城，故在上海的夜裏聽見孟姜女尋夫到長城的曲子憧憬於「孟姜女尋夫到長城」了。李白詩「黃鶴樓中吹玉笛，江城五月落梅花」，大約也是寫實，但還不及林庚，愛得自然，來得氣象萬千。王之渙詩「羌笛何須怨楊柳，春風不度玉門關」，大約只是想像，故又不及林庚的新詩的沉著了。讀者以為我把新詩捧得太高否？我還告訴諸君一件事，卞之琳的《雨同我》所寫的或者也是《滬之雨夜》，這兩首詩最能表現兩個作者不同，而同是詩人，目中無現代的上海，而在上海的夜裏各自寫出那樣的在中國文學史上佔地位的新文學的新詩了。我這個判斷長的可笑沒，但我喜歡它有意思。卞詩確乎像《花間集》卷首的詞，林詩確乎像玉溪生的詩，若二者不可得兼，問兩首詩我取那一首，我還是取林庚的《滬之雨夜》，因為它來得快點，再說我同卞之琳是一派，我總覺得文章是別派的好。

無　題

一盆清麗的臉水

映著天宇的白雲萬物

我俯下去洗臉了

肥皂泡沫浮滿了灰藍色的盆

在一個清晨或一個傍晚

光漸變得微弱了的時候

我穿的盥衣是一件國貨

華麗的鑲邊與長穗的帶子

一塊湖濱新買來的面帕

漂在水上如白淨的船篷

於是我想著一件似乎很悵惘的事

在把一盆臉水通通的倒完時

林庚的詩有兩首《無題》，我選了這第一首。這首詩很見作者的豪放，但一點也不顯得誇大，因爲他的豪放是美麗，是幻想，都是自己的私事，旁人連懂也不懂得，何至於誇大呢？溫飛卿的詞每每是這種寫法，由梳洗的私事說道天宇的白雲萬物了，不過溫詞是約束，林庚的詩確是豪放。「於是我想著一件似乎很悵惘的事，在把一盆臉水通通的倒完時」，這種感情我最能瞭解，我從前寫小說常有這種感情，林庚以之寫詩來得非常之響亮，彷彿一盆臉水通通倒完了，豪放得很。而倒出去的都是是詩人之幻想，所以美麗得很。這所謂「很悵惘的事」，一定是關於女子的事，故詩題作《無題》。

下面是我選的朱英誕的詩，從他的詩集《無題之秋》裏面選出來的，共選了十二首。爲什麼選這麼多呢？當然由於愛惜這些詩思，而且歎息古今的人才眞是一般的，讀了朱君的詩，或者一個句子，或者用的一個字，不像南宋詞人的聰明麼？此外我還有一點懇切的意思。附誌於此，說道南宋詞人，則其爲人也已經是限於慧業文人了，徒徒令我愛好，而他自己卻是可惜的，我覺得我們總應該做伯夷柳下惠，要特立獨行，用陶淵明的話是「不學狂馳子，直在百年中！」我這話或者有點過分，正如廚子做了好菜給我們吃而我們還要求廚子的道德，不苛刻了嗎？不然，詩人是我的朋友，故我們是應該相尚以道的。

冬　室

冬室度過的日子
鞋子走在鋪地的蘆席上
除了窗的半面
四壁別無響動的
窗上度過北地的沙風
挾著遠近的寒光
在冷漠的各家牆頭
與家室的同感

我很喜歡「在冷漠的各家牆頭」的「各家」二字，以及「與家室的同感」的「同感」二字。家室確是同感，牆頭確是各家，在冷漠的冬日裏。我佩服這個少年人善感，而且很別致地寫得出來。

紅　日

人間隱隱一聲雞
驀地唱出紅日來
更分明的顏色
各方的眼界。
歸鴉若有遠方的逃避
紅日乃茫然而沒落了
一個默然的追求
誰將成夢呢。

首四行當然是寫旭日，「驀地唱出紅日來」的「唱」字可愛。但我喜歡第二個四行的寫落日，夠得上偉大的詩思。「歸鴉若有遠方的逃避」真寫得像，是厭世詩人的美麗，嚴肅得很，而緊接著「紅日乃茫然而沒落了」乃更不可及，彷彿紅日的沒落是附和著歸鴉的逃避了。讀者試想這個歸鴉的顏色與那個紅日的顏色，這時的天空該是怎樣的分明，誰知是一個逃避呢？在緊接著「一個默然的追求，誰將成夢呢」乃更不可及，紅日的沒落真是默然的追求，那麼誰將成夢呢？我們誰都應該替落日時的默然作一個追求的夢似的。

雷之前後

亮雲下若靜室的幸福

普天之下無所獻

夜來暖意暗暗

月乃無處投宿

無葉樹開出花來

冬來才有的敦厚之路啊

門外朝行人的足迹

與人以薄命之感

這種詩真刻畫得可愛，刻畫而令人不覺其巧，只覺其天真。比南宋人的詞要天真多了，可愛多了。「敦厚之路」，「薄命之感」，正是南宋詞的巧處，但我們爲朱君的修辭之誠所籠罩了。

春　及

兩列樹的一點天色裏

潮潮的道上靜靜的

乃是我要走的路了嗎

是誰的履痕且淺淺的呢

石頭轉出另一條路來

遠遠的籠護著戴紅帽的人

獨自走得極慢。

「兩列樹的一點天色裏」，這都是刻畫，但仍有其親切之感，所以我們讀著只覺其生動了。

海

海是常有風浪孤舟的嗎

巨濤是爲了什麼呢

珊瑚島上有真珠

深深的

多年的水銀黯了

自歎不是鮫人

海水於我如鏡子

沒有了主人

這些思想也都很可愛，因為相傳鮫人住在海裏，那麼海是鮫人的了，自己不是鮫人，那麼「海水於我如鏡子，沒有了主人」。想起海來海像一個鏡子，想起海來海像一個鏡子沒有主人。說沒有主人，天真的思想正有主人的境界了，是很可喜的。「多年的水銀黯了」，「銀黯」二字用得很好。

    畫

    我願意我的生命如一張白紙

    如聖處女有他青青的天堂

    日出的顏色追回昨晚落霞之夢

    遊子乃他鄉的點綴

    故里的情形將又是一番

    溫柔的睡去之後

    明朝將是另一個宇宙

    我想我將照太陽照出顏色來。

我最喜歡思想都是各人自己的，而真是各人自己的思想亦必是大家公共的，即所謂個性與普遍。這首詩「遊子乃他鄉的點綴，故里的情形將又是一番」，真是作者自己的思想，令我十分愛好，我彷彿做夢也夢不著這兩句話，這兩句話又彷彿正是我追求的夢境了，美麗得很。我們平常總是夢見故里，其實故里的情形又是一番，我們乃是在他鄉的紙上畫一張畫罷了。「明朝將是另一個宇宙，我想我將照太陽照出顏色來」，這個句子是真巧，思想也是真好。

    少年行

    如春花與秋月

    珍藏著一半的生命

    夢與夜

    找不著的此外之行蹤

    像池花臺上的空間

    停眸與駐足

    在一張圖畫裏

    那定形的風迹呢

這首詩真是美麗得很，它的意義，也真是神秘得很，恐怕也具體得很，令我不敢贊一辭。大凡讀者覺得很神秘的詩，作者一定是很具體的，從用的比喻

便可以看得出。春花與秋月，我們都覺得它可惜似的，彷彿它只露出了一半的生命，那一半給藏起來了，其實是完全的，你到那裡去找那一半呢？夢與夜都找不著此外之行蹤。夢是春花與秋月的夢，沒有另外的行蹤；夜是春花與秋月的夜，沒有另外的行蹤。若池花臺上的空間，大家停眸與駐足，都是看它，但卻還有另外水上的風跡呢。我這番話不知能說得作者的神韻於萬一否？此詩大約是詠秋心的。秋心死時俞平伯曾集夢窗詞句「正十分皓月一半春光」挽他。

落　花

走在無人之境裏，

似過去前面就是座桃源；

一朵落花有影子閃下，

那翩翩的一閃，

覺出無聲與無言；

彷彿落了滿地的後悔，

尋不見一處迴避的地方

與水面的不自然。

這首詩寫落花真是寫得神，尤其是最後的「彷彿落了滿地的後悔，尋不見一處迴避的地方與水面的不自然」，可以說是前無古人，在古人的詩與文裏都沒有的。落花落在地上，彷彿真是落了滿地的後悔。落花真是尋不見一處迴避的地方。落花與水面也真是沒有一點不自然的地方，所謂落花流水也。

　　往下的四首方塊詩是我選得好玩的。那時林庚試著寫他的方塊詩，朱君繼之。林庚的理想甚好，但事實不可能，他要造成一種規律而可以自由歌詠，不必靠詩人的意境，此事連舊詩都做不到，何況新詩呢？故林庚的方塊詩都失敗了，即是自由歌詠不出來。朱英誕的方塊詩仍等於不方塊詩，靠詩人的意境，只是作者聰明會寫文章，能寫出一個方塊的樣子罷了。是作者幫助方塊，並不是方塊幫助作者，正如我們作文造句有時歐化得有趣而已。

過燕大

朱漆的門柱與古意的廊簷

是誰的幸福在友人的窗前

那同樣的天卻各自成一處

越野的一處多蝴蝶的林園

這首詩我覺得可愛。第二行「是誰的幸福在友人的窗前」首五個字不可解，但我亦不求甚解，彷彿就這樣讀讀可以，可以引起許多憧憬似的。究竟什麼叫做「是誰的幸福」在友人的窗前呢？今天我忽然大悟，大約是有一好看的女子「在友人的窗前」，故年青的詩人那麼寫，不過我這話太冒險了。

長夏小品一

輕雷馳過後的半個黃昏天與流汗的臉
落下來的蜂窠傘下的竹竿丁香的樹前
孩子的狂歡裏汗意與胭脂一片的聲色
雨後的小巷風納涼人說著天上的留戀

我很喜歡這首詩裏面「傘下的竹竿」一詞，比庾信的「一寸二寸之魚，三竿兩竿之竹」還要引起我的歡喜，我真不知何故。我只知道這是南宋詞的巧妙，大約傘是最集中詩人的想像的，何況南邊人到北方來打傘，何況在這裡不見竹子，故傘下的竹竿如池魚思故淵也。

長夏小品四

熱情時的林下找不著的風找不著寧靜
塔上小小的人樹外的樓臺高高的心情
水邊的細道上林隙的小景淺淺的顏色
輕輕的深呼吸不見有人來遠遠的語聲

這首詩大概是少年人在北海行深呼吸寫所見。我所以選者，是喜歡「塔上小小的人樹外的樓臺高高的心情」。作者有時真是高高的心情也。

破　曉

破曉時我醒來想著夢仍枕著枕上的溫淚痕
無力的傷心裏又睡去在一個素豔的清早晨
飛來的群鴉之朝氣中招來了似生命的原始
那赤日如一團的嚴峻呈現了人間的色與聲

這首詩我喜歡第三行的「朝氣」與第四行那赤日如一團的「嚴峻」。寫至此我言有盡而意無窮，願與朱君再見。

——選自《新詩講稿》，北京大學出版社 2008 年版

朱英誕詩選書後

林　庚

　　一九三四年我開始在北京民國學院等學校兼課，班上同學中有兩位對於新詩感興趣的青年，那便是朱英誕和李白鳳。他們兩人因此常一同到我家裏來談詩。約一年後白鳳離京南下，便只有朱英誕常來，當時他寫的詩我幾乎每首都看過，他似乎是一個沉默的冥想者，詩中的聯想往往也很曲折，因此有時不易爲人所理解，我把他介紹給廢名，廢名卻非常喜歡他的詩，足見仍是有人會充分欣賞的。一九三七年秋我離開北京，此後便斷了音問。一九四七年我又回到北京來，直到一九五〇年才又和他見了幾次面，在見面中也沒有再聽到他談起自己的詩作，我以爲他已無心於此了，這樣轉眼之間，竟過了三十年之久。今年一月間英誕的女兒朱紋忽然來訪，告訴我他的父親已於前年病逝，留下了大量的新詩遺作，分編爲二十多本集子，我才知道他仍然是一直在寫詩，並驚佩於他如此默默無聞的努力，他原是一個安於寂寞的人。舊日友情，如何能忘，何況是少年時代嚮往中的回憶！見詩如見故人，並以爲記。

林　庚

一九八五年三月九日

——選自朱英誕著《冬葉冬花集》，文津出版社 1994 年版

《冬葉冬花集》題詞 〔註1〕

牛 漢

詩的新或舊，主要體現在詩的審美意境與詩人的情操之中，所謂意境與情操與現實的人生是決不可分割的；而不是學外國詩才能寫出新詩，學中國詩的傳統就必定成為舊的詩。不能這麼絕對的論定。廢名先生於半個世紀前論述《冬葉冬花》作者朱英誕的詩時，曾提出過這個觀點。我以為這個觀點今天仍然值得我們深入地去思考。朱英誕的許多詩直到現在並沒有陳舊的感覺，誦讀起來還是很新很真摯的。因此，我衷心地祝賀《冬葉冬花》的問世。

牛 漢
一九九三年五月

——選自朱英誕《冬葉冬花集》，文津出版社 1993 年版

〔註1〕詩人牛漢先生 1994 年為朱英誕詩選《冬葉冬花集》出版題詞。

關於詩人朱英誕

陳萃芬口述、陳均撰寫

一、少年時代的朱英誕

少年時代的朱英誕，我還真不知道。我當時不在天津住，我在北京，後來都是聽英誕他說的。何炳棣寫了四篇文章，寫兩個人玩的情況，這些事情英誕自己都沒說。我編《冬葉冬花集》的時候，給附進去了。可惜那本詩選，我忘了把英誕的生平加進去。

英誕和何炳棣兩人小學就是同學，初中上的是南開中學，一塊兒考試，考試還作了弊，兩人答題的時候，英誕在後面捅他，問會不會，被老師看見了，也沒懲罰他，因為也沒真正抄襲什麼，後來兩人都錄取了。英誕有病，瘰癧，實際上就是腮腺炎，得了好幾年。上體育課的時候，他摔了一跤，何炳棣說，老師不但不怎麼樣，還罵他，叫他起來，結果摔破了，瘰癧、也就是腮腺炎破了，流水，上醫院裏治。一直到他差不多十幾歲以後，這個病才慢慢的好。怎麼好的呢？他老說是奇蹟，在天津有一個藥房，有這種病的人可以治好，發藏藥，小包的，一包一包的藥，給老百姓。給了他一包。他從得到一包藥，專門治這種病的，吃了以後就好了。從那以後就好了，沒怎麼犯吧，徹底好了。遇到這麼一件事情，他說過也寫過這件事情，這挺難得的，因為這病不好治，後來就徹底好了。他老覺得這是一件神奇的事情，老說這個事情，給我的印象很深的。

何炳棣一直在南開讀下去了，英誕讀了一年，由於摔跟頭，瘰癧破了，就休學在家自學，三年以後，他考高中，考上天津彙文中學，也是相當好的教會學校。當時教他們英語的都是英國老太太，所以他的英語好，而且英語發音好，讀得特別好聽。

原來他們家在天津，離塘沽不遠，他那時老跟門口的小孩玩，他家裏怕這個，就說人家是野孩子，咱們就在家裏，好孩子，管教的孩子，說好孩子不能跟野孩子玩。可他呢，就愛跟野孩子玩，上天津的郊外跑，玩得挺晚了才回來。家裏不知道他到哪兒去了。那時家裏管得都還很嚴，不讓孩子到外邊去，有這個經歷。

英誕最早的一首詩是 1928 年寫的，叫《雪夜跋涉》，後來他自己發現了，把它抄了下來。他寫詩的影響是從他祖母開始的，他的祖母挺有文化，他的父親是做舊詩的，詩做得相當好——何炳棣說，我怎麼不知道啊。那時他們住得挺近的——何炳棣的父親是學歷史的，給他們補習歷史。英誕的祖母有文化，陰天、下雨，就在家裏背詩，在屋子裏背詩，背什麼詩啊，背唐詩，背白居易的著名的《琵琶行》，這件事情影響英誕挺深的，他老聽奶奶念詩，影響了他的興趣。他知道有白居易，就把白居易的詩都找來，自己看，自己學習，他自己用功。從白居易開始，他就把東西找來，自己念，自己學。

二、寫詩，結識李白鳳、林庚和廢名

1932 年，他從天津到北京來，那時北京的學校很多，而且有名、比較好。他們家全遷來了，就住在西城。先在宏達中學補習，後來考的是民國學院，不是名牌大學。因為民國學院離他家近，而且是私立的，好考，他就考到那兒了。林庚是他的語文老師，對他寫新詩影響很大。新詩當時挺發達的，報紙上雜誌上都有介紹，他跟他的一個同學李白鳳都寫詩。

他寫詩挺努力的，每一首詩，就給林庚看。林庚看了以後，有覺得好的，就留下來發表。這樣，他就開始寫詩、發表詩了，所以林庚說，他每一首詩我都看過。他每寫一首詩，就到林庚家去。林庚家就住現在的西城區豐盛胡同，林庚的夫人那時教志誠中學，就是現在的 35 中，教生物的，林庚的夫人跟他都挺熟的。

英誕和李白鳳一塊兒作詩，李白鳳這人挺有天份的，但這人不好，他後來跑上海去了，在上海，和那些國民黨的人在一起，再後來通信就很少了。有一段時間，李白鳳到山西大學教書去了，也教新文學。但是這人呢，特別的浮，特別的浮誇，浮誇極了。他當了教授，教大學，穿著什麼馬褂啊，穿的什麼背心啊，今不今、古不古的，就是覺得，我是大學教師，挺拿一手的。另外一個朋友到我們家，就說起他來，說他在山西大學的表現非常不好，挺

自以為是的這麼一個人。倒挺有才華的，有才華但是走的路子不是很正的，不是在那兒創作的，就是好出名，出點風頭。後來，來往就少了。忽然他到北京來，在我們家住著，到北京來找工作了。英誕就給他跑，在北京找一些老朋友，比如韓綱羽，在北京最有名的師大女附中教課，是很有成績的，挺有名的教師。韓綱羽給李白鳳介紹到師大女附中，以後我就不知道他到哪兒去了。我記不得了。這人好吹，後來《新文學史料》上，他愛人給他寫的稿子，介紹李白鳳，說是「京師大學堂畢業」，我說他啥時候上過京師大學堂、上過北大啊，就是民國學院，還沒畢業就走了。不是這麼回事。

後來英誕在北京教課，好多中學請他，他後來在39中，就是貝滿，他是挺實在的那麼一個人，北京那時候地下黨挺厲害的，我在女一中，有一個老師被捕，左傾，國民黨那時候挺凶的，他們左派的老師，韓綱羽是頭兒，他們到中南海去開了一個會，那時中南海也是一個公園——北海公園、中南海公園，遊人順便進，不像現在改成政府了。挺大的園子，大家都去玩了，韓綱羽組織北京的老師開了一個會，怎樣挽救這個老師。這個老師的名字我忘了，還是我教書的學校的。

寫著寫著，林庚就說英誕寫詩看不懂了，怎麼回事啊，就把他的詩拿給廢名看，說看看這詩怎麼樣，廢名那時還不認識英誕呢。廢名一看，這詩寫得太好了，他喜歡，從那時起，他就認識廢名了，廢名就是他老師了，有詩也到那兒去談，關於寫詩的事也去找，廢名開課的時候要選詩啊，英誕幫他一塊兒選詩。英誕談過，說選詩的時候，關於徐志摩的詩，廢名選了，英誕把它拿下去，後來廢名沒選徐志摩。胡適和廢名同時講詩，兩人開一樣的課，但教的課不同，聽課的人也不同。廢名就沒講徐志摩的詩。他們都是從《嘗試集》開始，但是選的詩不一樣。他們都能提出自己的看法，堅持自己的意見，這一點在新詩壇還挺有意思的。

他總是看廢名去，他們倆特別說得來。廢名住北河沿12號，英誕家在西單，吃完飯沒什麼事，就從家走到北河沿，去看廢名。有一次去的時候不在家。最初見到他時，廢名還說，你做一首詩得了。他說，我在門外想著一首詩，已經做好了。廢名老約他，上中山公園聊天，談詩，選詩。

七七事變以後，好多老師都走了，南下，林庚也走了，到廈門大學教書去了，廢名還沒想走，英誕就勸他回家，你有家還不趕緊走，回老家去，廢名的老家不是湖北黃梅嘛，廢名還不走，從宿舍裏搬了，搬到哪兒去了？有

一天找他，不在了，聽說廢名搬到雍和宮，雍和宮裏有廢名一個老鄉，在那兒出家，廢名搬到和尚住的香房裏頭。英誕也去看過他好幾次，去了以後，英誕還是勸他，說你還是回家吧，現在挺亂的，亂世了，勸了以後，就回去了。

三、在偽北大講詩以及淪陷區文壇

七七事變，廢名還沒走呢，那時候周作人當官了，沈啓無就給他推薦，讓朱英誕教新詩。沈啓無跟周作人很熟，是四大弟子之一，有一次在路上，就跟周作人提起來，說朱英誕現在需要工作了，給周作人介紹，「不是正好要成立新詩研究社，要開新文學課，裏面有新詩，是不是可以讓他來教書」。

那時學校剛成立，文學院有五個系，沈啓無是中文系主任，沈啓無非常穩，很能幹，講課大家也很喜歡，在學生中威信很高，很細緻的那麼一個人，對人也好，當時聲譽都在其他教授之上。

周作人不行，給大家作一次報告，誰愛聽他的呢？聽不懂他的話啊，都看他在那兒揉桌子，真是無味極了，誰也聽不懂，也不知道他說什麼。他也不怎麼去學校，不上課。做個報告，大夥說瞧瞧去，哎喲，真難受，真彆扭，不知道他說什麼。日本人就看他太太是日本人，就讓他出來工作，其實他這人工作能力也沒有，還當了教育督辦，靠底下人做事，他自己沒做什麼實際事。

關於周作人遇刺那件事，我們在學校裏說的是，沈啓無大年初一到周作人家拜年，結果挨了槍，是怎麼回事呢？周作人出來送客，送到門口，有兩個人沖周作人開槍，周作人趴地上了，我們這老師沈啓無，趴周作人身上了，保護他，結果沈啓無挨了兩槍，到現在子彈還在裏頭呢。周作人沒挨。別人寫的不對，這事現在人人說法都不一樣，當時我們上課，有時沈啓無還說笑話，說子彈還在他身上。因爲周作人這幾個學生挺忠實的，後來我就不知道了。周作人把他給出了，我從學校出來了。我只知道他去《大楚報》，和日本人接近。後來，兩人感情徹底掰了，利益不一樣，周作人厲害著呢。

我們和沈啓無當時交往得挺密切的，沈啓無是我們的系主任嘛，我們上他們家裏頭，他夫人叫傅梅，他們也上我們家來，我們孩子一周歲，他們都來看，相處都挺好的。後來英誕和沈啓無有點隔閡，就爲一首詩的問題，大概就是沈啓無上日本去，把詩帶過去，可那時他是以系裏的名義帶這首詩去，

也就讓人以爲是沈啓無的，好像得了什麼獎。英誕他不知道，沒跟他說，這好像有點嫌隙似的，其他都挺好。他也挺關照我們的。沈啓無辦《文學集刊》，做主編，請了兩個人做編輯，一個是李景慈，一個是朱英誕。

沈啓無後來在北京師範學院工作，我們聽報告去，一看沈先生來了，跟我們打了個招呼，說在師範學院教書，爲什麼去師範學院呢？那時的北京市長劉仁，當初革命時期沈啓無幫助過他們。後來，沈先生沒工作，找劉仁去了，劉仁給他幫忙，進了師範學院。

系裏助教是李景慈，景慈挺活躍的，寫雜文，他是輔仁畢業的，愛人是富家的少奶奶，對人很有禮，挺有規矩的，一家人都挺好的。後來他當過北京出版社的社長，挺能幹的，很有名。南星寫得挺好的，本名叫杜南星，西語系的，他有一本小詩，我看過，他也挺能寫的，發過不少。

沈寶基非常熟，這個人很好，和我們是一牆之隔，我們老上他們家串門，他們也來，沈寶基這人是留法的，他愛人也是，非常好，特別樸實，和我們特好，我們第一個女孩，冬天生火，生爐子，孩子還不到一歲，擱在車裏頭，在那兒玩，英誕不會帶孩子，老看書，孩子一下子撲到爐子上了，把臉燙了一大塊，趕緊上醫院啦，怎麼辦呢，孩子哭，沒辦法，沈太太跑過來，一看，孩子燙了，怎麼辦？趕緊住院，哎呀，那時候哪有住院費呀，一般生活都挺緊迫的，沒有住院費怎麼辦？沈太太拿的錢，我記得交了一百多，沈先生、沈太太都非常熱心，我們的孩子住進人民醫院了。

因爲院長是周作人嘛，他們經常到周作人家去，那會兒英誕去得最少，可是周作人發現他、把他請去以後，他有時也去，但去得最少，但周作人呢，發表文章，說朱英誕是「小友」，說他年輕、有才華、能寫，發表文章挺多的，詩歌發表得也挺多。

廢名那會兒不教課了，朱英誕接著教，講義是學校印的，講五四以來的新詩人，他在那兒講課，挺受歡迎的，一個大教室都擠滿了，學生、老師都去聽課，覺得挺新鮮的，好像是另一派似的，跟那些老先生不一樣。英誕挺能寫的，寫講稿，一天寫五六千字，還編了一本詩選《二十年集》。北大還有一個新詩研究社，每禮拜活動一次，參加的人還挺多的，都搞文藝，挺正規的，不是亂七八糟的亂搞，寫詩啊，演劇啊。我上大一的時候，加入了新詩研究社，慢慢就和英誕熟了，我們寫東西給他看，他就說哪個人什麼派，他說我們是婉約派，那個人是什麼派⋯⋯我也寫詩，發表在《中國文藝》，用的

筆名「傳彩」，「夢中傳彩筆」嘛，那時大夥兒都寫，挺熱鬧的。組織家庭後，這方面就慢慢淡了，我就沒功夫寫了。

後來英誕不去周作人家了，跟我說，「我把他給得罪了」，怎麼回事呢？英誕寫了一篇文章，說周作人像一頭大象，這篇文章不知道怎麼被周作人看到了，把他給辭了，不在那兒教書了。我們搬到海淀，就是現在北大南門那兒，一進去就是一個廟，破廟變成了個自行車店。我們在那兒住了一兩年，不在北大教書了。

三十年代那會兒，雜誌上滿都是，《中國文藝》，好多雜誌上，都有英誕的文章，來約稿的人特別多。找英誕的人也很多，那時活動也挺頻繁的，北京的文人挺多的，報紙上、雜誌上，經常聚會，我們在北京的時候，常見他們。張鐵笙是挺有名的，是老的燕京大學的，當時在文藝界挺出名，那時他是頭兒啊，有點本事，我們請他吃飯，在東安市場的沙龍，這些朋友，一塊兒聊天、聚會，東安市場原來有條街，完全是書店，咖啡店，冰激凌啊，奶啊，好多文人都在那兒。我們在那兒請過好幾次客，有一個咖啡店，經常有青年人活動。不是固定的。那時交往的文人挺多的，深交的少。吳興華，是燕京大學的，沒什麼交往，刊物上有他的，但是跟他沒什麼交往。我不知道他們在外邊怎麼樣，但在家裏沒什麼交往。交往深的還是李景慈他們，是輔仁的，北京市的。

話劇挺時新的，四一劇社是我的妹夫李雲字他們辦的，有很多是地下黨，我妹妹就是劇社的演員，叫陳光，演那些名劇，曹禺的《原野》、《雷雨》、《日出》、《北京人》，還有其它好多劇。燕京的，輔仁的，好多男同志女同志都參加，因為它是地下黨領導的。這些活動日本人不管，不敢管，也管不了。他們有派別的。地下黨，挺有辦法，演出轟動全北京，那時我們都是看這些戲長大的，那會兒挺熱鬧的、影響挺大的話劇，都在北京飯店，最大的場地是北京飯店。

四、解放前後

英誕到東北去，是形勢變了，四平那邊都解放了，希望都在那兒。四平解放後，慢慢就到錦州了，我們就到錦州去了，我有一個念小學時候的校長，姓高，我見著高校長了，一見很親熱的，他在錦州那兒的師範當校長，就約我們上他那兒教書去了。我和英誕一塊兒，他在高中教，我在初中教，就在

外邊這樣生活，就在錦州那兒。後來到瀋陽，瀋陽有一個中正中學，沈啓無都去了，辦中正大學，好多老師，我們好多同學，見面很親熱，都教書去了。在瀋陽待了兩年，回到北京。建國時我們沒在北京，在唐山，在冀東解放區受訓練，挺熱鬧的，解放以後，教師都在那兒，上暑期訓練班，就是全省的教育界湊在一起，開始聽報告、學文件，然後討論，就在那兒學。學完以後，我記得開灤煤礦開大會，英誕會唱戲，唱京劇，他唱京劇唱得挺好的，拉胡琴，還登臺表演，後來河北省教育廳長也去了，教育廳長也覺得這位同志方面挺多的，接見我們，後來寫了一封信，給華北大學的校長吳玉章，介紹他去人民大學。51 年回北京，英誕在家裏看書、寫作，把信擱在那兒，也不找去。他上貝滿中學教書去了。

採訪時間：2006 年 10 月 27 日

採訪地點：陳萃芬家

　　陳萃芬：朱英誕之妻，1939 年考入北京大學，曾加入北京大學新詩研究社，並在《中國文藝》、《中國公論》等刊發表詩作。

——原載《新文學史料》2007 年第 4 期

朱英誕小識
——「朱英誕小輯」輯校札記

陳　均

一

家中存有廢名所著《論新詩及其他》〔註1〕，陳子善先生編訂，幾年來不知翻閱幾許，每讀至《林庚同朱英誕的新詩》，便一心動，並存一遐想。豈知後來與己有緣。書中，關於朱英誕之內容有三：一是廢名戰前爲朱英誕《小園集》所作序，讀之覺「樂莫樂兮新相知」之句甚有味，廢名筆下初遇朱英誕之景亦有趣，確乎留下一個類似曹植「七步成詩」的少年詩人的動人背影，「不是凡鳥之客」也，廢名這般讚歎。二是廢名戰後所寫《林庚同朱英誕的新詩》，一氣引了朱英誕詩十二首，並稱之爲「在新詩當中他等於南宋的詞」，以廢名「青天欲共高人語」之絕妙好辭，朱英誕詩亦似片片珠玉。但惜乎僅止於此。至於朱英誕爲何？朱英誕「從哪兒來，到哪兒去？」卻毫無影蹤。於是將書翻來倒去，至陳子善先生的「本書說明」，稱廢名「發掘」「鮮爲人知的詩人朱英誕」。這是書中第三處出現朱英誕。細讀此書下來，確有如陳子善先生所感。但這裡有一個疑問，容後再述。

既是難尋，便只得置諸「身外之海」。大約是二零零三年，一個小小的歡喜，因撰寫早期新詩之論文，便搜錄此時各路詩人，偶借得《解析吳宓》〔註2〕一書，所收文有《吳宓小識》，作者即朱英誕，文末有注曰此文爲賀麟剪報寄與吳宓，爲吳宓精心收藏，而得以保存及至面世。讀罷此文，便生感慨：

〔註1〕《論新詩及其他》廢名著，陳子善編訂，遼寧教育出版社1998年版。
〔註2〕《解析吳宓》李繼凱、劉瑞春編，社會科學文獻出版社2001年版。

未料新詩人朱英誕留意被新詩史所邊緣化的吳芳吉、吳宓諸人，──夾在我們中間的或是歷史的迷霧焉。

又至二零零五年，時在上海，又一個小小的歡喜，於地鐵書店偶見何炳棣之《讀史閱世六十年》〔註3〕，目錄中赫然有《少年時代的朱英誕》，立讀之，便生一感想：這朱英誕原來如此，總算──朱英誕之冰山又露一角。但這仍是迷宮中渺茫的一線。忽忽又過一年。暑假。一日傍晚與內子相偕散步，路過西門外小書店，又見何氏此書，「無書可看也，且買一本消遣吧」，夜讀便得一大歡喜：原來，何氏回憶朱英誕之節有一注腳，前之在書店翻讀時未及見。注腳說明此文為朱英誕之《冬葉冬花集》所作，《冬葉冬花集》呢，也有出處，文津出版社於一九九四年出版。查之，復問之，原來文津出版社屬於北京出版集團，便託在彼處工作的王德領兄打聽，未幾便有消息，告知朱英誕之女朱紋女士的電話。隨即去拜訪了朱紋及其母陳萃芬女士。

如此，關於朱英誕，方有山崩地裂凌蒙初開之感。

二

朱英誕之生平行狀，朱紋《朱英誕簡歷》、陳萃芬《朱英誕的生平與創作（1913～1983）》及朱英誕自撰《梅花依舊──一個「大時代的小人物」的自傳》敘述較詳，但皆尚未刊〔註4〕，綜此三文及《詩及信》三、四輯〔註5〕、沈啟無《閒步庵書簡鈔》〔註6〕等，擷取其詩之經歷述之：

1、「詩」之薰陶：朱英誕一九一三年出生於天津，其家為「書香世家」。在《梅花依舊》中，朱英誕憶曰：「祖母性靜，善於背誦古詩。有一年夏天，祖母夜被我們要求，欹枕吟誦《長恨歌》，一字不遺，歌聲與窗外樹間風雨聲相應合，在我，至今依舊是至高無上的詩的愉快！」

〔註3〕 《讀史閱世六十年》何炳棣著，廣西師範大學出版社2005年版。

〔註4〕 有眉睫《發掘詩人朱英誕》一文，刊於《詩評人》2006年第3期，其對朱英誕生平之敘述與朱紋之文大體相同，或是據朱紋之文轉述，可參閱。

〔註5〕 見姜德明《詩及信》一文，載《余時書話》姜德明著，四川文藝出版社1992年版，第三輯為廢名致朱英誕信，發表於《新北京報》1939年8月11日、8月18日，後經姜德明整理發於《新文學史料》2001年第1期。第四輯為林庚致朱英誕信，1939年12月發表於《輔仁文苑》年第二期，現重刊於《新詩評論》本期。

〔註6〕 所見有兩輯，分別載於《風雨談》第二期，1943年5月；《文學集刊》第一輯，1943年9月。

2、作新詩之始：今之所存的朱英誕第一首詩曰《街燈》〔註7〕，爲朱英誕於1928年就讀天津彙文中學高一時，受文學老師李再雲的鼓勵而作。1932年客居北平時，仿泰戈爾《飛鳥集》作詩《印象》多首，得塞先艾之贊，稱爲「傑作」，至此留稿。其後於民國學院讀書時遇林庚講授國文，因此緣與同學李白鳳一起寫詩，林庚亦扶助，後薦朱英誕於廢名，薦李白鳳於周作人。朱英誕之謁廢名即如廢名序《小園集》所敘。

自此朱英誕與廢名往來密切，據陳萃芬女士云：午後，朱英誕常步行，自西單家中去北河沿訪廢名〔註8〕。詩稿中有《訪廢名不遇》之詩存焉。廢名亦常招林庚朱英誕於中山公園談詩，廢名於北大講授新詩並選詩，朱英誕常聽課並參與，如廢名之選郭沫若《夕暮》，即是朱英誕稱道此詩而爲廢名所取。此時亦有苦雨齋經常之小飲，但廢名與朱英誕皆少赴會。

3、北大講詩：一九三九年，因沈啓無之薦，朱英誕任北京大學文學院講師，爲新詩研究社導師，其妻陳萃芬即此時參加新詩研究社之學生，以「傳採」爲筆名，並發表新詩。一九四零年秋至一九四一年春，朱英誕講授「新文學研究」課之「新詩」部分，其講義裝訂成冊，名曰《現代詩講稿》，並編有《新綠集》（中國現代詩二十年選集）。此新詩課爲三十年代中期廢名「談新詩」之延續，凡廢名所談及者，朱英誕皆列出，只在文後寫「附記」，表達自己的意見。而廢名尚未涉及者，朱英誕繼之，直至「廢名」、「林庚」及「《現代》的一群」。不過，又據曾聽此課之學生徐守忠回憶：朱英誕講詩並不拘於所撰講義，也關心時局，介紹臧克家等詩人〔註9〕。後周沈交惡，朱英誕亦「城門起火，殃及池魚」，而離開北大。

4、多默之生：此題來自朱英誕文《多默齋集序》。五十年代後，朱英誕不再發表作品，亦少與人言詩。當朱英誕去世後二年，陳萃芬及朱紋訪林庚並以告之，林庚方知朱英誕仍作詩不輟，並留下大量遺稿，僅自訂詩集便有二十餘集共三千餘首。朱英誕以中學語文教師爲業，一九六三年便因病退休。其長女朱紋云：見父親總是伏案寫作，但從不見發表，怪而問之，後朱英誕作自傳《梅花依舊》以答之。一九八三年，朱英誕去世。是年初曾自作《輓

〔註7〕 在《梅花依舊》及《朱英誕的生平與創作（1913～1983）》等文中皆將此詩記作《雪中跋涉》，「雪中跋涉」實爲此詩中的一句。

〔註8〕 據2006年10月27日採訪陳萃芬女士的記錄整理，未刊。

〔註9〕 《朱英誕先生的詩》徐守忠，未刊。

歌詩》，云：「那我的魂魄將怎樣回來！」初讀《冬葉冬花集》中此詩時，我便思之。……今之行文殆若招魂乎。

三

此小輯共錄朱英誕文三十一篇，多為「詩」之隨筆及翻譯，來源不一，既有搜檢民國期刊所得，亦有從遺稿中所選鈔。略述如下：

《詩之有用論》、《詩與欣賞及其他》、《談韻律詩》三文鈔自《星火》，為一九三五年至一九三六年間所發表，此刊第二卷第一期，刊有朱英誕之新詩，「編輯室談話」欄中，以朱英誕等人為「新進作家」，此後三期，便每期皆有朱英誕文，亦間有其詩。

《〈無題之秋〉自跋》錄自朱英誕的自印詩集《無題之秋》，這本詩集為朱英誕唯一印刷之詩集，序為林庚所作。此後朱英誕還編有《小園集》，請廢名作序，但未能印製。所見《無題之秋》未標明出版日期及出版機構。不過，其「自跋」寫於 1935 年 12 月，題贈時間亦是 1935 年 12 月（所見為朱英誕題贈周作人之詩集），當是此時印出無疑。

《一場小喜劇》、《春雨齋集》鈔自《中國文藝》。《中國文藝》為淪陷區北平之綜合文藝刊物，《一場小喜劇》載自《中國文藝》的「本刊基本青年作家介紹特輯」，所涉及之背景即是一次慶祝「四一劇社」成立的沙龍。據陳萃芬回憶，「東安市場原來有條街，完全是書店，咖啡店，冰激凌啊，奶啊，好多文人都在那兒。我們在那兒請過好幾次客。」〔註 10〕其描述宛若「摩登上海」耶。

《談象徵詩》鈔於《藝術與生活》第三十三期，此期為《藝術與生活》所組織兩次「新詩特輯」之「下」，在「編後談話」裏，交待曰「本期承劉佩韋、商鴻達及朱英誕三教授賜作，敬表萬分感謝，三教授均為著名作家，馳名國內文壇，桃李滿門，華北青年文藝名家，類皆門下，今破格賜作，其擁護藝生之情，可見一斑，亦讀者之福也。」〔註 11〕

《序文兩篇》鈔自《文學集刊》第二輯。《文學集刊》由沈啓無主編，朱英誕、李景慈為助理編輯。在第二輯，朱英誕以「傑西」之名發表《逆水船》詩七首，以「白藥」之名發表《序文兩篇》，以「方濟」之名發表所譯《愛略

〔註 10〕據 2006 年 10 月 27 日採訪陳萃芬女士的記錄整理，未刊。
〔註 11〕見《藝術與生活》第 33 期，1943 年 2 月 15 日。

特詩抄》並在「後記」欄中評之。《序文兩篇》初見時不知何人所作，「白藥」之筆名不見於朱英誕自撰《室名、別號一覽》，只因「白藥」之名聯想至朱英誕在《現代詩講稿》之序中所署「朱百藥」。而兩篇序文，一爲《水邊》作，一爲本期中《逆水船》之詩而作，《逆水船》署名爲「傑西」，但朱英誕自撰《室名、別號一覽》所言爲「傑西」之英文首字母，《逆水船》之詩於所見朱英誕遺稿中也未尋得。然兩篇皆言及海淀瑣事，此時朱英誕正是鄉居海淀。又，《水邊集序》文末所署寫作地爲「西郊海甸之無樹菴」，查《北大文學》以「朱芳濟」之筆名所發譯詩，其所署寫作地亦是，由此方得確定。《水邊》爲廢名沈啓無之合集，初由朱英誕所編，但及至出版未用此序，而以沈啓無詩《懷廢名》代之。

《苦雨齋中》見於蘇青所編《天地》，記敘朱英誕與周作人之因緣——朱英誕與周作人交往雖淺，卻懷有敬意，且周亦有掖獎之辭。不過，據朱英誕及陳萃芬之回憶，此文中「象」之取喻及《采薇》之詩，使周作人感到「很不愉快」，「關係遂斷絕」。

《艾略特詩論拾零》爲朱英誕於北大講授新詩之講義，但並未收入其裝訂成冊之《現代詩講稿》。自三十年代以來，艾略特詩及詩論於新詩壇影響頗大，譯文及版本甚多，不過，這種將其詩論拾綴而成之形式尚少見（令人想起戴望舒之《詩論零箚》），且朱英誕所譯也有所不同。一日偶見其夾雜於各色稿紙之中，特檢鈔之。

《讀〈災難的歲月〉》爲1948年朱英誕自東北回北平後所作，後又於《華北日報》發表《吳宓小識》，因《吳宓小識》已有流佈，故此輯未錄。

餘者皆爲朱英誕建國後所寫，皆爲稿紙形式，從未刊布。其中既有朱英誕對其寫作歷程之回顧，亦是詩歌觀點之表達，文風頗有三、四十年代之遺致，殊不類其時之流行風格。感而鈔之，文章署名格式皆依照原本，僅略作注。惟原稿筆跡難辨，雖多方求證，亦煩陳萃芬女士訂正，恐仍有少許錯漏，尚希讀者諸君見諒。

四

朱英誕本名朱仁健，朱英誕爲其作詩常署，晚年則多用「朱青榆」。朱英誕所用筆名甚多，曾撰有《室名、別號一覽》，朱紋之文亦據此。但仍有遺漏。譬如前之「白藥」即是。我於舊刊所見有「朱芳濟」、「方濟」、「朱英誕」、「朱

白騎」、「朱百藥」、「朱傑西」、「白藥」、「傑西」、「琯朗」、「杞人」、「豈夢」、「損衣」、「莊損衣」等，於遺稿中所見有「朱青榆」、「朱清榆」、「朱英誕」、「朱映潭」、「朱鐵力」、「朱進衡」、「朱鳧晨」、「鳧晨」、「朱曦」、「青榆」、「朱夢回」、「朱遷客」、「朱皞天」、「鳧晨老人」、「皀白老人」等。

　　或因其筆名甚多，當研究者返顧這一歷史時，往往會陷入迷魂之陣。如《文學集刊》，朱英誕爲助理編輯及主要作者，但因「一氣化三清」，這一事實多被忽略，《中國現代文學期刊史論》〔註12〕中述《文學集刊》之狀況時，朱英誕之名即不見。又如廢名《論新詩及其他》之「本書說明」，言廢名「發掘」「鮮爲人知的詩人朱英誕」。在三十年代及淪陷時期，朱英誕於詩壇甚爲活躍，發表文章及詩甚多，亦參與談詩、沙龍等活動。戰後，在廢名於《華北日報》發表《林庚同朱英誕的新詩》之後，朱英誕自東北歸來，亦在此報發表文章。因此，「廢名」「發掘」「朱英誕」之說，或是後來者之想像。且這一說法又流傳已久，幾成定論，如《抗戰時期的華北文學》〔註13〕，介紹「朱英誕」時亦有「廢名在戰後論及當時鮮爲人知的朱英誕」之語。於此，我頓覺歷史之煙雲寒繚了。

　　又有一緣可記，曾與朱英誕之哲嗣朱純先生閒談，朱英誕愛好京劇，拉京胡甚好，學言派老生並工侯派花臉，曾上臺演出《蘆花蕩》，朱純亦好京劇。偶談及京劇老唱片，朱純提及朱復，因朱復先生以收藏京劇老唱片聞。而朱復先生，其時正教我崑曲。朱純稱朱復少年學曲之際，路經其家時常與朱英誕聊天。於是，一日課畢，我以「朱英誕」問之朱復先生，答曰不知。又提及陳萃芬及朱純，這才想起，卻是「朱仁健」、「朱青榆」。其母曾與朱英誕同事，故相熟耳。而朱復先生亦僅知「朱仁健」之有才未竟，並不知其爲寫新詩之「朱英誕」也。是爲記。丁亥夏於京東古運河碼頭舊址。

──原載《新詩評論》2007 年第 2 輯

〔註12〕《中國現代文學期刊史論》劉增人著，新華出版社 2005 年版。
〔註13〕《抗戰時期的華北文學》張泉著，貴州教育出版社 2005 年版。

毛時代的隱逸詩人（編後記）

陳　均

己丑暮春，我曾草一短詩，名曰《毛時代的隱逸詩人》，全篇以朱英誕詞寫朱英誕事蹟。此處暫不贅述。惟詩題尚可一提。此名出自詩人柏樺的自傳《左邊》的副題「毛澤東時代的抒情詩人」，只不過柏樺寫的是一代青年詩人的成長與激情，而我套用此名，則呈現的是另一個「毛時代」，亦即朱英誕先生晚年的生存處境——我嘗想，或許類似於「遺民」，就如宋亡明亡後的那些悲哀故事。

但朱英誕先生又稍不類此，因他只是「大時代的小人物」（如他自稱並用以指稱長吉等先賢），並非如胡蘭成輩亡命天涯又揮斥方遒，亦不似朱光潛卞之琳輩隨時代而浮沉⋯⋯他只是與時代保持距離（或者不如說被時代所拋遠），但並不拒絕給居委會大媽念時政報刊的邀請。正如他在自傳中屢屢提及的「苟全性命於亂世」。

在遺稿中，我亦見到他龐大的寫作和整理計劃。如今留下的也是一箱龐雜的草稿，包含幾千或許近萬首寫在各色紙張（從北平特別市政府信箋到馬糞紙到北京大學稿紙等）上的詩、雜文、序跋、戲曲電影評論⋯⋯所以我想：要是整理起來，可真是一項頂艱難的任務呀！

朱先生寫作時間甚長，按如今新詩史的劃分來算，他自廢名林庚一派（「廢名 circle」）的三十年代「北平現代主義」開始展露崢嶸，到四十年代淪陷區，與南星沈啓無等相往來，可說是其時之重要詩人，此後歷經共和國，直至大陸朦朧詩興起時，亦還在寫詩不倦，只不過是「藏諸箱籠」了。

近時，人民文學出版社出版了《中國新詩總系》，其中三十年代卷、四十年代卷和七十年代卷均選載朱先生的詩作，如此者，不多見矣。又，陸續見

到好幾篇研究朱先生的論文，並有碩士博士論文專論或提及，但閱覽之下，卻不無失望，因多數均漫不經心之屬（或許只是為寫而寫或學位吧），並無真意去追尋研究對象，所以寫出的文章有很多難看，實實實配不上朱先生。

除致力於詩之外，朱先生的隨筆亦可觀。而且相較起來，或許隨筆更能體現朱先生的學養和才能——因隨意而談，更自由也。丁亥年我初識朱先生文，曾整理《梅花依舊》、《現代詩講稿》（由北京大學出版社出版時易名為《新詩講稿》）諸文，載於《新文學史料》、《新詩評論》等刊，並謔稱其為「現代文學的活化石」。見者以為朱先生之文清婉可愛，而很多文章居然寫就於「文革」時期，但並無時代之沾染，尤為驚歡豔羨。

今歲承蔡登山先生慷允，朱先生晚年的三部較大部頭的隨筆作品（《長吉評傳》、《誠齋評傳》和《梅花依舊》）畢彙於此，或可一瞻其文筆風貌。朱先生將文言與時語巧妙地混合起來，既言簡意賅，又曲折意深，確實傳承了五四以來苦雨齋一派（雖然朱先生自言與苦雨翁關係甚淺，但觀朱先生八十年代照片，則覺與苦雨翁相似矣）。

而評述長吉、誠齋時，又多持「詩」之觀念，如評長吉之「真詩」，評誠齋之「幽默」，讀時真如巧手縛虎，探驪得珠，頗得思致之美。

最後，要交代的是，朱先生筆名甚多，此稿中常自稱「朱傑西」、「朱青榆」、「皂白老人」（因之，按語中亦見「榆按」二字），書中所引詩文與通行版本的詞語略有不同（當是異文），讀者不可不識。

又，朱紋女士為朱英誕先生長女（即《梅花依舊》中的「青草」），職業為工藝美術師，多年來孜孜以推廣朱先生的作品。此次整理舊稿，不僅獲得她的同意，而且她亦抱病整理了《長吉評傳》前五章，在給我的長信中提及父親去世前指稿為託之事。此情此義，如歷歷在目，尤可感佩。特為之記。

庚寅年十一月廿九日　陳均於東京，時新曆元旦假日。

——選自朱英誕著，陳均、朱紋編訂《大時代的小人物：朱英誕晚年隨筆三種》，臺灣秀威信息科技股份有限公司 2001 年版。

朱英誕瑣記
——從《梅花依舊》說起

陳　均

在很長時間裏，我一直把朱英誕當作文學史上那種早慧、早逝的彗星般的人物，遠者如曹植，近者如蘭波、海子。事實上，我的這一印象是從廢名筆下初遇朱英誕時惟妙惟肖的場景而來：

……朱君開頭一句卻是問我的新詩意見，我問他寫過新詩沒有，他說寫過，我給一個紙條給他，請他寫一首詩我看，然後再談話，他卻有點躊躇，寫什麼，我看他的神氣是他的新詩寫得很多，這時主人之情對於這位來客已經優待，請他寫他自己所最喜歡的一首，他又有點不以爲然的神氣，很難說那一首是自己所最喜歡的，於是來客就拿了主人給他的紙條動手寫，說他剛才在我的門口想著做了一首詩，就寫給你看看，這一來我乃有點惶恐，就將朱君所寫的接過手來看，並且請他講給我聽，我聽了他的講，覺得他的詩意甚佳，知道這進門的不是凡鳥之客……〔註1〕

如今，大多數人對朱英誕略所知，稍有興趣的，恐怕大多是由這篇文章引起的。這篇文章是廢名給朱英誕的第二本詩集《小園集》所作的序，序發表了，詩集編好了卻還等不及出版，便是抗日戰爭、北平淪陷，廢名南歸……一系列事件，集子永遠停留在稿紙上。此外引人注意的，還有廢名的另一篇文章，《林庚同朱英誕的新詩》，這是廢名在抗戰後重返北平，重拾戰前講新詩的工作而寫，在這篇文章裏，廢名先談林庚，選了四首，接著談朱英誕，

〔註1〕廢名，《〈小園集〉序》，載《論新詩及其他》，廢名著，陳子善編訂，遼寧教育出版社1998年。

一口氣選了十二首，並說林庚「在新詩裏很自然的，同時也是突然的，來一份晚唐的美麗了」。而朱英誕則是「在新詩當中他等於南宋的詞」〔註2〕。在1998年，這兩篇文章在陳子善先生編訂的廢名《論新詩及其他》一書中相遇了，而且在「本書說明」中，陳先生又特別提示了一下「朱英誕」。

廢名的《談新詩》〔註3〕是已被視作當然的新詩研究「名著」了，裏面說的幾乎個個後來是新詩史上的大人物，而且廢名的持論精深玄妙有趣。但，且慢，還有一個「朱英誕」是誰？從哪兒來？到哪兒去了？當初讀數遍《談新詩》，總有這麼一個懸念在心頭。但是尋來覓去，「朱英誕」還是不見蹤影。而且看樣子，除了廢名，也沒人寫到朱英誕。

此後，便是一個個小小的發現和閱讀的過程。比如，在寫論文查找吳宓資料時，發現有朱英誕署名的《吳宓小識》一文，知道朱英誕對吳宓、吳芳吉有興趣。又如，尋一本何炳棣的《讀史閱世六十年》消遣時，發現他寫過一篇《少年時代的朱英誕》，知道朱英誕與他為中學同學。正是從這篇文章的注腳，我找到了事關「朱英誕」的蛛絲馬跡──通過注腳提供的信息，我找到了朱英誕的長女朱紋，其後又拜訪了朱英誕的遺孀陳萃芬，讀到朱英誕的大量遺稿。此時，我的「好奇心」並不因此而淡滅，反而愈加濃厚。這是因為，朱英誕的創作時間是如此之長，若從1928年他寫下第一首詩算起，直至1983年去世，總共達55年之久。假使這還算不了什麼，那讓人震驚或者感動的是，在二十世紀五十至七十年代這段時期裏，當絕大多數作家要麼封筆，要麼寫應合時勢的作品之時，朱英誕卻在書齋裏繼續寫他的「新詩」，不求發表，只是一種「藏諸名山」的偶然的願望。如果當代文學中「潛在寫作」的概念能夠坐實，這便是「潛在寫作」的最佳範例。

在遺稿中，有一篇朱英誕於近離世之年所寫的自傳《梅花依舊》，約兩萬言。一讀之下，甚覺有味，不僅僅是因為朱英誕的文風雅致，還保留著二十世紀三十年代那種小品文的況味，也不僅僅是它提供了一個「五四」之後、受「五四」影響的一代文學青年的心路和生命歷程，對我來說，頗覺興味的是，在這篇自傳裏，有一個關於二十世紀三、四十年代北平現代派的「微觀

〔註2〕 廢名，《林庚同朱英誕的新詩》，載《論新詩及其他》，廢名著，陳子善編訂，遼寧教育出版社1998年。

〔註3〕 關於廢名《談新詩》的版本有：《談新詩》，廢名著，新民印書館1944年；《談新詩》，馮文炳著，人民文學出版社1984年；《論新詩及其他》，廢名著，陳子善編訂，遼寧教育出版社1998年，等等。

世界」。因原稿筆跡較潦草，皆是毛筆小字，不易閱讀。在一個假期裏，我邊讀邊將其錄入電腦。於是，便有了寫這篇《朱英誕瑣記》之緣了。

關於朱英誕的家世及早年經歷，《梅花依舊》述之甚詳，在此不贅。以下，還是依《梅花依舊》的格局，以幾個關鍵詞來「瑣記」和描摹一下「朱英誕」，也算是對《梅花依舊》的「小補」吧。

第一首詩：朱英誕的第一首詩名爲《街燈》，作於 1928 年，此時朱英誕正在天津彙文中學讀書。在寫作《梅花依舊》時，這首詩尚未找到，僅存留在朱英誕的記憶裏。因此他將詩題記作《雪中跋涉》，此後便是對詩中情景的追憶。當我訪問朱英誕長女朱紋時，她告知這首詩已找到，在此不免抄錄一番：

街 燈

水上披著羊皮的人
在採索銀魚？在他身邊，
鳥稚散步，安閒地。
磨坊裏的驢叫起來，
鐘聲遲緩的敲著，
汽笛長鳴，——
這一切都遠遠的落在我身後面了。
橋把河隔開而把兩岸連起，
我依舊望得見一切，
但在雪中跋涉，
我進退維谷而行。
獨自走著，
我趕上前面那些提燈的人了。
街燈，昏黃的，依舊貼在牆上，
像鬼臉，……我幾乎每一經過
都感到無端的恐怖。

(一九二八年多作)

「雪中跋涉」原是詩中一句，但卻較爲打眼，確是詩中某種帶有寓意的場景，這就難怪會誤記成詩題了。朱英誕解此詩爲「元白樂府派」，大約是指他其時的興趣在「元白」，或亦指此詩的寫作方法爲「白描」吧。

蹇先艾：1932 年，朱英誕由天津赴北平考大學，仿泰戈爾《飛鳥集》作印象詩數首，得蹇先艾稱讚。不過，蹇先艾此後與朱英誕似乎並無交往。我於朱英誕遺稿中，曾見剪報一張，爲「文革」後關於蹇先艾之報導，適時能理解爲蹇先艾「平反」的信號。可見，因一言之讚，朱英誕對蹇先艾一直是感激兼有關注。

林庚：朱英誕考入民國學院後，恰逢林庚在此兼課教國文，於是，與同學李白鳳一起，以林庚爲師習詩。其時林庚在新詩壇上風頭甚健，俞平伯在爲其詩集《夜》作序稱「這一班少年的，英雄的先鋒隊」。一開始，朱英誕寫完詩後即送與林庚，林庚讀後爲之推薦。但到後來，朱英誕的詩風有所變化，「當時他寫的詩我幾乎每首都看過，他似乎是一個沉默的冥想者，詩中的聯想往往也很曲折，因此有時不易爲人所理解」〔註 4〕，林庚便將其推薦給廢名。朱英誕也曾短暫追隨和實踐林庚關於「格律詩」的主張，在《〈春草集甲編〉跋》中，朱英誕憶道「一九三四年至一九三五年兩年間」，「我還試寫了一些韻律的詩」，「其中許多試作本都有以自由體寫的原稿，我取來改寫成韻律詩，卻大抵失敗了。廢名先生所說：『是作者幫助方塊，並不是方塊幫助作者，』但其實我倒是想追隨靜希先生完成他的實驗的」。在戴望舒和林庚的爭論中，朱英誕自然站在林庚一方，但態度卻頗「冷靜」，1948 年所寫的一篇評論戴望舒的文章中，他談道「事變前戴望舒先生和林庚先生爲了詩的形式和技藝的探討的論爭，當時我是奉勸過林庚先生的，完全可以付諸不聞不問，這一點廢名先生最爲瞭然；但林庚先生是新英雄，我也是瞭然的。」〔註 5〕1935 年 12 月，朱英誕的第一本詩集《無題之秋》印成，序爲林庚所作，林庚乃借題重釋「自由詩」之意不在「形式」，文末云「英誕平日常以詩來往，近擬選印，囑爲作序；正苦無話可說，心有此感順便寫出，願英誕與我共勉之」〔註 6〕。其時兩人交往甚爲密切，摘錄林庚致朱英誕一信爲「詩集已改好抄清，廢名先生序亦寫來，即可動手刻了，得空星期四晚盼見面，今日初雪，十月陽春，別有清趣也」〔註 7〕。抗戰期間，林庚返鄉，

〔註 4〕 林庚，《朱英誕詩選書後》，載《冬葉冬花集》，朱英誕著，文津出版社 1994年。

〔註 5〕 朱英誕，《讀〈災難的歲月〉》，載《華北日報‧文學》第三十九期，1948 年 9月 26 日。

〔註 6〕 林庚，《〈無題之秋〉序》，載《無題之秋》朱英誕著，1935 年。

〔註 7〕 《詩及信第四輯》，載《輔仁文苑》第二輯，1939 年 12 月。

至福建長汀的廈門大學任教，此時鴻雁傳書，林庚猶不忘朱英誕之創作，勸曰「近來詩境進益如何，聽兄年來篇什不甚開展，一旦閉門覓句，則又恐易人巧途中，此宋人終身病也」〔註8〕。

抗戰勝利至建國後，林庚曾與朱英誕見過數次，「在見面中也沒有再聽到他談起自己的詩作，我以為他已無心於此了」〔註9〕，實際上，為避「詩禍」，朱英誕此時很少公開與人談詩。直至 1985 年，朱英誕已去世兩年，朱英誕長女朱紋訪問林庚，並告之朱英誕去世消息，林庚才知道朱英誕一直堅持寫作，留下了大量遺作。林庚在朱紋所提供的詩稿上圈點選詩，所選詩為後來出版的朱英誕詩選《冬葉冬花集》之雛形，並作《朱英誕詩選書後》一文。

廢名「樂莫樂兮新相知」，這句詩在廢名用來，正是形容與朱英誕的關係。自林庚介紹朱英誕與廢名相識後，兩人甚為相得。朱英誕家住西單，常在午後步行至北河沿廢名住處談詩，集中有數首詩皆題為《訪廢名不遇》，其中一首甚好，抄錄如下：

訪廢名不遇

我獨自踽踽的，
走過清翠的天的山谷；
或者行色匆匆，
道旁的水果香也不挽留。

小河裏沒有流水如雲，
枯樹是靜觀逝水的老人；
一個靜靜的冬天將告別的日子裏，
我似乎感到一點寂寞嗎？

當我隔了玻璃窗探視時，
那些舊傢具是一些安靜的伴侶，
它們似乎一點兒也不寂寞，
於是我平靜地回來。

作於一九三五年

〔註8〕《詩及信第四輯》，載《輔仁文苑》第二輯，1939 年 12 月。
〔註9〕林庚，《朱英誕詩選書後》，載《冬葉冬花集》，朱英誕著，文津出版社 1994年。

朱英誕之訪廢名,「一點寂寞」之意,猶如虛空──套用廢名詩句──不就是「一點愛惜的深心」麼?當時廢名正在北京大學課堂上講新詩,朱英誕既去聽講詩又參與了選詩,如朱英誕在郭沫若的《夕暮》一詩下用英文寫「非常好」,於是廢名在講郭沫若時首推此詩為「新詩的傑作」。廢名常邀朱英誕、林庚等人去中山公園談詩,一信云「現由我約定於星期二(五月五日)下午兩點鐘在中山公園後門池邊柏樹下茶座上晤談,已函知靜希,屆時請你逕由西城往中山公園為幸」〔註10〕。還有一信大概是廢名對「訪廢名不遇」的回答,「雪中我也是訪友談天去了,孰知乃有朋自遠方來,其實離橋上不遠,何人不知而雪亦不知乎?歸來乃留得足下之『悲觀』,我亦甚覺可惜也。」〔註11〕

朱英誕的第二本詩集《小園集》編就,請廢名作序,即如前述。不過,在翻檢朱英誕遺稿時,我發現《小園集》手稿中所夾雜的廢名序言,中間省略了廢名初遇朱英誕之情景,因此廢名序言為陳萃芬手抄稿(按,朱英誕曾寫:所藏廢名手稿為鼠所齧,僅餘論唐俟的一篇〔註12〕),因此,目前很難斷定,這一細節,是廢名序言的初稿中就已寫成?還是廢名在公開發表前才添加的?

1937年盧溝橋事變前,廢名忽然搬至雍和宮,等朱英誕去北河沿時,真的變成「訪廢名不遇」了。後廢名來信告知,朱英誕去雍和宮,並勸廢名南歸。到年底,大約是廢名聽聞母親去世的消息,遂南歸。

1940年秋至1941年春,朱英誕在周作人主持下的北京大學文學院「講新詩」,接續了廢名在戰前「講新詩」的工作,朱英誕一邊整理廢名的講稿,一邊自己撰寫講稿,凡廢名論及的,先錄廢名稿於前,再附錄自己的意見於後;廢名未曾論及的,則為朱英誕所撰講義,如此一年講下來,便成朱英誕與廢名合撰的《現代詩講稿》,並有與講稿相應的詩選《新綠集》(中國現代詩二十年選集)。此外,朱英誕還編選了廢名與沈啟無的合集《水邊》。

抗戰勝利後,廢名又回北大,並發表《林庚同朱英誕的新詩》,朱英誕從東北歸,往見廢名。在朱英誕的回憶中,還有廢名談詩之感慨。但不久,朱英誕又至唐山教書,等再次返京時,廢名已赴東北,此後便再無相見之日,

〔註10〕 姜德明,《廢名佚文小輯》,載《新文學史料)2001年第1期,原載於(新北京報》1939年8月。

〔註11〕 姜德明,《廢名佚文小輯》,載《新文學史料)2001年第1期,原載於(新北京報》1939年8月。

〔註12〕 參見朱英誕所寫《跋廢名先生所作序論》,未刊。

在《梅花依舊》中，朱英誕感歎「聞一目已眇。嗚呼。怎麼能到那麼寒冷的地方去呢！」

李白鳳：字象賢，朱英誕在民國學院時的同學，共同向林庚請教學詩。李白鳳大約是富於詩人氣質，又以結交名人和發表作品為榮。因此，託林庚介紹認識周作人，朱英誕在《苦雨齋中》憶道「而周先生對象賢很賞識，並且有興致偕渠至秋荔亭去看俞平伯先生，而象賢每有所得，歸來總是滿懷春風似的訴說著，我聽著也很高興」〔註13〕。一年後，李白鳳去上海，常在施蟄存主編的《現代》雜誌上發表詩作，後被認為是「現代派」中一員。此後，通過林庚或其他友人，斷斷續續有所聯繫。據陳萃芬回憶，李白鳳後來曾在山西大學教書，也曾到北平，住朱英誕家，由朱英誕介紹工作。後無聯繫。

沈啟無：周作人四大弟子之一。沈啟無與廢名、林庚交往甚多，據沈啟無所說，廢名住北河沿時，與沈啟無住處僅一河之隔，經常「飄然而至」，沈啟無之所以寫新詩，亦是因廢名鼓勵。但奇怪的是，未見當時沈啟無與朱英誕交往之記錄。直至沈啟無聘朱英誕到周作人之北京大學文學院任教，朱英誕在《梅花依舊》中的回憶也是輕描淡寫，「我偶然遇到沈啟無（曾在廢名家見過）」。其時，沈啟無任中文系主任，並與朱英誕共擔任北京大學詩詞研究社導師，沈啟無在一信中言道「我擬聚英誕南星國新諸君一堂」〔註14〕。又一信說「我和英誕南星都說過，頗想能有機會辦一刊物，最好是詩刊」〔註15〕。頗有發動及引導新詩潮流之志。這一刊物大約就是《文學集刊》，已非純然詩刊，沈啟無任主編，朱英誕、李景慈為助理編輯，「卷頭語」云，「我們願意擔荷這責任，古典的精義與現代的寫實熔為一爐，中外古今之得以闊通，而又各有它的獨特」。1943年9月《文學集刊》第一輯出版，出至第二輯。因受「周沈交惡」影響，雖已預告第三輯篇目，但並未出版。在此期間，兩人交往極多，可謂「通家之好」。在沈啟無致朱英誕的信中，有約朱英誕給學生講詩、對朱英誕新詩課建議之語。在《水邊集序》中，朱英誕記載有沈啟無去其海淀鄉居中催稿之事。

〔註13〕朱英誕，《苦雨齋中》，載《天地》第1期，1944年8月1日。

〔註14〕沈啟無，《閒步庵書簡鈔》，載《文學集刊》第一輯，新民印書館，1943年9月。

〔註15〕沈啟無，《閒步庵書簡鈔》，載《文學集刊》第一輯，新民印書館，1943年9月。

　　沈啓無攜朱英誕之詩去日本，並獲第一屆「大東亞文學賞副賞」〔註16〕，奇怪的是，朱英誕對此事並不知情，僅猜測沈啓無冒其名而獲賞，這一疑雲直到寫《梅花依舊》之時仍未解開。此後，因「周沈交惡」，沈啓無被周作人「破門」，去武漢協助胡蘭成辦《大楚報》，朱英誕亦去職北大。三年後在東北重逢，建國後抑或有相見之機（陳萃芬回憶她曾偶遇沈啓無），但時勢易轉，文事消散，已不復當年。

　　周作人：對於周作人，朱英誕更多的是敬且遠。在李白鳳頻頻造訪苦雨齋之時，朱英誕僅是旁觀而已。苦雨齋的聚會，似乎朱英誕也很少去，如林庚信云「苦雨齋之聚亦仍照常，惟少見廢公及吾兄耳」〔註17〕。據《梅花依舊》及陳萃芬的回憶，周作人對朱英誕頗為欣賞，曾在廢名、沈啓無面前多有誇獎，並有文副題為「給一位小友」，「小友」即朱英誕。除《梅花依舊》中所述與周作人之緣外，在《苦雨齋》中，朱英誕記述了幾次與周作人的交往及印象，如「眼睛漸漸縮小了起來，眼球微微向上，於是一位一代偉大的人物突然有如一頭印度的『象』，——使得我腦中詩意大轉」，又如「雨翁的走路，他常是帶著一些興奮的樣子走向書架或者別的地方去，而姿態很像一種醉漢的碎步或者說有如火焰的歡欣跳舞，生命的活躍充分表現了出來，與平常在外面的枯淡的神情完全不相同」〔註18〕。因「周沈交惡」及《苦雨齋中》一文對周作人的觸犯，朱英誕此後與周作人遂無往來。

　　在1941年秋的一次慶祝「四一劇社」成立的聚會上，張鐵笙戲謔式地介紹朱英誕，「說我的文章『跟周先生一樣』，而且『有時候字寫得也跟周先生一樣』，『所以有時候我們也稱他為周先生』云云」，朱英誕在面紅「羞澀」之餘，撰文分辯道「周先生現在是有光，沒有火了。然而我，我的幽憤頻增。我的幽憤是多方面的。可惜有『幽憤』而無『詩』」〔註19〕。或可反映朱英誕其時之心緒吧。

　　魯迅：朱英誕從未見過魯迅，但敬仰之情溢於言表，在《梅花依舊》中尤顯。在我閱讀朱英誕所遺《現代詩講稿》時，見廢名所講魯迅新詩的部分

〔註16〕據張泉，《抗日戰爭時期的華北文學》，沈啓無所攜詩為《損衣詩鈔》，在1943年8月在日本東京舉行的第二次大東亞文學者大會上，被評為第一屆大東亞文學賞「選外佳作」，幾月後，在北平追加為「大東亞文學賞副賞」。（《抗日戰爭時期的華北文學》，張泉著，貴州教育出版社2005年版，第485頁）

〔註17〕《詩及信第四輯》，載《輔仁文苑》第二輯，1939年12月。

〔註18〕朱英誕，《苦雨齋中》，載《天地》第1期，1944年8月1日。

〔註19〕朱英誕，《一場小喜劇》，載《中國文藝》第5卷第5期，1942年1月5日。

被剪去，問陳萃芬方知朱英誕以魯迅不應與眾詩人並列在其遺稿中，朱英誕亦藏有時人研究「魯迅與新詩」的論文剪報，可見其關注之情。在《梅花依舊》中，朱英誕以魯迅「把五四的光彩捧到了三十年代」，當然，朱英誕以周氏兄弟為時代的大人物，而自認是「大時代的小人物」。

南星、黃雨、李景慈、沈寶基：皆為朱英誕於北大時的詩歌「小圈子」中人，或曰「廢名圈」〔註20〕。南星成名已久，以新詩、散文著稱，朱英誕曾述與南星共訪周作人，南星戲稱「舊刑部街」為「久行步街」。黃雨為廢名之學生，時為北大齋務處職員，以寫新詩聞名。在任《新北京報》編輯時，曾發表廢名致朱英誕的「詩及信」。李景慈畢業於輔仁大學，在北大文學院任助教，寫小說和散文，在淪陷區文壇甚為活躍，據稱亦是北平「左聯」成員。曾參與《輔仁文苑》、《中國文藝》、《文學集刊》的編輯。建國後直至八十年代，都與朱英誕保持來往，後任北京出版社社長，朱英誕詩選《冬葉花集》即是在他的介紹下由陳萃芬編輯，於1994年自費出版。沈寶基為法國留學歸來，寫詩、譯詩，並發表批評，曾與朱英誕比鄰而居。在朱英誕自編的《花下集》中，就載有一首有趣的「聯句詩」：

屋裏的天涯

（星期六七人聯句）

夜，恐怕是花兒放送出來的吧？（朱英誕）

【平常，尚似叢句。】

腳中能生長出花兒來嗎？（沈寶基）

【已想入非非矣。】

我的腳中為什麼不能生長呢？（沈金川）

【何其天真！】

那是你缺少了光。（沈寶基）

【遂進入深刻。】

燈的輝煌是詩人的狂易，（張雪芳）

【略映帶諷刺。】

〔註20〕在朱英誕所撰的新詩講義《現代詩講稿》中，有專節名為「廢名及其cicrle」，我將之譯為「廢名圈」。在新詩講義裏，被納入「廢名圈」的詩人主要是程鶴西和沈啟無。我則將其擴大，泛指受廢名詩論影響的一批詩人。

華燈初上裏夜和我們攜手；（陳傳彩）

【不失矩度。】

一陣風把黑暗吹到人間，（沈金川）

【陡轉入嚴肅。】

我們又將進入夢裏的沙場。（沈金聲）

【再接再厲。】

沙場上猶有醉臥的人吧？（沈寶基）

【沉著。】

燈亮非是陽光，唉，花兒的故鄉啊！（朱英誕）

【科學與詩的諧調。】

風動我們的笑容和雪的芬芳。（張雪芳）

【富有情趣。】

煙飄到了屋裏的天涯，（沈金聲）

【神奇！動人之極！】

如雲一般的在空中舞蹈著，（沈金川）

而我隨之舞蹈的生命，霧中的花。（沈寶基）

【化生動為老練。】〔註21〕

（一九四四年六月二日，北京景山東街三眼井沈宅。）

在詩後「附記」中，朱英誕寫道「與詩人沈寶基僅一牆之隔。其時寶基仍喜賦詩，兩個孩子聲兄川弟甚乖巧，這一首聯句詩就是我們訪談時大家歡樂中所寫成的」。聯句中署名六人，陳傳彩即陳萃芬，為朱英誕之妻。沈金聲、沈金川為沈寶基之子，張雪芳為沈寶基之妻。所謂「七人聯句」，未見其名的是朱英誕長女朱紋，此時尚一歲，還是咿呀學語的懷中嬰孩。那麼，這首聯句詩便是兩家詩人鄰居週末串門聊天時的出產物了。朱英誕在聯句詩上還附上眉批，原詩稿為附於詩後，今抄錄、列於詩句之旁，亦是以朱氏之樂為樂也。

「北大講詩」之後：「北大講詩」幾乎是朱英誕履歷上的輝煌。從習詩到講詩，作為一位詩人，朱英誕實際上形成了自己的「文學場」，但隨即被時代所覆滅。自北大去職後，朱英誕在北平特別市政府任職兩年，之後與陳萃芬

〔註21〕這一句是對最後兩行詩的眉批。

一起去東北教書。1948 年底，朱英誕回北平，曾見廢名，不久又至唐山教書。1951 年返京，此後在貝滿女中教書，1963 年因病退休。此後二十年，筆耕不輟，但人所未知。在遺稿中，我曾見一紙，題為「1972 年第 3 次清稿 5 年計劃」，上書其計算所寫新詩數量之法，「四十年，以每日 1 詩計，共計約 14600 首」，「每日清繕 30 首（早起、午後、夜間各 10 首）」，等等。今之於遺稿所見《朱英誕自訂詩稿》，包括二十六冊三千餘首，也許是這一計劃之成果。但如算上其他未修訂的散卷及佚詩，其作品總量就難以計數了。至於自傳《梅花依舊》，朱英誕長女朱紋曾言道：見父親總是伏案，卻從不見發表，於是追問緣由及來歷。至 1982 年底，朱英誕才撰《梅花依舊》作答。

在《梅花依舊》的結尾，朱英誕單闢一節為「三十年代（小引）」，我讀後以為言或未盡，於是詢問陳萃芬，答道自傳至此已寫完。「對真理的熱情是三十年代青年詩人與作家中最有才能的份子特徵。」朱英誕引此語，我甚喜之。「所有致力於文學藝術的人幾無例外的是」從夢想「屈原世界」開始，以進入「非屈原世界」結局，朱英誕此說，我同悲之。

丁亥處暑於京滬旅次

——原載《新文學史料》，2007 年第 4 期

淪陷區的沉重獨語 〔註1〕

吳曉東

在淪陷區詩壇倡導大眾化、寫實化的詩歌的同時，佔據詩壇主導地位的，卻是以前戰前即已成名的詩人南星、路易士、朱英誕以及戰後崛起的年輕詩人黃雨（李曼茵）、聞青、顧視、劉榮恩、金音、沈寶基、黃烈等為代表的「現代派」詩歌群體。

儘管這一名稱容易與戰前以戴望舒為領袖的「現代派」相混淆，但它仍舊在淪陷區獲得了普遍的承認。一方面，其中的代表詩人南星、路易士、朱英誕等本來就是戰前「現代派」詩群中的代表；另一方面，後起的年輕詩人們的創作風格，基本上是對戰前「現代派」詩風的繼承和延續。如果說戰前詩壇如同前面引述的丁諦所論及的那樣存在著兩條道路，那麼，淪陷區詩歌界更多的詩作者所選擇的，是戴望舒一類的「重意境的詩，而不是大眾化的詩」。尤其是其中「一般的青年詩人，都走向這朦朧的路」〔註2〕。這表明，儘管淪陷區詩壇並沒有明確提倡「現代派」詩風，但這一類詩歌仍舊釀成了一種具有準流派特徵的詩潮。

自始至終，淪陷區的「現代派」詩作，一直被「朦朧」和「看不懂」的批評所籠罩。這一點也使人們聯想起30年代的「現代派」所遭到的攻擊和非議。反過來也證明了兩者間所存在的詩藝和技巧上的傳承性。誠如淪陷區一論者所描述的那樣：這一派詩的「美點」在於「含蓄的美，讀之意味深長，意境多以靈魂為出發點，比興做方法，時常和描寫的對象離得很遠，而濃寫著事邊的問題，來烘托主見。故往往使人捉摸不住頭腦，甚或一詩出手，除

〔註1〕 題目為編者所加。
〔註2〕 穆穆，《讀詩 偶評》，中國公論第7卷第1期。

了作者之外，再無人能完全領略」〔註3〕。雖然從中可以看出論者的傾向性，但對淪陷區「現代派」技巧特徵的論述，大體上是客觀而公允的。其中重含蓄，重意境，重烘托，輕描寫諸種風格，與30年代戴望舒一派詩人是一派相承的。

另一方面，淪陷區嚴酷的生存境遇對詩人們創作的強大制約作用，自然也是不可忽視的。從政治氣氛上說，日本侵略者的高壓統治和嚴密的文網制度使得淪陷區詩人們無法直面現實，所缺乏的是培植大眾化通俗化詩作的土壤；從生存環境上說，求生存已經成為幾乎每個詩人都面臨的最迫切的問題。這使朝不保夕的詩人們空前強烈地體驗到生存的個體性。「現代派」詩風的再度興盛，一方面在題材上使詩人們避開了敏感的現實與政治領域，「以個人生活為主，不至於牽涉到另外的事情。寫的是自己生活中的瑣事，用不著擔心意外的麻煩」〔註4〕。另一方面，在技巧上對深邃飄渺的意境的營造，對錯綜迷離的情緒的捕捉，都使詩人們「以靈魂為出發點」，追索到了生命的更幽深的情趣，並在一個非常的年代更確切地把握了本能性的生命存在。

概括起來說，淪陷區的現代派詩作，是與「大地的氣息」相異的溫室裏「詩人的吟哦」與「沉重的獨語」。

「沉重的獨語」出自淪陷區小說家畢基初對詩人劉榮恩創作的評價：「這裏的每一首詩都是沉重的獨語，而且都是警闢的，帶著中年人的辛酸，苦戀了心靈的山界，發出一點對於人生的微唱」，「詩人劉榮恩的心上已是蕭索的秋風」〔註5〕。所謂「蕭索的秋風」其實構成的是一代現代派詩人對整個淪陷時代的總體感受。因此他們的詩中，「對於現實的情感總不免含著傷感的渲染」。故國的緬懷，飄零的感喟，遠人的思念，寂寞的愁緒，諸般心境之中總透露出一種「壓得人喘不出氣」的沉重感。譬如劉榮恩的這首《十四行》：

　　經過死亡的幽谷，寂寞得要哭，

　　鄉間風光，渡過江海，小池塘，

　　一滴一溜的戀意珠散在去程上，

　　要帶回去的惦念給我心痛的。

〔註3〕穆穆，《讀詩 偶評》，中國公論第7卷第1期。

〔註4〕楚天闊，《一九四○年的北方文藝界》。儘管這段話論者是用來描述淪陷區散文創作的，但移用來評價「現代派」新詩創作也是準確的。

〔註5〕畢基初，《〈五十五首詩〉——劉榮恩先生》，中國文學1944年第8號。

竹香中江南的雨點掉在臉上；

灰色天，黃的揚子江壓在心頭；

向友人說什麼，看看船後的水沫，

下站是九江了，著了岸是半夜；

我所站的地會應著遠地人的心。

這種「沉重的獨語」頗可以代表淪陷區大多數現代派詩人的「心靈的詠歎」。同時，「獨語」本身又是一種有意味的形式，它表徵著詩人向心靈深處追索，向幻想與回憶的世界中沉溺的情感方式與思維方式，並藉此營建一個堪與外部世界進行對抗的一個相對封閉的內心城池。誠如詩人查顯琳在詩集《上元月》題記裏所說的那樣：「我把生命完全建在感情的迴溯裏，我驚眩於自然變幻，我沈炙於年輕人的想像裏，而多麼可憐。」〔註6〕儘管詩人已經意識到這種迴溯與想像性的生存方式的「可憐」，但試圖打破這一閉塞的城池，卻不是單憑詩人一時的主觀願望所能達到的。

與這種「獨語」的個體話語方式相關聯的，是現代派詩作中具有普泛性的哲理化趨向。黃雨的詩便「以哲理勝」〔註7〕；南星則這樣評價年青詩人聞青：「在聞青的詩中便處處有一個沉思的哲學家，自己做了演員又做觀客，認為人世間的變異是當然的，痛苦地接受倒不如安泰地接受。」〔註8〕這種對「人世間的變異」的泰然的態度使得聞青的詩作在現代派詩人「感傷的渲染」之外提供了另一種平靜超脫的宣敘語調。劉榮恩在「沉重的獨語」中也不時流露一種畢基初所謂的「中年的曠達」，這也同樣可以歸因於他所稟賦的沉思者的氣質：「他犀利的眼睛透視了浮相的眩輝和囂雜，擺脫了縱橫的光影的交叉錯綜而潛入到單純的哲學體系的觀念裏。他不僅僅是一個忠誠的藝術之作者，攝取了美麗的風，美麗的情感，織成了他的詩。他更是一個哲學家，他所啓示的是永恒的眞諦。」〔註9〕南星和畢基初都在他們所評論的詩人身上發現了哲人的氣質。這種哲人氣質使詩人的思考穿透了囂雜的浮相而臻於啓示的境地。普遍的哲理化傾向一方面取決於徹底放逐了抒情的淪陷時代背景，另一方面則標誌了詩人們在戰亂年代對個體生命境遇的逼視和潛思，呈現出

〔註6〕《本刊基本作家‧公孫嬿》，《中國文藝》第5卷第5期。

〔註7〕楚天闊，《三十二年的北方文藝界》。

〔註8〕林棲（南星），《讀聞青詩》，《中國文藝》第9卷第2期。

〔註9〕畢基初，《〈五十五首詩〉──劉榮恩先生》，中國文學1944年第8號。

一種哲理和深思的氛圍。或許正是借助這種沉思的力度和深度，淪陷區的現代派詩人試圖突破由於經歷的有限所帶來的題材和視野的狹隘，並試圖超越溫室中的獨語者而代之以沉潛於人性、生命以及歷史、現實的哲人的形象。

其中的路易士或許並不想成為一個哲人化的詩人，但他的詩作中卻具有最突出的主知傾向。抗戰前路易士就以鮮明的智性色彩的詩作在現代派詩人群中獨樹一幟，這種特徵在抗戰時期更為突出了。他的詩作，偏於以理智節制情緒，注重經驗的傳達，注重思想的成分，在一定程度上可以看作是現代詩歌對五四浪漫主義與濫情傾向的反撥在淪陷區歷史階段的繼續。詩人創作於 1944 年的詩作《太陽與詩人》堪稱是路易士的創作談：

> 太陽普施光熱，
> 惠及眾生大地，
> 是以距離九千三百萬哩，
> 為免得燒焦了其愛子之保證的。
> 故此詩人亦須學習，
> 置其情操之融金屬於一冷藏庫中，
> 俟其冷凝。
> 然後歌唱。

熾烈的情緒必須經過冷凝的處理之後才能成詩。與青春期的激情寫作不同，在一定意義上，這可以看作是中年人的寫作方式，正像朱自清在大後方評價馮至的《十四行集》「可以算是中年」〔註 10〕一樣。人生的沉潛階段的來臨也為詩歌帶來了冥想性的韻味。這種徵象在抗戰前就已初露頭角並在淪陷時期更臻佳境的其他幾個詩人如朱英誕、南星、吳興華等身上都得到了印證。

朱英誕的詩被廢名稱為「等於南宋的詞」〔註 11〕。他在戰後講解朱英誕創作於抗戰之前的詩集《無題之秋》時，曾以《雪前雪後》一首為例，認為詩中的「溫柔敦厚」、「薄命之感」正是南宋詞的巧處。可以說這種「巧處」在朱英誕抗戰時期的詩作中基本得到了繼承。與其他現代派詩人相比，朱英誕的長處也許在於廢名所謂的「善感」。他詩中所表現的情感方式，既不劍拔弩張，也非故作深沉，大體上符合一種「溫柔敦厚」的標準。朱英誕的「善感」還表現在他長於體味人生的各種情感、趣味和意境，儘管他的詩大都抒

〔註10〕 朱自清，《新詩雜話‧詩與哲理》。
〔註11〕 廢名，《談新詩‧林庚同朱英誕的新詩》。

寫的是身邊的瑣事和一己的悲歡，格局也有如南宋的小令一般精巧有餘，宏闊不足，但彌足珍貴的是在詩人精心構築的詩境背後總躲著作者的一雙既真誠又善於發現的眼睛。如這首《歸》：

　　　　溫柔的足音
　　　　沉醉
　　　　長林的甬道那邊
　　　　有穹門的光亮
　　　　孩子們墜著秋韆
　　　　我走過去
　　　　葡萄熟透在無花的路上
　　　　石像永遠是孤單的

　　　　汽車的紅箭指過去
　　　　嫵嫵的綠遍的街間
　　　　多高的紅樹上才有夢寐
　　　　晚來的露臺上沒有遠眺
　　　　當流浪歸來
　　　　濛濛中
　　　　吹起一道
　　　　碼頭的長笛

與朱英誕走著相似的路的還有南星。濃厚的古典趣味，「末世之感」的抒發以及在特殊歷史境遇中對「哀樂中年」的忠實寫相，構成了他們共同的創作特徵。

——節選自《中國淪陷區文學大系詩歌卷·導言》，廣西教育出版社 1998 年
　　版

廢名圈、晚唐詩及另類現代性
——從朱英誕談中國新詩中的「傳統與現代」

陳　均

　　相對於新詩史上的諸多詩人來說，朱英誕可謂是「不幸」而「幸」，所謂「不幸」，便如沈啓無之《朝露》詩——僅曇花一現，便因時代之轉折，而就此沉默。所謂「幸」，便是廢名爲之所寫兩篇評論，使其雖只是翩若驚鴻，卻給人留下了難以磨滅的印象，以及莫測的神秘。在相當長的時間裏，朱英誕被研究者所忽視，其緣由既有新詩研究風氣之所及，亦有由於研究者所見朱英誕之資料的缺乏，而未能使其得到有效的閱讀和批評。從 2006 年下半年起，由於偶然的機緣，我瞭解到朱英誕之生平經歷，並讀到其部分遺稿，感覺其經歷和寫作之於中國新詩史及文學史，均是一獨特且有意味之話題。或者說，如果將「朱英誕」納入到二十世紀文學史中加以討論，將會對一系列時常纏繞和討論的話題有所回應，尤其是近年來，對廢名新詩的研究始終是一個小熱點，對淪陷區詩人、對吳興華的研究亦間或有之，並由此牽涉到對中國新詩之「傳統與現代」的重審——正如張松建在《「新傳統的奠基石」——吳興華、新詩、另類現代性》〔註 1〕一文中所發問——對朱英誕及其同儕之新詩實踐的發掘與研究，或許會攪亂關於中國新詩之「現代性」的譜系及既定觀念，而使中國新詩史之面貌變得豐富和耐人尋味。

一

　　1940 年秋至 1941 年春，朱英誕曾在周作人主持下的北京大學文學院講授

〔註 1〕　載《新詩評論》2007 年 3 月總第五輯，北京大學出版社。

新詩一年，此課爲「新文學研究」之一部分。在朱英誕的設想中，此課亦是廢名在 30 年代中期未完成的新詩課之延續。沈啓無曾有信給朱英誕談及「用廢公講義亦可，但對現在學生說法，未免陳義過高，將來恐須得如何『淺出』，始於他們有益耳」〔註 2〕。便指此課。廢名之講義僅止於《沫若詩集》，其後朱英誕便續之。於是，朱英誕一邊整理廢名講義，一邊自撰講義，積一年，而成《現代詩講稿》。

《現代詩講稿》中，廢名之講義已於 1944 年以《談新詩》爲名刊印，之後亦有多種刊本〔註 3〕傳世。朱英誕之講義則向未刊布。因廢名談詩，其講義僅至早期新詩，而朱英誕之新詩講義則一直延伸到《現代》雜誌，因此，《現代詩講稿》亦是對抗戰前新詩史的敘述與完整批評。且以廢名與朱英誕之關係及新詩課之因緣來說，朱英誕之講義亦可視作廢名詩學之闡釋與發揮。

在這本講稿中，朱英誕的一個說法饒有趣味，即在《詩鈔一二》一章中所提出的「廢名及其 circle」，指廢名與其他詩人、作家之影響關係，文學史上已有一定的表述，不過多限於其小說，譬如卞之琳的詩、沈從文的小說之於廢名的小說，對廢名之詩及詩學，解讀者有之，但對其影響的指涉則尚少有人論及。因此，朱英誕的這一提法實際上給出了一條線索，據此我將其命名爲「廢名圈」。

在朱英誕的講義裏，被納入「廢名圈」的詩人主要是程鶴西和沈啓無，實際上，這份名單還可擴大，包括朱英誕、黃雨及一批受廢名、朱英誕影響的青年詩人（譬如聽新詩課的青年學生和詩人），或許還不同程度地關涉到林庚、南星、沈寶基、李景慈、李道靜等人。而且，在我看來，這一流派形成於 30 年代，而其活躍則是在 40 年代的淪陷區——在這一時期，雖然廢名避居鄉間，音訊難通，但其詩學上的影響卻戲劇性地達到一個高峰。

《詩及信》四輯、《閒步庵書簡鈔》及若干序跋、評論或可描勒這一派別的輪廓。「詩及信」一、二輯爲廢名與程鶴西、卞之琳之間的通信，而三、四輯爲朱英誕與廢名、林庚之間的通信，以三、四輯爲例：這兩輯中的書信爲朱英誕所提供，其時段跨越抗戰，既有抗戰前的小聚談詩，亦有戰亂之間的

〔註 2〕 沈啓無，《閒步庵書簡鈔》，載《文學集刊》第一輯，新民印書館，1943 年 9月。

〔註 3〕 廢名，《談新詩》，新民印書館，1944 年；後亦有《談新詩》，人民文學出版社，1984 年；《論新詩及其他》，遼寧教育出版社，1998 年。

鴻雁傳書，頗能體現三人情誼。且正如《輔仁文苑》發表「詩及信」第四輯時「編者按」所言，朱英誕發表「詩及信」本意是「以爲紀念」〔註4〕，從信中，亦可見廢名、程鶴西、林庚、朱英誕之詩歌交流方式，是由寫作、信函、互訪或於中山公園茶座小聚談詩等構成。

　　《閒步庵書簡鈔》所見有兩輯，爲沈啓無與友人信函之輯，其一發表於《風雨談》第二期，在給編者柳雨生的信中，沈啓無繪聲繪色地描繪了與林庚、廢名談詩的情景〔註5〕。其二發表於《文學集刊》第一輯，則提供了另一個時期的交往圈子和模式，此時北平已成淪陷區，廢名避居黃梅老家，林庚遠赴福建長汀，居留於北平的沈啓無、朱英誕、黃雨、南星等人聚於周作人主持之北京大學文學院。《閒步庵書簡鈔》之作者沈啓無與廢名皆爲「苦雨齋四大弟子」，因受廢名影響而作新詩，時任北京大學文學院中文系主任，並延請朱英誕、南星至文學院任教。朱英誕本名朱仁健，爲林庚在民國學院上國文課時學生，後被薦與廢名，甚爲相得，此時與沈啓無皆擔任北京大學新詩研究社導師，並講授「新文學研究」課程之新詩部分。黃雨本名李曼茵，乃廢名之學生，時爲北京大學齋務處職員，後廢名之《談新詩》即由其整理刊印。在沈啓無的這兩輯書信中，涉及有談詩、互訪、辦刊、約請朱英誕與學生座談（談林庚與南星的詩）、上新詩課等交往方式。

二

　　在這樣一種「談詩」、「寫詩」的氛圍裏，這些詩人所「生產」和表達出來的新詩觀念，亦有相似和相引之趨勢，如抗戰前之廢名、林庚、朱英誕，廢名爲林庚《冬眠曲及其他》作序，爲朱英誕《小園集》作序，林庚爲朱英誕《無題之秋》作序，朱英誕於《星火》雜誌所發表之批評等，其關注之點皆在於對此前及當時新詩之批評及提出自身之新詩構想。對此時新詩之批評，廢名斥之爲「中國鬧新詩的人則不大瞭解新詩」，「不瞭解詩而鬧新詩，無異作了新詩的障礙」〔註6〕；林庚則以爲「批評創作第一要忠實，這已成了

〔註4〕　《詩及信第四輯「編者按」》，載1939年12月《輔仁文苑》第二輯。
〔註5〕　載1943年5月《風雨談》第二期。其中有「我還有位寫新詩的朋友，廢名常呼之爲詩人林庚的，……想起從前在廢名的『常出屋齋』裏大談其詩，興致是多麼好」等語。
〔註6〕　廢名，《〈冬眠曲及其他〉序》，見林庚，《冬眠曲及其他》，風雨詩社，1936年12月。

濫調」，「在自由詩的形式下，模擬仿作之風遂也不免時時出現」〔註7〕；朱英誕則認爲「『自由詩』已成了濫調之模擬」〔註8〕。而新詩方案的提出約略有二：一爲對詩之內容的強調，如林庚對「自由詩」之名作了重新闡釋，認爲「自由」非形式之自由，而是表現之自由〔註9〕。此意與廢名《談新詩》之重「詩的內容」相同，朱英誕則以林庚之詩爲例提出「韻律詩」，提出「自由詩」後「韻律詩」之可能〔註10〕，細究其依舊是以「詩的內容」爲主，尋求適合「詩的內容」之形式而已。二爲對中國新詩性質之認定或對中國新詩之構想，如廢名評林庚爲「此新詩可以不用外國文學發生關係而成爲中國今日之新詩也」〔註11〕，又廢名評朱英誕「六朝晚唐詩在新詩裏復活也」〔註12〕。

又以廢名《談新詩》爲例。廢名講新詩之意乃是對胡適《談新詩》及朱自清《中國新文學大系·詩集·導言》等言說所形成和確立的新詩史之秩序及觀念的顛覆，譬如胡適以「元白」爲中國新詩之合法性依據，而廢名則以「溫李」爲構想中之新詩。又如朱自清以「自由詩、格律詩、象徵詩」爲新詩發展線索，並暗含這一秩序爲「進步」〔註13〕，然廢名重釋「自由詩」之爲新詩，而以新月派之格律爲阻礙。凡此種種，皆能說明，而擯棄這一既定秩序的象徵性行爲，便是對胡適之於新詩課的建議置於一邊而不顧〔註14〕。

與這一決裂姿態相對的是，廢名對沈啓無、朱英誕之意見的重視與採納。沈啓無曾述說廢名寫新詩講義時的情形，「事變前一年，他忽然要對北大同學講『新詩』，於是和我討論怎樣寫新詩講義，他非常愼重地而又是獨到地和我

〔註7〕 林庚，《〈無題之秋〉序》，見朱英誕，《無題之秋》，開明書店經售，1935年。
〔註8〕 朱英誕，《談韻律詩》，載《星火》第2卷第4期，1936年。
〔註9〕 林庚，《〈無題之秋〉序》，見朱英誕，《無題之秋》，開明書店經售，1935年。
〔註10〕 朱英誕，《談韻律詩》，載《星火》第2卷第4期，1936年。
〔註11〕 廢名，《〈冬眠曲及其他〉序》，見林庚，《冬眠曲及其他》，風雨詩社，1936年12月。
〔註12〕 廢名，《〈小園集〉序》，載1937年1月《新詩》第1卷第4期。
〔註13〕 朱自清，《中國新文學大系詩集·導言》，朱自清編，《中國新文學大系·詩集》，良友圖書印刷公司，1935年。佩弦，《新詩的進步》，《文學》1937年1月第8卷，1號。
〔註14〕 鶴西，《懷廢名》，《新文學史料》1982年第3期，談及廢名講新詩課之情形：「他告訴我他曾問過胡適，這門課怎麼講好，胡告訴他照《新文學大系》講好了，他言下大有不以爲然的意味，後來他果然按自己的意思講了，而對《嘗試集》中的一些詩給了很好的評價。」

談中國以往的詩文學，以及現代的新詩的物質，他每寫一章，必令我詳細審閱」〔註15〕，又如「元白」、「溫李」之說，這一概念及線索爲廢名《談新詩》所提出的核心觀念，且支撐廢名所謂「詩的內容」這一觀念之合法性。沈啓無於信中曾自述：「舊詩的長處一是形式，二是聲調，有此二者，既無內容亦可以算是詩；新詩破此二者，故新詩不能上口，只有文字內容，因此新詩走到晦澀的一路，殆是必然。胡適之與新月派實際是一個系統，原來與舊詩更接近。中國詩大約只有這兩種寫法吧？如說初期白話詩是以元白作根據，則現在的寫詩，溫李有其根據也（此意曾和廢名談過認爲結實）。」〔註16〕沈啓無此處所談關於新詩的諸種想法，均能從廢名《談新詩》中找到相同或相似的句子和意思。無論這些觀念源自廢名還是沈啓無，兩人關於新詩之想法趨近且相互影響當是無疑。此外，在朱英誕的回憶中，亦有參與廢名新詩課之具體細節：

> 廢名先生編講義選詩，我也幫助他選，我記得他看到我用英文寫的「非常好」的評語的郭沫若先生的《夕暮》，他很注意，問評語是誰寫的？這首詩他立即採納了。廢名先生的眞誠往往是動人的。
> 〔註17〕

由此，我們可否將廢名詩學的具體表述──廢名之《談新詩》，視作廢名及友人或曰「廢名圈」共同參與並借廢名新詩課之契機而得以表述的詩學觀念呢？

事實上，由於沈啓無、朱英誕、李景慈、黃雨、南星、沈寶基等在北京大學任教和任職的詩人、作家在淪陷區文壇上的活躍〔註18〕，雖則此時廢名已避居鄉間，但因有詩稿和新詩講義稿存於沈啓無、朱英誕及黃雨處，其詩及詩學的「出鏡率」較之以前或者更高，甚至還出現對廢名詩學之闡釋並以其爲標準的動向：

其一，其詩不僅在《風雨談》等刊物上發表，且正式出版了一本詩合集

〔註15〕沈啓無，《閒步庵書鈔》，載《風雨談》1943 年 5 月第二期。
〔註16〕沈啓無，《閒步庵書鈔》，載《文學集刊》1943 年 9 月第一輯。
〔註17〕朱英誕，《梅花依舊》，未刊。
〔註18〕其活躍狀況從以下三例可略見：《風雨談》的「文壇報導」欄有一則消息：「北方文學界在周作人，沈啓無等領導之下，將出版純文學雜誌《文學集刊》，內容將包含文學作品各部門，聞係季刊形式。」（《風雨談》第一期，1943 年 4 月）；《中國文藝》第五卷第五期爲「本刊基本青年作家專輯」，即包括朱英誕、林榕（李景慈）、林棲（南星）、李曼茵（黃雨）等人的作品（《中國文藝》第五卷第五期，1942 年 1 月 5 日）。

《水邊》與一本詩文集《招隱集》。廢名與沈啓無的詩合集《水邊》則是由朱英誕編輯，1944 年由新民印書館出版，《招隱集》由沈啓無編輯，1945 年由《大楚報》社出版。

其二，新詩講義的整理、出版以及闡釋。由於廢名的新詩講義爲上新詩課所用，因此皆曾印刷，並分發給學生及友人，且有銷售。廢名南歸之後，至少有朱英誕和黃雨對廢名的新詩講義進行整理，其中黃雨所整理之講義於1944 年以《談新詩》之名出版，而朱英誕所整理之講義則用於朱英誕所開新詩課，且被朱英誕予以講授和闡釋。在致《風雨談》編者柳雨生的信中，沈啓無還談及廢名之新詩講義：「他一共寫了十二章，原稿我全代他保存，這眞是珍貴的材料啊，將來在《集刊》上預備陸續發表。」〔註 19〕此後，由沈啓無主編，朱英誕、李景慈任助理編輯的《文學集刊》一、二輯分別以廢名新詩講義之《新詩應該是自由詩》、《已往的詩文學與新詩》爲頭條，且在第二輯的後記中對廢名詩學有所闡釋及評論，譬如解說「廢名先生所體驗的自由的特色並不即是普通的定義」，而且還提出類似於「廢名圈」的流派概念：「廢名先生及其一派即是顧到歷史的意識，並且依傍文化的，故其性質乃同時是古典的。」〔註 20〕《文學集刊》對廢名詩學的重磅推出，其直接反應便是胡蘭成所作《隨筆六則》中的評點〔註21〕。

廢名於《談新詩》中闡發胡適等早期白話詩之「自由」，且以新月派之「格律」爲新詩的障礙。朱英誕評胡適《月亮的歌》時，以此詩用「鋪地錦」一詞甚好，認爲胡適此舉實際上修正了「八不主義」，而執著於通俗與否，強調新詩之格式〔註 22〕，在「廢名圈」詩人看來，正是不自由之表現。正是此種理由，沈啓無以胡適與新月派之詩皆爲「舊詩」之系統。

在「廢名圈」詩人看來，其所倡導之新詩恰好是中國新詩之合法繼承者（或者說必然趨勢），又如沈啓無致李道靜信，「私意覺得新文學運動以來的詩與散文，至今日的狀況之下，很有一個必然性在那裡。由胡適之的愛清淺，新月派的愛整齊，再進而到現在的晦澀境地，正是新詩的進步現象」〔註23〕。

〔註 19〕沈啓無，《閑步庵書簡鈔》，載《風雨談》1943 年 5 月第二期。
〔註 20〕載《文學集刊》1944 年 1 月第二輯，新民印書館。
〔註 21〕胡蘭成，《隨筆六則》，載《天地》1944 年 7 月。文中，胡蘭成提及見《文學集刊》廢名論新詩之文，而讚賞廢名「講詩的解放與人性的自由，實在很好」。
〔註 22〕朱英誕，《現代詩講稿》，未刊。
〔註 23〕沈啓無，《閑步庵書簡鈔》，載《文學集刊》1943 年 9 月第一輯，新民印書館。

此處沈啓無亦將「晦澀」這一取向之詩置於新詩進化之譜系的末端。這一論斷在廢名《談新詩》諸講中更是處處皆見。

其三，出現以廢名詩學爲標準之批評。在 1942 年 1 月 5 日出版的《中國文藝》上，頭條爲《事變後的北京文壇與我們當前的責任》，作者「靳宜」在論及「新詩」時，發表了大篇意見，這些意見恰又和廢名之新詩講義所述相似，或者說是在轉述廢名詩學觀念，如「新詩應該是自由詩，到現在已經是一個不容否認的問題」，「它跟我們過去的舊詩不同，跟西洋詩也似乎不完全一樣，它應該是它自己」，「它有它自己的特質，新詩還是它新詩自己。我覺得我們現在理想的新詩應該是寫得質直的，內容是詩的，而形式卻用一種散文的寫法，它與過去舊詩不同的地方就是在於舊詩形式雖然是詩，但一部分內容卻常常是散文的」，「新詩既然從過去舊詩的陳腐格律中解放出來，它必然得去求一種新鮮的文字來表達它的意象，所以新詩的形式應該是散文的」。時隔一年，在 1943 年 1 月 5 日出版的《中國文藝》上，「靳宜」又作《一九四二年的華北新詩》，此篇乃《中國文藝》所組織評點過去一年華北文壇的系列文章中的一篇。此外還有「上官箏」的《一年來華北文壇的總清算》和「上官蓉」的《散文閒談──一年來的華北散文》。在這篇批評中，出現了好幾個有意思的動向：一是將「廢名圈」列入中國新詩發展的序列，如談道「我覺得從胡適之有什麼說什麼的明白的新詩，到徐志摩、聞一多、朱湘的格律詩，戴望舒們的象徵詩，以至於廢名謹愼從事的一派，我們新詩人的精神都是很可感激的。他們不惜各方面去做嘗試」；二是大段引用廢名《新詩問答》、《新詩應該是自由詩》兩文中的文字，以「詩的內容」作爲新詩評價的標準，並提及「我一向對於新詩的看法，也可以說是我接受了廢名的看法，現在我就根據這個看法來看看我們過去一年的新詩究竟怎樣」。而且，在以這一標準進行批評時，其方式、其用語也與廢名相似。如在批評黃烈《幽情緒》一詩時，「靳宜」評道：「我覺得我們的新詩果眞是這樣，我們的新詩可以不作。這首詩最大的毛病就是在於缺少一個詩的內容，而形式卻一仍因襲著舊詩詞的格調。」廢名之評程鶴西之詩時亦有「新詩如果這樣造句子，這樣的新詩可以不做」諸語。三是將艾略特之詩論用於闡釋廢名詩學，如爲了說明「詩的內容」，「靳宜」化用了艾略特的說法，「因爲詩尤其是感情的表現，所以人們都以爲有感情就可以有詩，卻想不到這感情也還需要一番培養的。詩人跟一般人不同的地方我想就是在於他是一個感情的操縱者而不是一個感情的放縱

者，他懂得如何來保留這感情，醞釀這感情，讓感情昇華到最精粹、最單純、也最深沉的一步」。在此「靳宜」以經由艾略特詩學而來的「保留這感情，醞釀這感情」作爲廢名所謂「詩的內容」之主要環節。由於《中國文藝》之於華北淪陷區的特殊位置，又加以這兩篇文章皆歸屬於「總結」、「清算」之類的批評系列，因此從中能見廢名詩學和「廢名圈」詩人所發生的影響。

「廢名圈」之餘緒，一直延伸至 1948 年。此時，廢名已北歸，並續寫其講義三篇，陸續發表於《華北日報》。其中一篇《林庚同朱英誕的新詩》〔註 24〕，所據文本及評點之意恰好延續和總結了廢名抗戰前之於新詩之觀念。而朱英誕亦於此年自東北回北平，在《華北日報》上發表評戴望舒和吳宓之文〔註 25〕。據朱英誕回憶，亦有與廢名相聚並談詩之事〔註 26〕。這一切似乎又回到抗戰前之情景。但時代的轉折使得個人的命運也發生極大的變化，其後朱英誕赴唐山教書，1950 年回北京時，廢名已遠去東北，而朱英誕再次見到林庚時，已不再言詩歌〔註 27〕。

三

在《現代詩講稿》中，朱英誕以「廢名圈」爲「中國新詩裏的古典作風」。何謂「中國新詩裏的古典作風」？朱英誕旁注說擬寫一文，但未曾見到。《文學集刊》第二輯「後記」中的而已段話可稍稍說明：

> 廢名先生及其一派即是顧到歷史的意義，並且依傍文化的，故其性質乃同時是古典的。而說道詩的藝術的表現，除了個人的特殊經驗一點之外，如間接，慎重，精練，質樸，貞潔等姿態，遂使得新詩更爲古典，以致於把詩看成了一種專門的學術和思想，這便是更成爲傳統的精義，與中國已往的詩的大傳統保有不絕如縷的關係了。

這段話爲《文學集刊》編者闡釋廢名詩學時所寫，值得注意的是，這一闡釋

〔註 24〕 載《華北日報》1948 年 4 月 25 日。

〔註 25〕 朱英誕，《評〈災難的歲月〉》，載《華北日報·文學》第 39 期，1948 年 9 月 26 日；朱英誕，《吳宓小識》，載《華北日報·副刊》第 670 期。

〔註 26〕 見朱英誕，《梅花依舊》，未刊。

〔註 27〕 林庚，《朱英誕詩選書後》，載朱英誕《冬葉冬花集》，文津出版社，1994 年。在此文中，林庚回憶說：「直到 1950 年才又和他見了幾次面，在見面中我也沒有再聽到他談起自己的詩作，我以爲他已無心於此了。」

並未從某種功能或技巧層面上來解讀「傳統」或「古典」如何去介入新詩，而是對「廢名先生及其一派」的新詩從氣質或「姿態」上作了描述，或可視作爲某種理想中的新詩的描摹。

所謂「新詩更爲古典」之語——「新詩」與「古典」以這一方式黏貼在一起，「古典」被視爲「新詩」的某個階段或某種「性質」，也即「古典」與「已往的詩」並非是同一概念，其不僅僅是指代著過去，亦意味著新詩之未來。或者說，這一描摹在通常所言的「新詩」與「傳統」之關係中，建立的是一種不同於以往的新型結構。

這幾年新詩研究者注意到 30 年代新詩中的「晚唐詩熱」〔註28〕，據「廢名圈」詩人之表現，對「晚唐詩熱」之表證，至少可提出三點供討論：

一、「晚唐詩熱」的不同層面。今之對「晚唐詩熱」的描述多據廢名、戴望舒、卞之琳、何其芳諸詩人涉及「晚唐詩」之言說，並以「晚唐詩」這一視角來解讀其詩歌。這一描述方式勾勒了 30 年代「晚唐詩熱」的大致狀況，但隨之而來的問題是：這一整體性的視角，實際上忽略了「晚唐詩」之於「新詩」不同的層面，或不同的關聯性。

二、對「晚唐詩熱」的闡釋。儘管對「晚唐詩熱」的描述提供了一個「傳統」之作用於「新詩」的樣貌，但是由於沒有區分兩者之不同關聯性，又加以在對 30 年代現代派的考察中引入了另一個整體視角——艾略特詩學之影響，並力圖將這兩個視角整合起來，以對 30 年代現代派新詩作一個整體性的闡釋，由此產生的一個話題便是「融合」論。而且，由於受「西方衝擊——中國回應」這一現代性邏輯之影響，而出現「晚唐詩」之特徵印證艾略特詩學之傾向。

三、「晚唐詩熱」之時代。目前對「晚唐詩熱」所探討的年代多集中於 30 年代，但是，「廢名圈」詩人不僅於 30 年代，亦於 40 年代，仍對「晚唐詩」有諸多表述，且實踐有之。據此，我們可以將「晚唐詩熱」之時代擴展到三四十年代。

事實上，「晚唐詩熱」與「廢名圈」詩人之關聯甚大，譬如作爲對這一潮

〔註28〕 孫玉石，《新詩：現代與傳統的對話——兼釋 20 世紀 30 年代的「晚唐詩熱」》，載《現代中國》第一輯，湖北教育出版社，2001 年；孫玉石，《呼喚傳統：新詩現代性的尋求——廢名詩觀及 30 年代現代派「晚唐詩熱」闡釋》，載《現代漢詩：反思與求索》，作家出版社，1998 年；張潔宇，《荒原上的丁香：20世紀 30 年代北平「前線詩人」》，中國人民大學出版社，2003 年。

流之象徵的名句「一種風流吾最愛，六朝人物晚唐詩」，便是出自沈啓無之文。沈啓無在《無意齋談文》、《六朝文章》兩文〔註 29〕中，引用日人這一詩句，並予以略解。同樣，廢名《談新詩》中對「溫李」之崇尚，如前所述，不僅爲廢名一人之觀念，事實上亦是「廢名圈」詩人之共識及代言，譬如朱英誕、沈啓無、林庚、卞之琳諸詩人，朱英誕於 40 年代所作的自述文中便道：「本來我確甚喜晚唐詩，六朝便有些不敢高攀，及至由現代的語文作基調而轉入歐風美雨裏去，於是方向乃大限定。」〔註 30〕

「晚唐詩熱」於「廢名圈」詩人來說，不只是一時之趣味或時尚，或僅以「晚唐詩」這一「傳統」作爲寫作資源，實際上他們關心的是某種類似於實質的東西，譬如前引之「精練」、「貞潔」等特質，亦是他們於「六朝文」、「晚唐詩」之看法。廢名屢屢提及的「六朝晚唐」在新詩中的「復活」，或林庚之詩相當於新詩中的「唐詩」、朱英誕之詩相當於新詩中的「宋詞」便是此意，即「新詩中的古風」。在「廢名圈」詩人看來，所謂「傳統」之於新詩，並非是取其物象，如格律、辭藻，而是取其實質。

或許，在關於「傳統與現代」之言說中，廢名的「不同外國文學發生關係」之構想會被視作某種文化保守主義的標誌，但正如朱英誕所言：「這一派別可以算是傳統的，不過乃就靈魂的接引上講，不同於絕對的抱殘守缺。」〔註 31〕廢名的這一構想只是其詩學的一個方面，實際上和另一構想互爲補充，即「新詩容納得下幾種文化的證明」，這裡提出的便是一個「兼容並包」的「綜合」之新詩方案，即如沈啓無所說：「我所注意的是新詩發展以來實質上的變化，外來的影響與傳統的再認識之融合，將以達到新詩理想的完全。」〔註 32〕《文學集刊》第一輯之「卷頭語」即言道：「我們願意擔荷這責任，古典的精義與現代的寫實熔爲一爐，中外古今之得以溝通，而又各有它的獨特。」這一「中外古今」之「綜合」，並不同於 40 年代袁可嘉據艾略特詩學所闡釋而表達之「綜合」，後者所本乃是西方現代詩，而「廢名圈」

〔註 29〕 載《中國文藝》1939 年 11 月第 1 卷第 3 期；又見沈啓無之《六朝文章》，載《風雨談》1943 年 10 月第 6 期；兩文內容大致相同。

〔註 30〕 白藥，《逆水船序》，載《文學集刊》1944 年 4 月 7 日第二輯。

〔註 31〕 朱英誕，《現代詩講稿》，未刊。

〔註 32〕 沈啓無，《關於新詩》，載《風雨談》1943 年 4 月第一期；另沈啓無在《北大文學》1943 年 6 月第一輯中亦發表《關於新詩》一文，除小引略異外，內容大致相同。

於三四十年代所提出的「綜合」則是將中國與西方、傳統與現代置於同等位置，而構成某種同構關係，如朱英誕在介紹艾略特時便以爲：「他的詩是入世的，在手法上堪稱古典作風。這和中國自庾信、杜甫到宋代的黃庭堅、陳師道等一派詩風有遙相對照的意味。」〔註33〕「最後是 T.S.Eliot，此位詩人看是神通，卻極其有正味，給我的影響最大，也最深。」〔註34〕所謂中西，所謂「傳統與現代」，恰是在「古典作風」或「正味」之類的性質之上達於統一。因此，所謂「中國新詩裏的古典作風」，並非專指「傳統」之於新詩，而更多指涉的是經由「中外古今」之「綜合」後新詩所呈現的某種風貌或性質。正如沈啓無在《大學國文序》〔註35〕中所言：「我們在一個現代文明空氣之下，對於中國過去舊文學應有一個再認識的態度……卻再返回中國舊文學裏去專取其長，醞釀成一種古典的作風」，這裡所指便是「古今中外」的「熔合之途」，且在沈啓無看來，這一「熔合」之途乃是「一個有意識的成熟發展，正也是一條必然的道路」，乃至經由這一道路，所達到的理想之新詩便是「古典作風」了。如此，在《關於新詩》一文中，沈啓無便總結道：「我這裡所說的古典作風，在新詩與散文方面非常顯著，尤其是新詩，特別著重於質的這一點。」〔註36〕

四

今之追溯中國新詩現代性譜系，多以「自由詩——格律派——象徵派——現代派——中國新詩派」爲主線，這一譜系之形成自有其歷史契機〔註37〕，且其視角則多循「西方衝擊——中國回應」之模式，以西方現代主義於中國新詩影響爲線索，譬如以早期新詩爲「萌芽」、三十年代之現代派爲「融合」、四十年代之中國新詩派爲「綜合」，這一框架在處理新詩史問題上自有其便利和合理之處，但仍會遇上難題。譬如廢名之詩及其《談新詩》所闡發之詩學，一般新詩史的處理是將廢名與戴望舒、卞之琳共同整合入 30 年代現代派之框架，但廢名之詩與戴望舒之詩有何相似？廢名之詩與卞之琳之詩也是形不似且意

〔註33〕方濟，《後記·愛略特詩鈔》，載《文學集刊》1944 年 4 月 7 日第二輯。
〔註34〕白藥，《逆水船序》，載《文學集刊》1944 年 4 月 7 日第二輯。
〔註35〕見沈啓無，《大學國文（上）》，新民印書館，1942 年。
〔註36〕沈啓無，《關於新詩》，載《風雨談》1943 年 4 月第一期。
〔註37〕參見筆者所撰文，《新詩史敘述諸問題及省思》，載《文藝理論與批評》2005 年第 2 期。

趣也大相徑庭。廢名之《談新詩》雖被推崇，但似乎其觀點並未被納入新詩史之框架，而多用於對其本人或所論及詩人的具體解讀。

這又涉及所謂「另類現代性」之問題，此處所指「另類現代性」，是張松建在論述吳興華之新格律詩或新古典主義時所提出的，其所說「另類」是相對於袁可嘉所闡述之詩學——被今之新詩研究者視爲「現代性」之典型或成熟階段而言。事實上，吳興華之探索在其時代並非個案，張文在舉例時也舉到沈寶基，而沈寶基恰好是與朱英誕、沈啓無等人交好，並與「廢名圈」有涉之詩人。也就是說，吳興華之以「傳統」介入新詩實踐之構想，在三四十年代北平之語境中，並非是「另類」，而可以說是一種普遍的追求。而且，問題在於：即使是因「傳統」之名，其進入「新詩」之途徑仍有很大的差異，其新詩構想與方案也可能截然不同。此意我將另文表述。但，即便如此，當我們將這一橫亙於三四十年代且具有獨特詩學與強力表達之「廢名圈」投放到新詩史圖景之中時，以往所建構的中國新詩「現代性」之譜系及既定之觀念是否將面臨著如何去重新看待的問題呢？

——選自《新詩評論》2007 年第 2 輯（總第六輯）

《朱英誕詩文選：彌齋散文、無春齋詩》序

陳子善

　　一九八四年二月，北京人民文學出版社出版了廢名的《談新詩》增刪本，從這本並不很厚的小冊子中，我第一次知道了一個名字：朱英誕。但我當時並不知道，不到兩個月之前，這位朱英誕，傑出的詩人朱英誕，已在北京悄然謝世。

　　十年之後的一九九四年九月，朱英誕詩選《冬葉冬花集》由北京文津出版社出版，這是朱英誕的詩在一九四九年以後首次結集。雖然這冊詩選篇幅有限，流傳不廣，但畢竟是零的突破，而我，也從中初次領略了朱英誕的「詩才」。

　　十四年之後的一九九八年三月，我編選的廢名《論新詩及其他》列爲「新世紀萬有文庫‧近世文化書系」之一種，由遼寧教育出版社出版。我在「編者前言」中簡評廢名詩論的文學史價值時，特別提道廢名「發掘了鮮爲人知的詩人朱英誕」〔註1〕。

　　二十八年之後的二〇一二年一月，由朱英誕女兒朱紋女士和研究者陳均兄整理的朱英誕晚年遺著《李長吉評傳》，列爲我所主編的「海豚書館‧紅色系列」之一種，由海豚出版社推出，從中我又領略了作爲文學史家的朱英誕的「詩」觀和史識。

　　我與朱英誕的文緣僅限於此。本來，如果我早點知道詩人的大名，早點

〔註1〕陳子善，《本書説明》，《論新詩及其他》（廢名著），瀋陽：遼寧教育出版社，1998年3月。

讀到他的清雅的詩，我或許會與詩人有一面之緣。從一九七〇年代末到一九八〇年代初，我數度在京小住，而那時詩人尚健在，在北京的不爲人知的一個小角落裏苦吟他的不爲人知的詩，我是有拜訪請益的可能的。遺憾的是，上帝不願作出這樣的或許讓我終生難忘的安排。

但是，我畢竟還是有幸的，因爲我較早地讀到了他的詩，而且被他的詩感動。我並不專門研究新詩，對朱英誕以畢生之精力營造的獨特的新詩世界，不敢說有多大的體會和領悟，更不必說作出深刻的分析，但我堅信朱英誕的名字不會被遺忘，朱英誕的詩遲早會進入文學史家的視野，遲早會受到應有的評價。

果然，從二十世紀九〇年代後期至今，朱英誕的詩已經入選有一定權威性的《中國淪陷區文學大系》和《中國新詩總系》；朱英誕的《新詩講稿》、《仙藻集·小園集》、《大時代的小人物：朱英誕晚年隨筆三種》等詩文集也已先後在海峽兩岸出版；孫玉石、向明、程光煒、吳曉東、陳均、眉睫……等海峽兩岸老中青學者各有見地的評論也已出現。凡此種種，均足以說明朱英誕這位生前長期被遮蔽、幾乎被埋沒的隱逸詩人正受到越來越大的關注。

從十五歲時寫出第一首新詩《街燈》起，朱英誕在新詩園地裏默默耕耘長達半個世紀，一生寫了約三千餘首新詩，數量驚人，也許他已是二十世紀中國詩史上產量最多的白話詩人。更難得的是，朱英誕的詩，無論是四行小詩，還是較長的篇章，都能在韻律自然、詩句平實的基礎上，自出機杼，自成境界。他的許多詩，表面上是寫春風秋雨，花木田園，這些原本是中國歷代詩人詠頌的對象，但因詩的內裏真切抒發現代人的複雜的情感，故而呈現出既繼承又創新的前衛姿態。我不敢說我每首都喜歡，但絕大部分確實令我喜歡。爲什麼會喜歡？如果再往下說，我卻又說不大清楚，只好引用朱英誕所回憶的同樣是詩人的林庚對他說的一句話來作答：「你的詩我也不懂，可是我知道它好。」〔註2〕

現在不少論者把朱英誕視爲一九四九年以後「潛在寫作」的一個代表，他無疑是當之無愧的。不過，「潛在寫作」的情形確實較爲複雜，有以胡風爲首的「七月派」作家群的「潛在寫作」；有一九五七年以後許多「右派」作家的「潛在寫作」；也有一九六六年以前尚能公開發表作品，之後十年間才被剝

〔註2〕 朱英誕，《什麼是詩？》，《鮮藻集·小園集──朱英誕詩集》（陳均、朱紋編），
　　　　臺北：秀威信息科技股份有限公司，2011年11月。

奪公開發表作品權利的「潛在寫作」，如此等等，不一而足。從目前掌握的資料來看，朱英誕在一九四九年以後，直至去世，從未公開發表過一首詩，一篇文，卻又留下來那麼多的詩文，在我看來，這才是眞正意義上的「潛在寫作」，而這種情形，在整個二十世紀中國作家中，是頗爲鮮見的。

朱英誕「不喜官樣文章的臭味」，不屑於標語口號式的寫作，而寧可自外於文壇主流而我行我素。用他晚年在自傳中的話來說，「世事如流水逝去，我一直在後園裏掘一口井，我是否要掘下去呢？掘井九仞而不及泉，一九四九年算不算要畫一個劃時代的道道呢？」〔註3〕這所謂「畫一個劃時代的道道」，按我的理解，既有詩藝上的不懈探索之意在，同樣有甘願自處文壇邊緣的一種清醒和執著，正如他接著所表白的：「廢名先生的橋隨風飄去了。我以小小的野渡『縱然一夜風裏去，只在蘆花淺水邊』。」〔註4〕他把民國時期廢名開創的詩風，延續到了「文革」，乃至「文革」結束以後，並有所發揚，這無疑是二十世紀中國詩史上最孤獨的摸索與堅持。不必諱言，他也一度熱情謳歌過，但爲時很短暫，馬上又復歸故道了，因爲他還是深信這才是他寫詩爲文的正路，不可更改。

一九七九年，六十六歲的朱英誕寫下了兩首詩，一爲《五十弦：紀念做詩五十年》，另一爲《白孔雀：挽張志新》。前一首開頭一段云：「你可以從此收斂起／你的幻美的霓裳羽衣，／玲瓏的白孔雀。」後一首開頭一段也云：「一隻白孔雀／獨立，在天空下。天空青且無際。」兩首詩中都出現了「白孔雀」的聖潔形象，朱英誕既借來比喻張志新，也以此自況。朱英誕「做詩五十年」，他的畢生爲詩的心血，即「白孔雀的飛」，決不會是「一顆彗星」。朱英誕以詩明志，他的獨樹一幟的詩的價值必將爲世人所認識，他有這份自信。

時光如流水般逝去，今年是朱英誕誕生一百週年、逝世三十週年，朱紋女士費心費力編選了這部《朱英誕詩文選》以爲紀念。《詩文選》正是從詩和文兩個方面展示朱英誕文學創作的實績，也藉此證明朱英誕的自信之不虛。承朱英誕研究者眉睫兄推薦，朱紋女士囑我爲《詩文選》作序，於是寫了以上這些話。當然，按魯迅的說法，倘要知人論世，必須顧及全篇。因此，要

〔註3〕 朱英誕，《梅花依舊：一個「大時代的小人物」的自傳》，《大時代的小人物
　　　　——朱英誕晚年隨筆三種》（朱紋、陳均編），臺北：秀威信息科技股份有限
　　　　公司，2011 年 9 月。
〔註4〕 同上。

更客觀、全面、公正地在二十世紀中國文學史上爲朱英誕這樣的詩人定位，這只是一個新的起步，還有待搜集更爲完備、考訂更爲周詳的《朱英誕集》的問世，我熱切地期待著。

二〇一三年十一月十八日於海上梅川書舍

——選自朱紋、武冀平選編《朱英誕詩文選》，2013 年學苑出版社出版

發掘文學史的「失蹤者」

陳子善

    中國現代文學被作爲「史」的對象加以研究，已經近六十年過去了。如果再往前追溯，從朱自清先生 1929 年春末在清華大學國文系開設「中國新文學研究」課程算起，那就更有長達八十年的歷史了。時至今日，中國現代文學史研究已建立起一套堪稱完整的話語體系和嚴格的學術規範，換言之，就是「學院派」成爲了中國現代文學史研究的主力，他們發出的聲音就是中國現代文學史研究的主流話語。然而，「非學院派」或者可稱爲非主流派的研究仍然活躍，尤其是最近十多年來更是眾聲喧嘩、成就斐然，眉睫的研究就是一個有力的證明。

    我曾在不同的場合說過，現在有些文學博士的學識還不如非專業出身的業餘的文學研究者，這種現象很值得關注和分析。眉睫在大學本科學的是法律，他的學位論文《在法律和文學的邊緣》已透露了他對文學的愛好。自 2004年起，《新文學史料》、《書屋》、《博覽群書》、《魯迅研究月刊》、《中華讀書報》等報刊上陸續不斷出現眉睫的文字，篇幅不長但卻言之有物。他發掘現代作家佚文，辨析現代文學史實，孜孜不倦，樂此不疲。其新作《朗山筆記》中收入了不少這樣的文字。

    眉睫，原名梅傑，是湖北黃梅人氏，與現代作家廢名正好同鄉，眞要感謝這種巧合，成就了眉睫的廢名研究。他在廢名母校黃梅一中求學期間，就在該校「廢名文學社」出版的《廢名文苑精粹》發表研究廢名的專題文章。他對本鄉前賢廢名其人其文其事簡直入了迷，堅持數年不輟，查考廢名在黃梅的行蹤，搜集廢名不同歷史時期的佚作，哪怕一紙半簡也不放過，梳理廢名的交遊，辨析現代文學史上到底有幾位「廢名」，評價研究廢名的新著等等，

都做得很出色。儘管近年來內地現代文學研究界對廢名越來越關注，已形成了不大不小的「廢名熱」，六卷本《廢名集》也已出版，然而，廢名研究仍存在不少空白，仍有許多盲區誤區，還有大量工作要做。眉睫在這方面的努力無疑是值得稱道的。他的廢名研究已經成果累累，另行結集《關於廢名》，這裡就不多饒舌了。

有論者根據上世紀 40 年代詩人朱英誕首先提出的「廢名及其 circle」而命名了一個「廢名圈」（參見陳均《廢名圈、晚唐詩及另類現代性》），即廢名和與其交往、受其影響之作家詩人所構成的文人圈或派別，這對深入研究廢名和尚未引起我們足夠重視的這個北京現代文學文人圈都頗具啓發。眉睫顯然認同「廢名圈」的提法，他也早就著手這方面的探究工作，正如他自己所說：「2004 年，我開始對『廢名圈』的文人進行逐一考察。」他接連撰寫了《今人誰識朱英誕》、《記住詩人朱英誕》、《想起被遺忘的詩人石民》、《文學史上的失蹤者：以朱雯爲例》、《葉公超、廢名及其他》等等，對廢名的老師葉公超、同學梁遇春和石民、受廢名影響的朱雯以及與廢名亦師亦友的朱英誕等從「廢名圈」文人的角度作了查考，雖然還只是初步的、簡略的，卻已有頗多發現。特別是對石民和朱雯兩位在現代文學史上長期被遺忘的作家，眉睫重新提出並加以討論，確實十分難得。

猶記我早前查閱《語絲》、《駱駝草》、《北新》等現代文學刊物時，就注意到石民其人其文，可惜後來未能對這位英年早逝的詩人、翻譯家（他是波德萊爾早期譯者之一，他翻譯的《巴黎之煩惱》是這部世界文學名著最早的中譯本）進一步關注和研究。朱雯是我在上海師範大學中文系任教時的同事，更是我尊敬的文壇前輩。當年每次見面，他總是溫文爾雅，對我這個剛踏上大學講壇的青年教師沒有一點架子。我早知道朱雯是有名的翻譯家，讀過他翻譯的《苦難的歷程》三部曲（阿·托爾斯泰著）和《西線無戰事》（雷馬克著），甚至還翻過他 30 年代初用王墳筆名與羅洪合著的《戀人書簡》（原名《從文學到戀愛》）。我曾就魯迅書信注釋的疑難問題向他請益，但直到他去世，一直沒有找機會就他本人早期的新文學創作向他求教，現在後悔莫及。眉睫耙梳他們兩位早期的文學生涯，探幽抉微，指出石民是「象徵詩派驍將」，朱雯是「廢名、沈從文的早期傳人」，都很有見地。他做了我應做、想做還沒來得及做的很有價值的工作，我深感欣慰。

不僅僅是「廢名圈」的文人，眉睫對中國現代文學史上的「失蹤者」都

有濃厚的興趣，爲尋找這些「失蹤者」、發掘這些「失蹤者」，他「上窮碧落下黃泉」，一直努力不懈。除了廢名，眉睫對其他鄉賢也情有所鍾，有感於近代鴛鴦蝴蝶派作家喻血輪「作品雖廣爲流傳，其人卻長期塵封於歷史」而寫下了《喻血輪和他的〈林黛玉日記〉》、《黃梅喻氏家傳》諸文，用周詳的考證還歷史以本來面目。他又梳理「大半生在文學和醫學之間徘徊」的現代劇作家劉任濤的生平和創作，讓我們重新認識了這位電影劇本《和平鴿》的作者。除此之外，眉睫評說現代作家許君遠頗具史料價值的北京大學之憶，考釋沈從文 1948 年秋致《中央周刊》主編劉光炎的一封佚信，均能言人所未言。特別應該提道的是他的《關於「林率」》一文，雖只短短數百字，卻把著名劇作家陳麟瑞（筆名林率、石華父等）發表作品的時間提前了整整九年，也彌補了拙著《這些人，這些書》重刊考證「林率」舊文未及修正的疏忽。

　　石民、朱雯、朱英誕、喻血輪、丘士珍、許君遠、劉任濤、「林率」……這一系列名字，不要說大學中文系學子，就是專門的中國現代文學研究者，恐怕也會感到陌生。之所以會產生這種令人遺憾的現象，無非是現行的文學史著述從不提及這些作家和他們的作品。這些作家「缺席」或者像眉睫所說的「失蹤」於文學史著述，原因一定是多方面的。他們爲什麼會「失蹤」？何以「失蹤」了這麼久？要不要下大工夫去尋找？又該如何正確地評價？不同的研究者的回答也一定是不一樣的。是他們的作品眞的很差或不夠水準而無法進入文學史，哪怕只是專題的文學史，還是研究者出於這樣那樣的原因自覺或不自覺地加以「遮蔽」？歸根結底，文學史應該怎樣書寫才能更好地全面地「發現和評審優美作品」（夏志清語），才能既體現學術追求，又彰顯個人趣味，不拘一格、各顯特色？眉睫的工作正是向我們提出了這個嚴肅的值得深思的問題。

發掘詩人朱英誕〔註1〕

眉　　睫

　　朱英誕（1913.4.10～1983.12.27），原名仁健，字豈夢，筆名有朱石箋、莊損衣、杞人、琯朗、淨子等。祖籍江西婺源，係朱熹後裔，寄籍江蘇如皋，生於天津。家學淵源，累世仕宦，父親朱紹谷擅長詩詞，享有「神童」之譽。朱英誕曾就讀於天津直指庵小學，1928 年以高分考入南開中學，入學未滿一年因摔傷而休學。1931 年，在家自修兩年後又以優異成績考入天津彙文中學。次年考入北平民國學院，此時全家遷往北京。當時年輕詩人林庚在北平民國學院兼課，他與同學李白鳳受到影響，也開始作詩，三人關係介於師友之間。抗戰期間，在淪陷區的北京大學任教，主講新詩，並編選《中國現代詩二十年集（一九一七～一九三七）》。四十年代末、五十年代初在冀東、北京一帶任教。六十年代，身患重病，調到故宮博物院明清檔案館工作。晚年，自號皀石老人、魁父等，仍堅持「地下詩歌」創作，並未受時風影響。一生創作詩歌自編結集達 25 種之多，加上其它散篇、殘稿，共計三千多首。朱英誕尚有大量遺詩、文稿有待整理出版。

　　朱英誕是三十年代中期成名的一位詩人，也算是現代派詩人，也可以說是京派詩人。他的詩一開始便深受他的老師林庚的影響，處處步林老師的後塵；又因林庚的介紹與推薦，經常去北京大學旁聽廢名的課，並得以結識廢名，乃又自稱是廢名的學生。朱英誕旁聽廢名的課，估計是聽廢名講詩。其時，廢名在北大開講「現代文藝」，其中一項是「談新詩」。廢名的《談新詩》在我國新詩詩論中獨樹一幟，與胡適、朱光潛、朱自清等同時代名家大師所

〔註 1〕 眉睫，原名梅傑，1984 年生人，湖北黃梅人，青年學者。以發掘珍貴而漸已不爲人知現代文學史料而著名。著有《文學史上的失蹤者》一書。

論迥異，一時駭人聽聞，成為突出的一家之言。朱英誕大概極其推崇廢名的詩論，引為一己之作詩宗旨。而林庚與廢名的詩論有相近似處，幾成一派，於是朱英誕成為二位老師詩歌理論的忠實實踐者；他也因廢名、林庚的指點、提攜得以順利步入三十年代現代派詩壇。但令人費解而感到可惜的是，朱英誕遲遲未寫進現代文學史，即便是研究現代派詩的學者也對朱英誕無所瞭解，詩人朱英誕簡直被遺忘了。

近十幾年來，研究周作人日趨成為顯學，於是以其為精神領袖的京派也開始在學術界受到青睞，一時間研究京派或者京派作家的專著日見其多，周作人弟子輩的作家基本浮出水面，為世人所熟知。例如廢名，其作品整理工作已發展到全集的編纂出版，傳記年譜也已問世，研究專著也逐漸增多。他的《談新詩》核心章節《新詩應該是自由詩》、《已往的詩文學與新詩》最初由沈啟無發表在 1943 年、1944 年的《文學集刊》上，不久全部講稿又由其學生黃雨整理交由新民印書館出版。這部著名詩論在 1984 年又由廢名侄子馮健男整理成增刪本由人民文學出版社出版，其中補入的一章是《林庚同朱英誕的新詩》。這對於朱英誕是一件幸事，其人其詩得以保存下來。1998 年遼寧教育出版社出版廢名的《論新詩及其它》，陳子善還特地在「前言」中提道廢名的《談新詩》「發掘了鮮為人知的詩人朱英誕」。

後世學者終於在研究廢名的過程中，知道有個詩人朱英誕，並知道朱英誕的詩才很高，恐怕不在林庚之下，也是新文學中真正的新詩詩人。可是這個詩人並沒有他的老師廢名和林庚幸運，作品整理、生平研究等情況極其糟糕，以致成為有待鈎沈的詩人。直到《中國淪陷區文學大系"詩歌卷》一書出版，朱英誕才作為北方淪陷區的代表詩人寫進了《現代文學三十年》這部著名的斷代文學史。但人們對朱英誕仍然沒有較為全面的瞭解。新時期以來，朱英誕僅《吳宓小識》一文傳世；其詩集《冬花冬葉集》在北京文津出版社自費出版，也無人關注；有關其人其詩文章僅欽鴻的《朱英誕和他的新詩》一篇（《遼寧教育學院學報（社科版）》1989 年第 4 期），有關生平文章僅有歷史學家何炳棣的回憶錄《少年時代的朱英誕》（曾收入《冬花冬葉集》，最近又收入何炳棣《讀史閱世六十年》一書）。

朱英誕作為一個現代詩人，是有其存在意義的。廢名在《林庚同朱英誕的新詩》中說：「在新詩當中，林庚的分量或者比任何人要重要些，因為他完全與西洋文學不相干，而在新詩裏很自然的，同時也是突然的，來一份晚唐

的美麗了。而朱英誕也與西洋文學不相干，在新詩當中他等於南宋的詞。這不但證明新詩是眞正的新文學，而中國文學史上本來向有眞正的新文學……眞正的中國新文學，並不一定要受西洋文學的影響的。林朱二君的詩便算是證明。他們的詩比我們的更新，而且更是中國的了。」從廢名、林庚一派詩論來看，朱英誕簡直是一個有特殊天才的優秀詩人，他的詩與廢名、林庚的詩一起構成中國新詩中一支特別的流派，而這個流派在他們看來則是中國新詩的正路。這派詩歌一般已併入現代派詩進行研究，其實他們與戴望舒等的詩還是有一定區別的。1937 年，蘆溝橋頭一聲炮響，北方作家紛紛南下，詩歌中心也由北京轉入昆明等大後方。於是，現代派詩幾近斷流，但留在北京的朱英誕仍然堅持與廢名、林庚在書信中討論新詩出路，堅持固有詩歌理想，在北方淪陷區成爲一個獨特的存在，延續了三十年代廢名詩歌理論的生命。當時深受廢名詩論影響的詩人還有沈啓無、黃雨等。他們繼續在北方淪陷區大量發表廢名的書信、詩歌、詩論等，成爲淪陷區詩歌創作的一面旗幟。新近出版的《吳興華詩文集》中的附錄文章中，有研究者也承認了廢名詩論對北方淪陷區詩歌的影響。沈啓無則專門最早地研究了廢名詩論，他指出：「廢名先生及其一派，即是顧到歷史的意義，並且依傍文化的，故其性質乃同時是古典的。」這裡明確提道「廢名先生及其一派」，可見那時廢名雖然已回到黃梅鄉間，但影響卻極其深遠，以至有成爲一派的說法。彌漫在北方淪陷區詩壇的古典情調，不正是廢名詩歌及其詩論陰魂不散的表現麼？朱英誕在此扮演了重要的角色，他是以廢名、林庚的傳人的身份最有資格地宣傳這一詩潮並親自參加實踐的。他一面在北京大學開講現代新詩（現存有「現代詩講稿」），一面發表大量詩作，繼承了廢名在三十年代未竟的新詩研究工作。四十年代末廢名重返北大還特地贊許了朱英誕這一業績。從這些意義上講，我們可以大膽地說，詩人朱英誕是不應該被遺忘的，他的詩理所當然地應該與廢名、林庚的詩受到同等關注。同樣地，朱英誕、沈啓無、黃雨、南星、路易士、吳興華等北方淪陷區詩人也應該受到與大後方「九葉詩人」同等關注。

廢名詩學，自潘頌德、馮健男、孫玉石等著名學者開掘以後，近幾年來日益受到學界特別是新詩研究學者的關注。最近青年詩人西渡編輯出版的《經典閱讀書系·名家課堂》，其中有關新詩部分其實是以廢名詩學觀爲準繩進行選編的。在新詩處境日益艱難的今天，廢名詩學觀成爲一部分人的「危機時刻的詩歌選擇」是不難理解的。廢名密切關注傳統詩歌對新詩的制約，而提

出新詩要有「散文的文字，詩的內容」，才能徹底獲得自立。於是廢名把「新詩要成功爲古典」視爲「千秋事業」，但這個偉大的新詩征途上，同路者究竟太少，當廢名發現林庚、朱英誕二人的詩歌的時候就不免歡呼雀躍了。在《〈小園集〉序》中廢名毫不掩飾地祝願朱英誕在這個事業上有所貢獻，並稱朱英誕詩的存在好似「六朝晚唐詩在新詩裏復活」，而在《林庚同朱英誕的新詩》又直接說「朱英誕也與西洋文學不相干，在新詩當中他等於南宋的詞」。

作爲「廢名詩派」的一位重要詩人朱英誕，他在三四十年代詩作的詩歌特色也很鮮明，概括起來大致有以下四大特點：一、用語奇崛，甚至不合文法，但比喻精巧。二、詩思飄忽，不易琢磨。廢名讀朱英誕的詩也說「不可解，亦不求甚解，彷彿就這樣讀讀可以，可以引起許多憧憬似的」。三、思想深厚，氣象澄清，境界新奇，自成高格。四、古典的現代田園詩。將朱英誕的詩與廢名、林庚二人相比，我們會發現，在形式上朱英誕受林庚影響多些，但在境界、內容上，與廢名更相近、相通。朱英誕詩的晦澀、古樸，更貌似廢名，可謂神合。但朱英誕亦絕非對二位老師亦步亦趨，他是有一定創新的。《現代文學三十年》評價朱英誕道：「朱英誕則是陶潛風範的渴慕者，他在想像中過著一種山水行吟詩人的生活，在『人淡如菊』的散淡閒適的日常生活背後體味自然人性的眞意（《讀陶集後作》）。作爲林庚的弟子，朱英誕的田園化傾向比起導師來既是一種對詩歌風格化的追求，更是一種生活態度，而這種生活態度在戰亂年代裏具有一種代表性。」

朱英誕其人其詩未受到重視的原因是多方面的，大的背景是整個北方淪陷區的詩人重視不夠，只是近年來吳興華研究稍稍有點起色，而其它如沈啓無、黃雨等均無人發掘、關注。其次是他的詩受廢名、林庚影響太大，造成的局限性也就很大。此派詩風古樸、晦澀，長期不爲主流詩壇接受，直到朦朧詩派崛起的時候，才作爲「溯源」存在。關於朱英誕詩的晦澀朦朧，林庚有他一貫的評介和理解。還是在福建長汀的廈門大學教書的時候，林庚在致朱英誕信中說：「近來詩境進益如何，聽兄年來篇什不甚開展，一旦閉目覓句，則又恐易入巧途中，此宋人終身病也。」八十年代林庚繼而在《朱英誕詩選書後》中又談道：「他似乎是一個沉默的冥想者，詩中的聯想往往也很曲折，因此，有時不易爲人所理解。」三是他的詩集都是自費出版的，不易公開發行攔截了一般研究者的視野。而他生前發表詩作也不多，估計不超過 30 首，發表他的詩作的主要報刊是《中國文藝》、《風雨談》、《華北日報》等；朱英

誕生前爲世人所知的詩集、詩選僅僅只有三種：《無題之秋》、《小園集》、《損衣詩鈔》，其中《無題之秋》出版於 1935 年，《小園集》卻因戰爭原因沒有出版，《損衣詩鈔》刊載於 1943 年《風雨談》；他在文壇交遊的圈子也不大，與他誼兼師友的文人有何炳棣、蹇先艾、林庚、廢名、周作人、沈啓無、李蔓茵、李白鳳、聞青等，他所崇敬的詩人有陶淵明、李賀、朱湘等隱逸或悲苦詩人。其中與對他影響最深的是林庚、廢名，朱英誕在八十年代還對廢名念念不忘。

朱英誕一生作詩在 3000 首以上，是個典型的「詩癡」，這在中國新詩史上是極爲罕見的。一般詩人詩作僅數百首乃至幾十首，他恐怕是我國詩歌產量最高的新詩詩人之一。朱英誕的詩歌創作雖然在建國初受到一定政治影響而詩風稍變，但他的詩歌創作道路總體傾向和發展流脈仍是「廢名式」新詩一路。老詩人牛漢爲《多葉多花集》題詞時說：「詩的新或舊，主要體現在詩的審美意境與詩人的情操之中，所謂意境與情操與現實的人生是決不可分隔的；而不是學外國詩才能寫出新詩，學中國詩的傳統就必定成爲舊的詩。不能這麼絕對的論定。廢名先生於半個世紀前論述《多葉多花》作者朱英誕的詩時，曾提出這個觀點。我以爲這個觀點今天仍然值得我們深入地去思考。朱英誕的許多詩直到現在並沒有陳舊的感覺，誦讀起來還是很新很眞摯的。」可以說，在廢名詩學的一路上，朱英誕是堅持得最長久的一位，在革命詩歌盛行的六七十年代，朱英誕不畏寂寞，仍然堅持原有詩歌理想，創作大量現代色彩濃厚的詩歌。在廢名、卞之琳、林庚與北島、舒婷、顧城長長的詩歌史溝壑中，朱英誕無疑成爲一個有意思的無意存在。

近年來許多現代詩人被發掘出來，就連徐遲也走進現代派詩研究者的視野；另外同爲林庚學生的現代派詩人李白鳳近年來也受到出版界、學術界的關注，而朱英誕的詩才並不在李白鳳之下，李白鳳尚未得林庚的眞傳。現在給予詩人朱英誕應有的關注是必要的，出版《朱英誕詩集》更是一件重要的具有基礎性意義的工作，而在中國新詩地圖上標識出朱英誕的位置希望也是今後研究者探討的一個課題。

作於 2005 年

——選自朱紋、武冀平選編《朱英誕詩文選》，學苑出版社 2013 年版

記住詩人朱英誕

眉　睫

　　研究現代文學史的學者恐怕都不知道朱英誕是誰，作爲一個詩人，這是
他的悲哀。然而，這種局面現在要被打破了。最近收到陳均先生寄來的《新
詩評論》2007 年第二輯（總第六輯）以及《新文學史料》2007 年第四期。這
兩本書裏都收錄有《朱英誕專輯》——這不妨可看作是朱英誕被重新「出土」
的一個重大信號。這一冊《新詩評論》是由陳均主編的，其中有兩個專輯，
一是《林庚紀念專輯》，二是《朱英誕專輯》。這兩個專輯將近佔了全書的一
半。在《林庚紀念專輯》中，又有一篇是林庚寫給朱英誕的十封信。

　　朱英誕（1913.4.10～1983.12.27），本名仁健，字豈夢，筆名有朱石箋、
莊損衣、杞人、珺朗、淨子等，原籍安徽婺源，寄籍江蘇如皋，生於天津。
他是朱熹的後裔，朱家自南宋以來家學源遠流長，累世仕宦，他的父親朱紹
谷也擅長詩詞，少時享有「神童」之譽。1928 年，入南開中學，未滿一年因
摔傷而休學，遂居家自修。1932 年考入北平民國學院，與李白鳳同學，時林
庚在該校任課，三人常在一起寫詩論詩。1935 年秋，在林庚的介紹下結識廢
名，從此在詩壇追隨林庚、廢名二人。不久自費出版詩集《無題之秋》，此係
詩人生前唯一一部公開面世的著作。1940～1941 年在僞北大擔任講師。在淪
陷區的文壇，朱英誕非常地活躍，發表大量詩文，曾與沈啓無一起編輯《文
學集刊》，並編選廢名、沈啓無的詩合集《水邊》。解放後在貝滿女中教書，
直至退休。後半生一直堅持「民間地下寫作」，留下幾千首詩和大量遺文，這
些飽含五四之風的著作均未出版問世。1983 年逝世前的半年裏寫下兩萬字的
自傳《梅花依舊》，極具現代文學史價值。他所補充完整的廢名的《新詩講義》
即將由北京大學出版社出版。這部新詩講義前半部分爲廢名的《新詩講義》（世

人誤爲《談新詩》），後半部分爲朱英誕所添加，並將廢名的那一部分進行評點。一部完整的新詩史著作終得完稿，此眞可謂現代詩壇中師生合著一部詩話的佳話，而這部獨樹一幟的新詩史話也必將以全面新的面貌示人。

《朱英誕文章選輯》共收錄朱英誕的文章 31 篇，大多是朱英誕關於詩歌或詩人的見解，頗多獨到之處，有些還起到豐富文學史料的作用，而這些文章又多半係「地下寫作」，未曾公開發表過。如《苦雨齋中》《廢名先生所作序論》《俞平伯小識》《水邊集序》等很值得關注，爲以上人物提供了一些新鮮的材料。又，沈啓無的學生、朱英誕之妻陳萃芬女士在《關於詩人朱英誕》的回憶中明確指出周作人被刺沈啓無確實是替他挨了槍的，並不是周作人在《元旦的刺客》一文中回憶的沈啓無聲稱「我是客」來轉移刺客的注意力的，這無疑爲周作人被刺事件提供了新的史料。所以，《朱英誕專輯》值得讀者好好地關注，這對於「廢名圈」之現代派遺脈在淪陷區的文學史研究中具有很高的史料價值，由此還可以解答許多疑案。

喜讀之餘，不免也有遺憾，主要是時間考證及校訂還是存在一些問題：

《林庚紀念專輯》中收錄了林庚寫給朱英誕的十封信。首先，藏書家姜德明先生早在《信及詩》一文中介紹了廢名致朱英誕、林庚致朱英誕的信，明確指出林庚致朱英誕的信發表於《輔仁文苑》第二輯，並在文中做了摘錄，別人早在文中即已提及，何須今日研究者來「輯佚」？何況「輯佚者」在輯佚附記中對信的寫作時間判斷是有問題的。

「附記」云：「這十封信中，前八封寫於北平，約爲 1936 年，九、十三兩封，則分別寫於 1938 至 1939 年。」在第三封信中，林庚說「廢名先生序亦寫來」，「今日初雪，十月陽春」，說明該信寫作時間是 1936 年 10 月。查《廢名年譜》：「1936 年 11 月 13 日，發表《〈冬眠曲及其他〉序》。後收入林庚詩集《冬眠曲及其他》。該詩集 1936 年 12 月出版，由林庚自費印行，風雨詩社藏版。」此與信中的時間剛好相互印證，因爲廢名寫序的時間肯定在發表之前。又第一封信提道「《冬眠曲及其他》已決定即刻木刻」，第二信提道「打算數日內便以付印」，三封信都是談《冬眠曲及其他》出版之事的，應可推出前兩信寫作時間只是稍稍提前而已，但不會是 1935 年。所以第一至第三信寫作時間是 1936 年。

第五封信中有言：「文楷齋書尚未送來，想須過了元宵也。元旦新春無事，即問安好。」第六封信有言：「象賢亦從青島有信來。」按：象賢即朱英誕的

同學李白鳳，1936 年夏大學畢業後往青島。在第五封信中又提道「象賢信原能面轉」，說明在寫第五封信時，李白鳳已不在北平。以上說明第五封信是 1937 年初寫的，而第六封信則稍晚。又，第四封信錄有《冬之情曲》一詩，時間當在元旦之前，應爲 1936 年末。

第七封信有言：「苦雨齋之聚亦仍照常，惟少見廢公及吾兄耳。」又以爲朱英誕「或已赴津」。此信寫作時間應在林庚離開北平南下福建廈門大學之前。按，林庚於 1937 年七七事變後往天津，再經由香港於 9 月到廈門大學。可見此信寫作時間當在七七事變之前。

又信中云「今日午後擬視常出星先生，明日得暇盼能來一談，當不出門也」，「常出星先生」疑爲「常出屋先生」之誤。廢名一度卜居於西山，周作人請沈尹默爲其書齋題名爲「常出屋齋」，後來在周作人、俞平伯、沈啓無、林庚等師友圈子中常以「常出屋」「常出屋齋兄」「常出屋齋居士」呼之，並時常出現在他們的書信中。而「星」又與「屋」字形相似，所以「常出星先生」疑爲「常出屋先生」之誤。

第九封信中提道「戴望舒諸人均在港，近來亦不作詩人了」。按：戴望舒到香港的時間是 1938 年 5 月，而信的落款時間是「十月五日」。此信寫作時間是 1939 年 10 月 5 日的可能性不大，因爲這組信是發表於 1939 年 12 月的。這說明此信的寫作時間應是 1938 年 10 月 5 日。

第十（標題作「十三」）封信的寫作時間落款是「五月二十九」，疑即 1939 年 5 月 29 日，剛好在第九封信的時間之後。但信中云「得廢公書，始悉仍在平也」，則很奇怪。廢名是 1937 年 12 月離開北平的，1939 年時怎麼可能「仍在平」呢？只好存疑，望方家解釋了。

另外，在《朱英誕文章選輯》中許多文章裏在行文中出現方格，不知是原刊脫落還是不可辯識。記得有一次我在《廢名年譜》作者陳建軍先生家中閒談，他出示朱英誕爲廢名、沈啓無的詩合集《水邊》作的《水邊集序》複印件，並無脫落之跡象，而在《新詩評論》中的《水邊集序》中，「然而走後我才又沉澱的覺出不妙，無可奈何花落去矣」一句竟脫落一「澱」字。

此書的一大遺憾是沒有收錄朱英誕不同時期的代表作，如果另作一《朱英誕詩選輯》，讓讀者一睹其詩才那該多好！現在只好希望在今年廢名、朱英誕合著的《新詩講稿》出版之後，有愛好者爲其出版《朱英誕詩集》了。但願有那麼一天！

這麼一個在淪陷區具有重大影響的詩人，長期以來居然沒有寫進《現代文學史》，甚至連《淪陷區文學史》《被冷落的繆斯：中國淪陷區文學史（1937～1945）》亦未提及，文學史之視野奈何如此之狹隘耶？今天，以及此後，一定要記住詩人朱英誕，在中國新詩史上也應記下他的一筆！

——選自眉睫著《文學史上的失蹤者》，金城出版社 2012 年版

處在轉折期的詩歌

程光煒

　　如果在稍微寬泛的意義上來理解，七十年代對於很多知識者而言可能都是「幹校時期」。有的是集中勞動，有的是家中禁錮，有的則是更為長久的放逐。這裡，我要提道一個人們不熟悉的詩人朱英誕。據研究者考證，朱英誕一九一三年出生於天津，因林庚舉薦與廢名結識，成為「廢名圈」詩人。「一九三九年，因沈啓無之薦，朱英誕任北京大學文學院講師，為新詩研究社導師」，「五十年代後，朱英誕不再發表作品，亦少與人言詩」，直到他去世兩年後，其家人訪林庚，始知這期間他「作詩不輟，並留下大量遺稿，僅自訂詩集便有二十餘集共三千首」。解放後，「朱英誕以中學教師為業，一九六三年便因病退休」。其長女為父親總是伏案寫作卻不發表驚異而問，朱作自傳《梅花依舊》答之〔註1〕。這裡筆者不想對朱詩的價值詳加評論，不過，由此可以打開認識二十世紀七十年代詩歌歷史面貌的另一窗口，某些詩人的作品，顯然不能都鋪展在「傷痕文學」的歷史路線之中。七十年代詩歌，除其與歷史的重大關係，是否也應找出另外的觀察路徑？而這「另外路徑」，我以為正是穆旦和朱英誕的寫作。人們對穆旦作品已有定評，但如何看朱英誕詩歌的價值，給予怎樣的詩歌史定位，還處在不甚確定的狀態。

——節選自《中國新詩總系：1969～1979》導言，人民文學出版社 2010 年版

〔註 1〕 參見陳均，《朱英誕小識——「朱英誕文章選輯」輯校札記》，《新詩評論》2007
　　　　年第 2 輯。作者陳均為考察詩人生平和搜集遺作，下了很大功夫。

少年時代的朱英誕

何炳棣

　　詩人朱仁健（英誕的原名）在我生平記憶之中永遠佔有極特殊的地位。他有如一隻春蠶一生嘔心吐盡的絲已織成三千首以上別具風格的詩，這是值得慶幸的。在他生命最後幾周應妻女敦促所趕撰的自傳之中，對童、少年的追憶，既失之過簡，對年代記憶略有出入。作爲他唯一的總角之交，我有義務，也有特權對他的童、少年作點彌補和校正的工作。

　　仁健於一九一三年（癸丑）四月初十（農曆）生於天津，長我整整四歲。我們兩家住得很近，又是附近僅有的「南方人」。他祖母程太夫人是我外祖母的親密麻將牌友，她每周來我家二、三次，很喜歡我家的晚飯。我究竟幾歲才開始和仁健玩已經追憶不出了，只記得最初外祖母曾囑咐過我：「小牛哥（仁健屬牛，小名小牛。）一定會跟你玩得很好的，不過他有時會發『牛性』，你不去頂他就沒事了。」說也奇怪，自始他從不對我發「牛性」。我恐怕至早要到七、八歲才勉強跟他玩得上，因爲我倆之間體力、智力的差距實在太大，雖然我的身材遠較同齡男童高大。朱家所有的大人對我都極好，原因之一是有了我，仁健就不再跑出去和「野孩子」們玩了。回想起來，在我整個童、少年我和他的關係一直是不均衡的：總是他給的多，得的少；我得的多能給的少。妙在我倆從未有過得失的想法。

　　由於先父四十七歲才有了我這個獨子，所以我正式入學校較晚。一九二五年我已八歲，不能再不入小學了。仁健力勸我進他的學校——「直指庵」小學。他說校規嚴、教師好、學生水平高，又在河北公署區，離家不算遠，來回更可彼此作伴。幾天之後先父對我一人嚴肅地說：「男孩子不可以有依賴性。」因此先父決定送我去天津私立第一小學，這學校最初也是嚴孫（南開

中學最初的校董）辦的，校址在天津已毀舊城東門之北的經司胡同，我插班三年級。先父為我包了一部人力車，每天一接一送，中午另外送飯。先父的決定最足反映最初我對仁健的依賴程度。

　　一年之後我跳到五年級。仁健由於頸部淋巴腺結核曾一再休學，因此我們同時進入六年級。一九二八年初盛傳天津市要舉行小學畢業會考，因此整個春季，級主任老師天天領導準備會考。國文方面，五年級已讀過的半部《孟子》和《古文觀止》幾篇裏較難的詞句都相當徹底地溫習了一遍。至今記憶猶新的是國史溫習問題之一：為什麼宋明兩代亡國之際死難之士特別多。全班沉默幾秒鐘後，我舉手試答：由於朱熹和王陽明的影響。老師點頭，不再引申。這年春天仁健每次見我都說「直指庵」一定會第一，「私立第一」一定是第二名亞軍。我不服氣，一再地說道時候再看吧。記憶所及，這是我童、少年時代和仁健唯一的「爭辯」，是為了熱愛學校而爭，不是個人之間之爭。妙在這時直奉關係緊張，天津市臨時取消了會考，仁健和我夏間一同投考南開中學。由於我們同時報名，考場裏我坐在仁健的前頭。考試一切都相當順利，最後考的是算術。我還有一題會算尚未算，時間也還相當充足，仁健忽然捅了我後腰一下，輕輕地問我某題怎樣做。我半回頭叫他小心不要出聲，不料恰恰被監考人看見，他抓了我的卷。這一下我就哭出來了。這位監考人我事後才知道是齋務股主任，問我：「看你個頭很大，臉卻顯得年紀跟小，你究竟幾歲了？」我說：「十二歲」（照老習慣陰曆多一歲）。他說：「既然這樣小，卷子就不作廢了，可是你得馬上出去，題目不能再做了。」在場外等仁健的時候，我已恢復了鎮靜。他出場正要提起抓卷，我說不必提了，對任何人都不要提；卷子如果不作廢，應該會考取。一周之後，結果是皆大歡喜，投考一千多人中，仁健考中第九名，我第十三名，同被分配到一年級尖子的第一組。

　　從入小學到初中這一段我對仁健的回憶比較清楚。這期間我們兩家像有點默契似的，在假期和學年中的周末，仁健祖母在我家打牌的日子，我十九必去朱家大玩大耍，特別是跟仁健學習京劇舞臺上的對打，包括「打出手」。最使我不解的是仁健唱、打、胡琴等等似乎件件無師自通。在初中時他自拉自唱，嗓音清亮之中略帶一兩分「沙啞」，那十分夠味的潭派腔調，至今音猶在耳。他從不強迫我學唱，只在不知不覺之中引我刀槍練到勉強能與他對打的程度為止。我家的廚子非常能幹，武清縣人，他無窮無盡的梨園掌故引起

仁健極大的興趣。他曾提道富連成最初以金錢豹出名的是裴雲亭，裴的絕技是「懷中抱月」：赤膊把又響又亮的鋼叉抱在雙臂之中，不斷地做垂直圓周旋轉而不落地。繼裴長期叫座的武戲之一是何連濤（飾豹），駱連翔（飾猴）的金錢豹。特點之一：猴先上場，豹緊隨之，猴跑向對角矮屋，豹把鋼叉在臺上猛踩兩下，聲驚四座之際，立即將叉向桌子投擲，猴高高跳起，空中雙手接叉的同時，以背平摔在桌面之上，全部動作十分緊湊。沒幾天仁健一定要練，主動扮難度大的孫悟空。當他從正房中間的廳跑向右室右上角祖母的床，接槍在手（代替叉），同時摔在床上「啪嚓」作響之時，正值管家張媽來上房取東西。她不禁大叫一聲：「牛少爺，瞧你這個壞呀，誠……壞了！」（純滄州音）三人馬上檢查，床的底屜居然沒斷。沒有少年時代自練的基本功，仁健怎能在四十年代末與開灤煤礦工會職工合演蘆花蕩，扮演張飛，唱、做、武打博得觀眾的熱烈歡迎呢？

仁健童、少年時代雖患淋巴腺結核但身體非常靈敏，各種運動都很出色。南開中學體育水準極高。威震遠東的南開五虎將是中學的籃球隊員，五人全是一九三二年畢業的：唐寶堃、魏蓬雲（兩前鋒）、劉建常（中鋒）、王錫良、李國琛（兩後衛）。這已是很少人知的體育史話了，因此順便一提。田徑方面按年齡、身高、體重分甲、乙、丙組，仁健和我都是丙組。甲組各項的成績很接近全國記錄，事實上高班同學中有幾位是全國記錄的創造者。即使丙組的記錄也相當可觀。仁健的短跑在丙組中平時是遙遙領先的，可惜決賽時因不習慣穿釘鞋，未及終場絆倒在地，並震破頸部淋巴創口，鮮血淋漓。體育老師湖南人文大鬍子竟以碘酒塗傷口，燒得仁健叫痛不止。文反而責他：「誰讓你跌跤的呢？」仁健不但因此休學，而且自此「棄武從文」了。他和我同校同班還不滿一年，這是一九二九年春天的事。他休學在家自修大約兩年，一九三一年夏以高分考進天津彙文高中一年級，翌年（一九三二年）朱家就搬到北平去了。

文學方面，仁健自幼即才華不凡。他為人內向，極其含蓄，從不誇耀，他在直指庵小學，文言和白話的作文經常被選，貼校牆上陳列示範。我家老少都知道朱家累世仕宦，祖籍婺源，寄籍如皋，確是朱熹的後代，可是無人知道仁健父親紹谷先生早歲詩才洋溢，有神童之譽。仁健經常到我家陪聽古史，但從未曾邀我去聽他們父子解誦詩詞。這或許是由於先父曾當仁健面談道我的長期課業計劃：當親老家衰不久即將成為事實的情勢下，我只有竭盡

全力準備兩個考試，先求考進清華，再進而爭取庚款留美。這正說明何以仁健對「先天注定」投身於新科舉的我，從不卑視爲庸俗功利；相反地，他是唯一能洞悉，即使童、少年的我一時會玩得昏天昏地連數學習題都不肯做，我的心靈深處仍然永存著一種陰霾。

從南開一年級下學期尚未結束即「分手」後，仁健和我過從不如以前親密了。但這反而增強了我倆之間終身不渝的友情。他知道我非走他不屑一走的途徑不可，我知道他必然會逐步走向文學創造的道路。儘管我在三十年代一再坦白地向他招供我根本不懂新詩，他也從不以爲怪。因爲一方面他懂得詩的教育是我課業超常繁重的童、少年時代所無法享受的「奢侈品」；一方面相信我從不懷疑他對純文學和詩的天賦與潛力。一九三九年八月下旬，我赴昆明就任母校清華歷史系助教前夕與他話別之時，他肯定明瞭我必會把他此後積累的新詩創作認爲是我的驕傲；我也堅信我此後在學術上如真能有點成就，也將是他生平引以爲快的事。不期這次竟是他和我最後一次的話別！

最後我要向讀者一提的是仁健自幼即非常含蓄。這或與他七歲喪失母愛不無關係。詩的語言本來就是最濃縮的語言，再加上仁健含蓄的性格，這就可以部分地說明何以有些讀者對他的若干首詩不免有「晦澀」之感了。但我深信，總的來說，仁健的詩是符合詩的普遍和永恆的要求的：「真」與「美」。只有「真」與「美」的東西才會傳世。

一九九三年四月五日撰就，四月七日寄出。

於美國南加州鄂宛市黽岩村寓所。

──選自朱英誕著《冬葉冬花集》，文津出版社 1994 年版

別有一青榆，身藏人海間〔註1〕

王森然

　　壬寅青榆〔註2〕年五十，余方與青榆於溫泉之野園小住，共筆硯，怪石當窗，日夕相對。余嘗爲口述現代西班牙電影，青榆喜之。遂命余作畫，余亦欣然爲作《松石壽黛圖》爲祝。他日造訪青榆，得窺其深院，花本數本、綠拗俱來，儼然一幅破墨山水也！青榆於此間讀書賦詩，擺脫纏索，亦已十年，猶覺入此惟恐不深也。余乃知少年得意之說，殆吠影耳。其時余於美院說畫史，而以多說詩罹禍，余怒久而不息，青榆哂之。一日盡出其戲墨，蓋舊詩也，逸筆草草，讀之如入九曲武夷，因復欲爲作小序，青榆偶書四絕句橫幅爲報，笑意靈幻、潔淨精良，偶懸壁上，乃爲佳客所見，余匜以疾苦謝絕矣。青榆以「習懶」名其室，蓋新典；余乃欲爲之復古，古即新也。香山云：「懶與睡相宜」，青榆殆終不入醒狂之橫流者也，故譽之不喜，毀之不怒，不古不今，別有一青榆，身藏人海間，一筆跳盪，余譬之於清淮灌濟，知嗟予乃似畫，說青榆詩矣。然青榆自言則喜韋蘇州、姜白石知之不盡也。或傳青榆多默，多乎也。青榆有女雯〔註3〕，余再傳賢弟，嘗來問道於盲，余偶語之：何不請於君家？雯笑曰：「他不愛說話。」余與雯遂共哂之。他日余謂青榆，余以此語增入小序，或不爲君所喜，青榆得序外意余默然。以爲青榆爲眞幽默，過林語堂遠矣。青榆多詩，非默者，於多乎反有青榆不默。

〔註1〕 此文原題爲「序」，此標題爲編選者所加。
〔註2〕 青榆，朱英誕先生四十歲以後，自號青榆。
〔註3〕 雯，即朱英誕長女朱紋。

森然王樾〔註4〕時年六十有九序於
北京之杏岩書屋，壬寅夏五中浣。

──選自朱紋、武冀平選編《朱英誕詩文選》，學苑出版社 2013 年版

〔註 4〕 王森然先生（1895～1984）原名王樾，號啞公，字杏岩。中國當代學者，教育家、思想家、畫家。著述繁多，著有《近代二十家評傳》、《名家評傳》、《世界婦女運動大系》、《中國劇目大詞典》等。王森然先生曾受到不公平待遇，「文革」後，恢復名譽曾任全國政協委員，並爲人民大會堂繪製大幅國畫。森然先生與朱英誕交好，成爲終身摯友。此爲王森然寫於一九六三年夏日。

朱英誕生平與創作（1913～1983）

陳萃芬

現在正是槐花逐漸落地面，飄來一陣陣幽香的初夏季節。每當這個時候，也是英誕孜孜不倦寫作最勤奮的時候。因為他多病，初夏溫暖的氣候對他是最適宜而覺得精神爽朗。

然而，他已離開人間將近兩年，他的頑強與病魔抗爭的堅忍不拔的精神，令人吃驚。每次住院，大夫都說，在一般人，有他身上的任何一種疾病都會經受不起。他為什麼能經受得住肝、膽、心臟、哮喘、血壓等多種疾病的折磨呢？這是因為他總是終日在讀書、在思考、在寫作，就靠了自己的「精神世界」的支持，使他同病魔作了韌性鬥爭幾十年。

一、童年生活

朱英誕：原名朱仁健，字豈夢，號英誕，江蘇如皋人，1913 年生於天津。

英誕有一個不幸的童年，當他七歲時，他的母親就離開了人世，他幼年失去了母愛，使他終生痛苦難忘地思念著他的母親，在他的自傳的標題寫著「獻給母親在天之靈」。由於他過早地失去了母親，造成他在人生的道路上有一種孤獨感，或是說有一種自己默默地埋頭苦幹、不問名利的堅韌精神。

七歲後由祖母撫養長大，祖母對他不免有些嬌慣，但是他有自己的性格。幼年酷愛與同伴野遊，河邊戲水，遠遊西沽村，密林中捉變色蟲，反對家裏人說他們是野孩子，童年的野遊、野趣，都是極富有詩情畫意的，這些都為他對童年的美好回憶。幽默詩人王季重說：「文近廟堂，詩近田野。」孩子們在蔬園中偷瓜，越籬逃逸的野趣，正是濃厚的詩的意境。

二、朱英誕先生的家世

英誕的遠祖就是宋代理學家朱熹（即紫陽公）。七世孫從文信國逆元兵，夜經泰州失散，後於如皋流爲農者，夫妻親耕織，所以他們這一祖系稱爲如皋人。曾祖父在江西遊宦甚久，官至道臺，家住武昌城內，家中富有藏書，園中有藏書樓。祖父心谷公曾任同知，不到五十歲便去世了。辛亥革命後，全家遷居北京。

英誕的父親朱紹谷，別號延蓀，舊詩的根底很深，從兒時起就做詩，有「神童」之稱，三十歲以後從事繪畫，初習花鳥蟲魚後專繪山水，成爲北京小有名聲的畫家。解放後參加國畫研究會，多次參加畫展。他對繪畫極爲認真，不顧年老體弱，積極深入生活，到豐沙鐵路線、香山、龍潭湖等地寫生，回來創作。爲慶祝人民解放軍解放南京，他特繪山水一幅，並題詩留念。他的思想進步，爲群眾做過許多有益的事，被選爲人民代表進入政協，是北京西城區 1～4 屆政協委員。所作大量詩稿及書畫，十年浩劫中大部皆散失，現殘存有詩稿《西湖遊記》一卷，及極少幾幅繪畫。一九七四年逝世，終年八十二歲。

英誕的祖母是一位有文化修養的老人，會背誦很多古詩。在一個夏季的黃昏，英誕要求祖母給他吟誦詩歌，老人伴著窗外的風雨聲，一字不遺地吟誦了白居易的《長恨歌》，給英誕小小的心靈中種下了詩的種子。直到老年回憶起此事，認爲是至高無上的詩的享受。

三、少年時代和他的老師

1925 年他 13 歲時考上了南開中學，受到良好的學校教育。學校不僅教課紮實，尤其重視體育，堪稱德、智、體全面發展的好學校。初中的時候，英誕便愛踢足球，使他成爲一個足球愛好者。在文學方面，喜看報紙上的文學版，且很有興趣地每周寫一篇簡短的小評論，引起編輯的注意，在通信中說他是「面有威棱」，實際上他乃是一個初中生。

1928 年以第一名的成績考上了天津彙文中學高中。這是一所教會學校，英語由一位美國女教師教授，使他打下了很好的外語基礎，常在課堂上朗讀，無論是發音還是語調，都非常純正標準，以至雖到老年，遇到外文著作拿起來便能朗朗上口，讀起來音色動聽。因此，他不僅能讀外國作家的原作，還能翻譯歐美名詩人的詩作，三十年代多次發表在上海和北京的報刊雜誌上。

尤其使他終生難忘的是他的第一個文學老師李再雲先生，他很年輕，儀表端莊，講課深受學生歡迎，常給學生介紹具有進步性內容的課外詩、文。古代則有白居易的詩，引起了英誕的愛好，爲之傾倒。他把家中所藏的白集幾乎都讀了，他的最初的詩《印象》，就是那時寫的：

> 太陽照澈了大地，
>
> 是不是看透了人間的不平？
>
> 那滿壁的夕陽沒落著，
>
> 但，大樹微漾深深的花隱
>
> 我哀於紅霞飛去，
>
> 墮其一鳳了，西下而無聲……
>
> 我是悅意平靜平靜地望著你們的，
>
> 這使我生出微微的太息。

這首詩被選貼在學校的玻璃欄裏，當時他只有 15 歲。在此之前，他初中患疾在家休學時，就已讀了很多家中所藏的古典文學作品。他的父親教給他背誦古文、詩詞，作詩。這樣，在李老師的教導下，他居然寫出了一篇名爲《社會詩人白居易及其詩歌》的論述文章。當時李再雲先生正在編校刊，有一天他把英誕叫到他的住室裏，很嚴肅地告訴英誕：「我也寫了一篇關於白居易的評論，我的抽出來了，發表你寫的那一篇吧。」英誕聽了，大爲愕然，竟一句話也說不出來了。李老師又給他一張早已寫好的卡片，至今保留，視爲瑰寶。卡片上有英國詩人雪萊的四句詩，上面爲原文，下面爲譯文，其辭云：

> 汝蒔種子，
>
> 人反收之；
>
> 汝尋財富，
>
> 人反有之；
>
> 汝織衣裳，
>
> 他人曳之；
>
> 汝鑄兵器，
>
> 他人挾之。

當時英誕不明白老師的用意，也沒有向老師請教便匆匆走了，英誕的那篇長篇論文果然在校刊上發表了。很久以後，英誕讀 A.Roller 著《總同盟罷工》里第一章第五節引有此詩，才領會其中的深意。原來李老師是一位具有革命思

想的先進知識分子，他一直利用學校的講壇宣傳馬列主義和革命思想，在校刊出版的翌日，已決定吸收英誕入黨，竟不知己遭到敵人的暗算。就在第二天，李老師突然被捕，英誕亦同時被捕。當時英誕尚未成年，又是一名成績優秀的學生，不久便獲釋。但他終被學校開除學籍。這是李再雲老師和英誕被迫離開彙文學校的原因。英誕不得不離開哺育他成長的天津，舉家遷居北京，住在錦什坊街一個親戚家裏避難。他一直暗暗地尋找李再雲老師的蹤跡，然而始終無音信，這件事深深地埋在他的心底，他一直懷念這位年輕、有膽識、有學問的老師。

讀書和寫詩就是他唯一的慰藉，繼續讀黑格爾的哲學和馬克思的著作，以及蘇聯文藝理論。英誕最佩服的是俄國的車爾尼雪夫斯基和杜斯依夫斯基的先進文藝理論，影響他以後在大學講壇上講現代詩時獨樹一幟，以其熾熱的激情和潛移默化的先進文藝理論旁徵博引來評價自五四以來著名新詩人的作品，講授詩的理論價值。當時在學校裏被很多人認為他是有些特殊的人物。

1932 年英誕來到人才薈萃的文化古城北京後，繼續讀高中，完成他的學業。此時又遇見他的第二個文學老師，就是三十年代老作家蹇先艾。英誕在一個陰雨連綿的夏天，在一所親戚的老屋裏，閱讀了印度詩哲泰戈爾的《飛鳥集》，很是喜愛，偶效其體寫了幾首題為「印象」的小詩，連同舊作《雪中跋涉》請蹇先生指教，老師的評語是「傑作！傑作！」繼之是諄諄教導，告訴他做詩要注意修辭的道理。這一教誨，使英誕雖至老年猶念念不忘。他說：「這個教誨我至今遵守，不敢違背。」

家庭的影響使英誕從幼年起就自由自在地邀遊在古典文學的海洋裏。繼元、白之後，又讀起陶詩，他後來說：「幾乎各種陶集，凡是我能得到的，我都得到了。我感到書的芳香。比起春天裏的鳥囀花香別存一番滋味。年漸長，繼之又讀了李白、杜甫的詩，及唐宋各大家的作品。」他曾說：「讀書各有偏至，在我，我以為先秦諸子，以及歷代文豪、詩豪的著述，就值得向世界宣告是偉大的貢獻。」一走進他的書房，外間臨窗子是一張寫字臺，西、南兩面靠牆處擺滿了書箱，裏面便是他的臥室了。他最大的樂趣就是讀書，家中藏有一方圖章，文曰：「至樂莫如讀書。」

李再雲老師用先進的思想澆灌的幼苗正在成長，英誕隨著時代的脈搏跳動開始轉成為現代文學的愛好者。他在詩文園地裏耕耘了半個多世紀，首先讀了生活書店出版的《革命文豪高爾基》，上溯讀了屠格涅夫的「散文詩」，

讀了托爾斯泰及陀思妥耶夫斯基的作品，以及伯林斯基的文藝理論、普希金的詩歌等；繼而又開始讀法國的《磨房書簡》、《三故事》等，使他眼界大開，從此才知道世界上不但有文學創作，而且還有文學翻譯家，像李健吾、曹聚仁、魯迅、周作人、施蟄存等。

英誕尤其喜歡愛爾蘭葉芝的詩，讀過了《英國現代詩選》，才開始迷戀於現代詩了。後來他寫道：「在詩文學這方面，三十年以來所有我能涉獵到的理論與創作，寒齋收藏甚為豐富。」因之，他在文學的道路上是認真深入閱讀學習了古今中外的文學名家作品後，而最後決定了自己的選擇，並不是盲目的追求，可謂是「水到渠成」。

四、現代詩的拓荒者

真正學起作詩來，當然還是在大學的文學課堂上。1934 年當他在民國大學聽林庚先生講新詩時，清新、高雅、美妙的詩的意境，從詩的理論到作品的精闢的分析，加之林先生詩才橫溢的作品，給他帶來了濃厚的求知欲和青年人躍躍欲試的心情，再也抑制不住的筆在交織著一幅幅生活感受的畫圖，自己做了詩就請林先生指教，林先生對青年的愛惜和諄諄教誨是分不開的，有時林先生覺得他的詩有可取之處，便拿去寄出發表，這對英誕是很大的鼓勵。英誕幾十年後回憶往事時說：「當時我雖愛文學，於做詩還是非常幼稚。……林先生是我的老師。」是林庚先生引導他走上了三十年代新詩的沃土。

當時的林先生在民國大學講新詩，有兩個青年學生聽他的課，一個是朱英誕，另一個是李白鳳。林先生正在研究新詩的內容和形式等問題，探討新詩發展的方向，所以英誕一開始就寫自由詩。

將 1932 年到 1935 年英誕寫的詩集結起來，便誕生了他的第一個集子《無題之秋》（亦名仙藻集）。集前有林庚先生作的序，從序中便可看出林庚對新詩的深邃的見解，他說：「創作第一要忠實，這已成了濫調，然而多少作品的失敗卻仍舊失敗在這上面。每讀『眼前紅日又西斜，急似下坡車』句，覺其生氣勃勃前途無限，此中道理實甚顯明。故寫詩要自由並不在它的形式上，形式對於詩原無必然的關係……不過在一種草創時期，為要求詩人們能把全副精神注意在表現的忠實上，因此乃離開了與陳舊調子有極大影響的整齊格式。」這序言不僅是對英誕的諄諄教導，實際也應該是新詩應走的道路。

　　林先生當然不是對英誕的每首詩都滿意，他的詩中有些費解的句子，別人讀了有些不易懂，使人感到有些晦澀，林先生不以為然，並加指出。就全集來說只覺得其中一首《冬夜》寫得還好。

　　英誕在林先生激勵鞭策下，在三年寫詩的實踐中，獲得了豐收。1934 年，他在大量接觸外國著名詩人作品的基礎上，開始翻譯這些詩。同時，林庚先生又介紹他去認識一位在北大講現代詩的詩人及理論家廢名（即馮文炳）先生。從此英誕在北大聽廢名先生的課。當時廢名先生在詩壇上有一定的影響，他所講的新詩課從「五四」以來新詩的發展歷史講起，從《嘗試集》一直講到郭沫若的詩。這份講稿加上抗戰後先生回北大執教的續篇合起來，以「談新詩」為名，現已由人民文學出版社出版。

　　英誕當時的心情是無法形容的。他經常在別人午夢時，走在北河沿的枯樹小河旁去拜訪廢名先生。先生和英誕談得最多的是現代詩，他認為新詩應該比舊詩更好，更是真詩。廢名先生對中國舊詩也很有研究，英誕自幼讀過不少古詩，但是獲得真知還是從廢名先生那裡開始的。他作為一名廢名的真正學生而引以為榮。廢名先生把自己的著作《橋》、《棗》、《桃園》等贈送給英誕。英誕在他的回憶裏寫道：「其深情厚意，我都銘刻在心，不敢或忘。」此時廢名先生主編講義、選詩，英誕也給他幫忙。有一次英誕在郭沫若先生的《夕暮》這首詩上用英文寫了「非常好」的字樣，廢名先生看到後，問評論是誰寫的，知道是英誕所寫，立即採納了他的意見，同意選這首詩。一次說起新月派徐志摩的詩，廢名說：「只有一個徐志摩，別的人都不行。」英誕接著說：「徐志摩的詩有的寫得很感傷。」廢名先生大為滿意，然後給英誕將莎士比亞的《影子》，說：「你看它多麼悲哀！」廢名先生是一位純真的詩人，在他的教誨下，英誕無論在詩歌創作、開闊視野、吸收知識方面，都逐漸成熟起來。

　　1936 年，他的第二個詩集完成了，名為《小園集》，廢名先生為之寫序，並先行發表。

　　抗日戰爭爆發後，廢名先生與林庚先生相繼南下，廢名先生回湖北黃梅故鄉，林庚先生則去廈門大學執教。英誕是獨生子，只好留在北京。他自己回憶說：「我仍在後園裏掘那口井。」他繼續在詩的王國裏遨遊。

五、解放前後的教學生活與創作

1939 年在一個偶然的機會裏，英誕遇見了廢名先生的朋友沈啓無先生，沈先生早已知道英誕寫詩的情況，並得到知堂老人的稱讚，說英誕的詩和文章用字比我們都圓到。聽說後來知堂老人還在上海的雜誌上發表過名爲《致小友》的文章，小友即指英誕。

沈先生當面邀請英誕去北大講新詩。當時周作人任北大文學院院長。

1940 年初進北大時，英誕以語言文學系助教的名義辦新詩講座。第二年作爲講師兼文史研究所研究員開始上課，主講新文學研究課程的「詩與散文」課，實際上他只講現代詩。這時他寫教材，編講義，兼整理廢名先生的新詩講義。時僅 27 歲，工作日以繼夜，每天能寫五六千字，因此他的講稿分量也很大。他收集了自「五四」以來新詩作家的全部作品，極爲珍視，但經過以後的顛沛流離，書籍散失，再也不能失而復得，成爲終身的憾事。

1941 年英誕編輯了《中國現代詩二十年集》（1917～1937）。當時條件艱苦，生活沒有保障，隨時有失業的可能。然而，他仍然在家園裏挖掘那口智慧的井。繼《小園集》後，1937 至 1945 年間，又相繼完成了《深巷集》、《花下集》、《夜窗集》三個詩集。其中許多作品都零散發表在各種報刊雜誌上。英誕發表作品喜用筆名，他所用的筆名主要有朱英誕、朱芳濟、琯朗、杞人、傑西、莊損衣等。他最初發表詩作《印象》所有筆名爲朱石箋，上海《風雨談》夏季特大號亦發表題爲「損衣詩抄」的作品，筆名爲莊損衣，英誕的母親姓莊，這是爲了紀念他的母親而用。

英誕久住古都北京，對北京的風土人情非常熟悉，或是夏日荷塘，或是河邊的枯柳，香山的池魚，玉泉的塔影，還有那悠悠的駝鈴，鼓聲似的蛙鳴……無一不是他多次描寫的風物，所以在他筆下產生了大量清新、優雅的田園之作，使人的眼前彷彿出現了老北京城鄉的一幅幅優美的畫卷；他的詩好似水彩畫，有時揮灑淋漓，潑彩寫意，有時豔麗端莊，富於啓發，有時閃動跳躍，令人遐想。看到英誕每卷詩集的目錄，就已經讓人感到內容之豐富和嗅到他多彩多姿詩的芳香。此時英誕鄉居海淀，有避世隱逸之思。

1942 年英誕的《小園集》（又名《紫竹林集》），由北大中文系主任沈啓無攜至日本在東京發表，其中一首《窗》蒙日本文學世家崛口大學的賞識，譽爲第一。他的詩名傳流日本。

　　1945 年國民黨文聯主席張道藩帖請英誕參加文聯，英誕拒絕參加，旋即赴東北任教。

　　抗日戰爭結束，1946 年，廢名先生從南方返京，英誕聞訊專程回京看望先生，帶給他東北土產榛子，他高興地說：「好久沒有吃了！」當他看到《中國現代詩二十年選集》時，見到學生在這漫長的歲月裏，並沒有荒廢時光，繼續寫詩，創作、教書，深感欣慰地說：「人們要感謝你呀！」並積極準備幫英誕聯繫出版，後因戰事未成。

　　1948 年 4 月 25 日，廢名先生在華北日報文學版發表了評論《林庚同朱英誕的新詩》，此文是廢名先生新詩講義的續編，也收集在 1984 年人民出版社出版的《談新詩》裏。《談新詩》是三四十年代廢名先生在北京大學任教時寫的新詩講義，其中前十二章是抗戰前的講稿。曾以《談新詩》爲書名，在華北出版。當時銷路極佳，人手一冊，知者皆謂不可多得的佳作。抗戰勝利後，先生重回北大執教，又寫了以後的幾章，就是當時續編的講義。這幾篇是《十年詩草》、《林庚同朱英誕的新詩》、《十四行集》、《妝臺》及其他。當時每一章寫出來，便陸續在《華北日報》文學版發表，深受讀者歡迎。現在將前後兩部分合併起來，加上先生抗戰前寫的《新詩問答》，仍用《談新詩》爲書名出版，對於從事現代文學教學和研究工作的同志以及愛好新詩的青年們是很有意義的。對英誕來說，他一生努力於詩文學，在中國現代新詩的長河中留有身形，也是極爲有意義的。

　　《十年詩草》是講卞之琳的詩，文章開頭一段說：「三十五年重回北平，關於新詩搜集的書籍統統散失了，只有卞之琳、林庚以及一個少年（現在他已不是少年了）朱英誕的詩集尚存著，因爲他們三個人的集子我另保存在一個箱子裏，而這個箱子是我唯一存在的東西……」這裡所說的英誕的集子，便是他的《無題之秋》，是他 1934 年結集編印的。廢名先生在《林庚同朱英誕的新詩》一文中對英誕詩的評論便是從這本集子選出的。

　　英誕是當時最年輕的詩人，林庚是他的老師，又是詩壇上很有聲望的詩人，怎麼能相提並論呢？廢名在《林庚同朱英誕的新詩》一文中說：「我將朱英誕的詩附在講林庚這一章裏頭，在我卻是有深意存焉……在新詩當中，林庚的分量或者比任何人要重些，因爲他完全與西洋文學不相干，而在新詩裏很自然地，同時也是突然地，來一份晚唐的美麗了，而朱英誕也與西洋文學

不相干，在新詩當中他等於南宋的詞。這不是很有意義的事嗎？……這不但證明新詩是眞正的新文學，而中國文學史上本來就有眞正的新文學。如果不明白這一點，是不懂文學了，亦不足以談新文學。」

廢名先生從英誕的詩集《無題之秋》里選了十二首詩，即《多寶》、《紅日》、《雪之前後》、《春及》、《海》、《畫》、《少年行》、《落花》、《過燕大》、《長夏小品》（一）、《長夏小品》（四）、《破曉》。爲什麼要選這麼多呢？先生在文中說：「當然由於愛惜這些詩思，而且歎息古今人才眞是一般的。」

1948 年 9 月，《華北日報》文學版發表英誕的評論文章《讀〈災難的歲月〉》，就戴望舒先生的詩集的內容和藝術表現作了坦率的評論。10 月 31 日，《華北日報》文學版發表英誕的譯詩二首：賀若西的《班德西亞泉》、卡特拉斯的《獻給麗斯比亞》。這一年的冬季，他離開北京去冀東解放區，先入政治學院學習，後任教於開灤中學。

抗美援朝期間，英誕已從冀東回到北京（由於英誕曾在解放前參加過教育界進步人士簽名營救某中學校長的運動，解放後，該校長約請英誕在他的學校任教），一面授課，一面仍然寫詩。1951～1958 年，他寫了許多思想清新，熱情飽滿的詩歌，其中有《陽光》、《清掃人》、《迎春歌》、《太陽的夢》、《國慶之夜》、《中國十月》等，抗美援朝時，他寫有《百鳩行》、《眼睛》等。

五十年代，英誕將興趣轉移到讀書方面，吸取新的精神食糧。每天除讀書看報寫作外，常去琉璃廠逛書攤，每月買新書已成爲癖好。

生活在學校裏青年人當中，是永遠不感到寂寞的，但是英誕的身體已染嚴重的肝膽病，嚴重時嘔吐不止，膽汁也吐出來，每天課前需注射兩針，有時因虛脫被攙下講臺來。這時山西大學和西北大學來京約他前去任教，但經過多年的顛簸，再加上多病的身體，已經不允許他遠行了。

1957 年以後，他絕大部分時間在家中養病。1958 年，參加了故宮博物館編寫明清檔案工作，使他能有機會收集到一些寶貴的資料，爲他後來創作京劇現代劇提供了素材。

六、晚年對古典文學的專著研究

1963 年，英誕因病退休，有時間致力於古典文學的研究。在此之前，文化部舉辦京劇現代劇匯演，對京劇進行改革，匯演的幾個劇目，各有特色，很是成功。這引起他的興趣，幾位愛好戲劇的朋友再三催促，他決定寫三齣

現代京劇，一是歷史的，一是傳奇的，一是現實的。歷史劇後來寫了兩齣，《少年辛棄疾》和《許穆夫人》，傳奇劇寫了《耿去病》。現實的沒有完成。

經歷了十年浩劫，英誕從現代文學的研究轉入到古典文學的研究，這時他已經是年過六十的老人。孩子們幾乎都到邊疆插隊落戶，他精神上和肉體上的痛苦是可想而知的。然而他每天仍然孜孜不倦地讀書寫作，刻意完成他的宿願。1978年6月，完成《苦吟詩人李賀》。粉碎四人幫後，他看到報紙上張志新烈士的事蹟，寫了一首《白孔雀──挽張志新》給人印象很深。此外還常寫一些題畫詩。英誕與病魔鬥爭，搶時間重新整理了他的詩集，還完成了長篇自傳《一個大時代的小人物》。1983年8月完成了宋代著名詩人《楊誠齋評傳》，可謂嘔心瀝血之作。

英誕為人耿介，不喜交道，但對知交，誠懇相待。對前來求教的青年和來訪的朋友都非常熱情，特別對於青年人胸懷大志，肯於攻關，做出成績的，他更是愛護備至，讚歎不已。他總是認真答覆來訪者提出的問題，使人滿意而歸。在他生命最後的幾個月裏，一位北師大中文系畢業的青年陳啓智帶來《演連珠今譯》五十首，使他格外高興。陸機的《演連珠》本是很艱深的詩篇，啓智有志將這五十首譯出並作注解，請英誕指正，並請為之作序，他愉快地接受了這個請求。一連幾個早上為其修改稿子，分析、修改每一個難點，並嚴肅地為其寫序，直到用墨筆抄寫好才算完成。

英誕善於書法，自由臨帖，宗黃山谷，有如「枯枝掛死蛇」，在他心情最舒暢的時候，在安靜的環境裏，往往提筆作書，一寫就是半天，老朋友或青年人，凡請他書寫的都會得到他的墨跡。

英誕喜愛印章。前幾年最喜愛的是齊白石所刻，王森然教授收藏相贈的一方「天涯淪落人」，已贈與當時遠在雲南瑞麗的長子朱純。婿鴻祥善治印，英誕十分喜愛，他晚年常用筆名「皂白老人」、「朱青榆」及室名「無春齋」等印章都出自鴻祥之手。鴻祥所治十二生肖印章由英誕配詩，東瀛朋友十分喜愛，發表於美國紐約時報，頗得好評。後又請早年學生，現在師院執教的李洪哲治印一方，題刻宋人詩句「留病三分嫌太健」，與其多病之身吻合，非常讚賞，所謂「帶病延年」正是對他的寫照。

英誕於六十年代結識了我國著名的史學與美術理論教育家王森然教授，兩人心心相印，友情深厚。常互贈詩、畫，英誕五十壽辰，王老為之畫古松壽帶鳥，英誕病危時，當時已當選全國政協委員的王老已八十九歲高齡，為

英誕繪製了一幅展翅高飛的雄鷹圖，以示友情。王老十分愛惜英誕詩才，每次見到我們他都關心著英誕詩集的出版。

英誕晚年最愉快的事，是以詩書作為橋梁，他與新加坡著名詩人及書法家潘受先生成為知音。尤其是潘受先生出版的書法印帖兩巨冊，不遠萬里寄贈，印版精美，書法遒勁，十分珍貴。潘受先生書寫英誕的詩為條幅，至今珍藏。

人生七十古來稀，何況對於多病的英誕。1983年4月7日，子女們都來為他祝壽，英誕愉快地度過了他七十歲生日，並寫了一篇《七十自慶》文章以茲紀念。

夏天是他最感舒適的季節，《楊誠齋評傳》便是八月裏完稿的。秋季過後，天氣一天天趨涼，英誕的體力也日漸衰弱。到了嚴寒的冬季，他再也沒有抵抗能力，由感冒而引起一系列疾病的復發，他又執意不肯入院治療，我很理解他，他怕入院後要受到種種限制，不能自由地讀書寫作了。直到1983年12月27日晚上，吃過晚飯後，他的頭腦仍十分清醒，大家認為經過服藥又闖過難關，不想在與孩子們說笑之後不久，連著一陣咳嗽，接著便是急促的喘氣，嘴唇突然發紫，心臟病突發，人慢慢失去知覺。無論是家中吸氧還是醫院搶救，都已無回生之術。英誕像一支蠟燭一樣，耗盡自己最後一滴油，熄滅了。一個歷盡艱難，在戰火紛飛的年代奔波逃亡的靈魂，溘然離開了。他安詳地躺在那裡，慈祥的面容略帶微笑，如同熟睡一般。他，一個偉大時代的小人物，忘卻了人間的一切疾苦，也許他仍然在捕捉他的詩思吧。

英誕離開我們已經將近兩年了，他給我們留下大量詩文，並編有二十幾卷詩集，大約他一生的詩作有三千餘首之多。

英誕的詩集好似一束束鮮花，五色斑斕，光彩奪目，圍繞著他的墓地，伴著他度過無盡的春秋，英誕，安息吧！

七、尾聲

英誕去世以後，我在女兒朱紋的陪伴下，來到北大燕南園林庚教授的家裏拜訪。林庚教授雖歷盡滄桑，滿頭銀髮，但腰板挺直，精神抖擻，他已是七十五高齡的老人了。林教授同他的夫人一起回憶起青年時代的英誕。林教授還抽出時間，為我們編選的英誕詩選稿，並為其作跋。

林先生寫道：「當時，他寫的詩我幾乎每首都看過，他似乎是一個沉默的

冥想者，詩中的聯想往往也很曲折，因此，有時不易爲人所理解，我把他介紹給廢名，廢名卻非常喜歡他的詩，足見仍是有人會充分欣賞的⋯⋯留下了大量新詩遺作，分編爲二十多本集子，我才知道他仍然一直在寫詩，並敬佩他的如此默默無聞的努力，他原是一個安於寂寞的人。舊日友情，如何能忘，何況是少年時代嚮往中的回憶！見詩如見故人⋯⋯」

　　英誕雖去，詩集猶在，我們一定抓緊選編成集，爭取早日出版，作爲永久的懷念。

一九八五年六月廿六日寫於北京

——選自民刊《詩評人》總第九期

詩人朱英誕

朱　紋

　　詩人朱英誕是我的父親。對於文學與詩，我是個門外漢，我是從父親去世以後，翻閱整理他的遺稿逐漸認識和瞭解他的。

　　上個世紀九十年代，我曾拜訪牛漢先生，他爲父親的詩集《冬葉冬花集》寫了珍貴的題詞，牛漢先生寫道：

> 　　詩的新或舊，主要體現在詩的審美意境與詩人的情操之中，所謂意境與情操與現實的人生是決不可分隔的；而不是學外國詩才能寫出新詩，學中國詩的傳統就必定能成爲舊的詩。不能這麼絕對的論定。廢名先生於半個世紀前論述的《冬葉冬花》作者朱英誕的詩時，曾提出過這個觀點。我以爲這個觀點今天仍然值得我們深入地去思考。朱英誕的許多詩直到現在並沒有陳舊的感覺，誦讀起來還是很新很眞摯的。因此，我衷心祝賀《冬葉冬花》的問世。

牛　漢

一九九三年五月

以後，牛漢先生託女兒轉來親筆信給我，希我們家屬能整理朱英誕傳略及生平年表。漸漸地，各種相關書籍及刊物不斷出現了朱英誕的名字：北大出版社出版了《新詩講稿》一書；《詩評人》出版了朱英誕專輯；《詩刊》在 2009 年慶祝新中國六十週年詩歌名篇珍藏版，選輯了詩人朱英誕在新中國成立慶典前夕，他遙望古都北京，寫出《古城的風》二首（一、聲音樹，二、最親切的人）；2010 年中央電視臺《新年新詩會》向全國播放了由主持人朱迅朗誦的朱英誕的詩作《古城的風》；今年由人民文學出版社出版的《中國新詩總系》在缺少出版物情況下，編委選輯了朱英誕三十、四十、七十年代詩二十多首。

與此同時，一些研究者和在校研究生們喜愛朱英誕詩，並在尋找研究資料，而市面上可讀物及資料有限。將我所瞭解認識的朱英誕，把我所查閱的資料，借《新文學史料》這塊寶地發表出來，給研究者、詩歌愛好者提供一些研究探討的線索。

一、三四十年代作品刊發及筆名

朱英誕原名朱仁健，1913 年出生在一個非常重視喜歡傳統文化教育的家庭，少年時代讀書勤奮，又接受了新文化運動發展的外來文化。在詩人的成長過程中，他曾有幸碰到他一生中最重要的幾位文學老師：天津彙文高中李再雲老師；北平宏達高中蹇先艾先生，有過向先生請教做詩事，並得到先生在修辭上的教導和對其詩作的誇獎；在大學裏，年輕的詩人林庚先生給他上課，又介紹他認識了廢名先生，他常跑到北大聽廢名課。林庚與廢名先生愛惜、欣賞朱英誕才華，鼓勵並提攜他，朱英誕的詩有的是林庚先生親自寄出去發表，使朱英誕順利步入詩壇，深受鼓舞。朱英誕與廢名先生、林庚先生交往甚密，尊崇一生，亦師亦友。

在三十年代新詩的沃土上，朱英誕沒有缺席，發表作品有：

1928 年創作《街燈》（他的第一首新詩）和 1932 年創作四個《印象》（筆名朱石箋），在朱英誕遺作中都提道已發表，並拿給蹇先艾先生看過。但未查找到在何種報刊上發表。

1935～1937 年期間，朱英誕連續在《星火》、《新詩》雜誌發表詩作與文章。

1935 年在《星火》二卷一期發表詩作有：《望海樓》外三章（《微雨》、《窗前》、《三雜俎》）；《星火》二卷二期刊登「詩選十八家」名錄，有：李溶華、吳奔星、侯汝華、寞尼、許文、百羽、朱英誕、穆珊、柳南暮、丹汀、淑侶、因倪、白魯、榮亦農、陳殘雲、羅特、番草、路易士，同期朱英誕發表詩作《自由的風》和《詩之有用論》；《星火》二卷三期發表《詩與欣賞及其他》詩論。1936 年《星火》二卷四期發表韻律詩（《宿北大東齋》、《過燕大》、《清華園晚》、《五月》），同期發表《談韻律詩》一文。1937 年《新詩》雜誌二卷一期發表《鄭風詩跋》（《賦得荷》、《致星》、《戲作贈女》），同期新詩座談欄目登載朱英誕《冶遊郎》一文，《新詩》二卷二期新詩座談欄目刊登《捉空》一文。

　　1935 年朱英誕出版詩集《無題之秋》，林庚先生作序。《無題之秋》共有詩 32 首。戰後廢名先生寫《林庚同朱英誕的新詩》一文，評論朱英誕詩就從此集選出的。廢名先生所選 12 首詩是：《東室》、《紅日》、《雪之前後》、《春及》、《海》、《畫》、《少年行》、《落花》、《過燕大》、《長夏小品一》、《長夏小品四》、《破曉》。作者在 1936 年對《無題之秋》做過改訂，曾印製精裝本留世。作者後在六十年代對此詩集刪減一首、增九首，定名爲《仙藻集》。1936年寫詩 60 首，編爲《小園集》，廢名先生爲之寫序。並在《新詩》二卷一期（1937 年 2 月出版）先行發表。準備結集出版。

　　盧溝橋事變，抗日戰爭全面爆發，詩人停筆。

　　1939 年 12 月 10 日出版的《輔仁文苑》第二輯，刊登了朱英誕《紫竹林集》，詩作有：《歸》、《大雨》、《夜雨》、《黃昏的天意》、《形色》、《夏之來去》、《牆》、《西風》、《陽光的林子》、《黃昏》、《落花》、《秋天》、《古城》、《原上》、《道旁的園子》、《冬月》等。

　　四十年代朱英誕最重要的經歷是在北大講課，編有《現代詩講稿》，筆名朱百藥，前半部是戰前廢名在北大的講稿，後半部是朱英誕自己的講稿，完成了一部抗戰前對中國新詩史的完整敘述。當年北大文學院新文學研究課用宣紙、豎行印刊了此講稿，十分考究。現市面上有北大出版社出版的《新詩講稿》一書。

　　四十年代作者發表作品，大都使用新的筆名，且筆名較多，計有朱英誕、朱石箋、朱芳濟、方濟、朱百藥、白藥、莊損衣、損衣、豈夢、傑西、琯朗、杞人、淨子等。

　　朱英誕喜用筆名，在遺作中，筆名更多，在此不記述。

　　1949～1946 年朱英誕零星發表詩作有《山居》、《招隱》、《入夢的小溪》、《別離》、《樓居》、《無知》、《春夏之交》、《村城》、《池魚》、《陽光的暗示》、《李長吉》、《瘋女情詩》、《聲音與沉默》、《風景》、《大乘巷夜談》、《送別》、《酩酊詩》三首、《秋思》、《花下》、《悼愛情》、《輕雷》、《早安》、《風林耳語》、《第一個記憶》等等。這些詩作添加沈寶基一首《贈英誕》，陳傳彩的《牽牛花頌》和《異鄉》，及七人聯句《屋裏的天涯》，作者編爲《花下集》，並自留有部分剪報，但未注明刊載何種報刊。

　　筆者在 1943 年至 1944 年出版的《文學集刊》第一輯，第二輯查到朱英誕發表詩作《海底墳園》、《逆水船》七首（《歲月之三十》、《秋聲》、《夢窗》、

《冬心》Ⅰ、Ⅱ、《逆水船》），在 1944 年《新民聲半月刊》一卷四期發表詩作《你需要》，另有譯詩《蒙娜莉莎》並寫有譯後贅語刊登在 1943 年《北大文學》創刊號。1944 年《文學集刊》第二輯刊登《愛略特詩抄》（《波斯頓晚報》、《風景Ⅰ》、《風景Ⅱ》）。譯詩《無題》署名：淨子，發表在何種刊物不詳。1948 年在《華北日報·文學報》發表《班德西亞泉》和《獻給麗斯比亞》譯詩二首。

作爲華北青年文藝作家朱英誕在四十年代使用筆名莊損衣在兩種大型綜合性刊物《中國文藝》和《風雨談》兩次分別連續多期發表《損衣詩鈔》，在當時詩壇影響較大。這些詩作刊登在 1943 年《中國文藝》第八卷第一期、第二期、第四期，第九卷第二期，1943 年《風雨談》第一期、第四期、第五期、1944 年第九期上。這兩種雜誌兩次重複刊登的詩作是：《散文詩》、《十五夜》、《歸》、《傘》、《雨前》、《冷血》、《西沽村辰》、《光陰》、《寂寞》、《青春》、《河柳》、《遭遇》、《轉蓮》、《大雨》、《黃梅》、《掃墓》、《洗馬》、《薄暮》、《飲馬》、《無題》、《夢的悲哀》、《夏之陣雨》、《秋日》、《再見與別離》、《瘋女情詩》、《夜》、《我怕想》、《春雷》、《夏天》、《懷疑》、《贈小容》、《春雨》、《獨琴》、《小黃河擺渡》等等。

四十年代查到朱英誕發表其他文章有：《一場小喜劇》（1942 年《中國文藝》第五卷第五期），《談象徵詩——兼答呂浦凡君》（1943 年《藝術與生活》第 33 期），《春雨齋集》署名朱芳濟（1943 年《中國文藝》第八卷第四期），《序文兩篇》（《逆水船》序、《水邊集》序）署名：百藥（1944 年《文學集刊》第二輯），《苦雨齋中》署名：朱傑西（1944 年《天地》第十一期），《讀〈災難的歲月〉》（1948 年《華北日報文學版》第三十九期）），《吳宓小識》（1948 年《華北日報·華北副刊》第六百七十期）等。

作爲華北青年作家和詩人，朱英誕有一定聲望，《藝術與生活》雜誌在刊登朱英誕文章編後按語中說：「本期承劉佩韋、商鴻達及朱英誕三教授賜作，敬表萬分感謝，三教授均爲著名作家，馳名國內文壇，桃李滿門，華北青年文藝名家，類皆門下，今破格賜作，其擁護藝生之情，可見一斑，亦讀者之福也。」朱英誕是《中國文藝》刊物基本青年作家，是《風雨談》刊物基本作家，以莊損衣筆名刊於封面基本作家名錄。

這一時期朱英誕周圍的朋友有：沈寶基、李景慈（林榕）、李曼茵《黃雨》、南星（杜文成）、韓綱羽、沈啓無、張鐵笙、李雲子、李白鳳（象賢）等。

二、朱英誕的長詩之作

朱英誕早期發表的詩作大都是短詩，詩人去世以後，家屬選編的《冬葉冬花集》大都也都是短詩，朱英誕詩創作整體上是短詩居多，後來隨時代的變遷，詩愈寫愈長，大量出現的是十幾行詩，有部分是二十幾行，少數三十幾行詩出現。四十年代曾有寫長詩的風氣，他在《夜窗集》甲稿（1941～1942）中寫懷念母親的《楊柳春風》，爲六十四行長詩。在四十年代《逆水船》中的詩作《露臺》和《沉舟》都是八十行的長詩。

詩人朱英誕讚賞但丁《神曲》，深感我國長詩太少，他曾在《伐木集序——兼向詩的女神告別》一文中寫道：「中國詩的傳統裏有一件事很值得質疑，何以中國不但缺乏史詩，並且缺乏長詩？這是一個問題。筆者一向深感爲它所困惑……」他在 1942 至 1943 年曾身體力行完成 660 多行長詩《遠水》（一名：蓮花化身），這是一篇諷刺詩，全詩共分六部分：一、蓮花化身，二、賭棋，三、「百寶箱」，四、門外的行者，五、琴之寓言，六、尾聲。作者寫有題解。

詩人在七十年代還曾謄清長詩《月亮的歌》留世。

三、朱英誕的譯詩

詩人朱英誕少年時代曾受教於外籍英語教師，打下良好英文基礎，他在四十年代講學、寫作之餘還抽空翻譯了一些他喜愛的外國詩人的作品，其中有，康拉德、愛肯詩鈔《當鱒魚沉下大奧爾夢大街的時候》、《克婁葩特拉》、《女孩的畫像》、《晦明：玫瑰花》、《空屋》、《無題》；有愛略特詩鈔《波斯頓晚報》、《風景Ⅰ》、《風景Ⅱ》，另有羅馬·賀若西的《班德西亞泉》，羅馬·卡特拉斯的《獻給麗斯比亞》，萊門托夫的《生命之杯》、勞倫斯的《花卉與人類》，另有彭斯改作的愛爾蘭民歌《給我開門，啊！》，詩人史提文生、夏芝、茹道爾、喬治·巴爾克、瑪麗安·慕爾、E.E.肯敏斯、英佰·朗寧等人的作品。數量不算太多，但也很珍貴。

四、新中國成立後的朱英誕詩作難以發表

詩人朱英誕在冀東唐山迎接了解放。新中國成立前後，他寫了不少清新的詩歌，歌頌領袖、歌頌祖國大地和人民，迎接新的社會制度的誕生。如：《掛

列寧像》、《好好看報紙》、《迎接我們的好日子》、《古城的風》、《麥秋豐收歌頌歡樂》、《中國母親》、《清掃人》等等。在抗美援朝時期，他寫了《百鳩行》、《眼睛》等詩篇。詩人觀察到學校中一群青春的女孩們對美國鬼子侵略朝鮮鄰邦憤怒的眼睛，他激動不已，於 1950 年 12 月寫出了詩作《眼睛》，1951 年 3 月改定，用筆名朱執御，寄至 xxxx 出版社，編輯部有回覆，原準備發表，後再次覆函，以「感情纖細」爲由未刊。詩人觀察、構思的角度未被接受，對詩人的創作熱情無疑是一瓢冷水。多少年以後，我常看到一幅招貼畫，短發美麗的女孩，睜著一雙渴望解救貧困的大眼睛，這時我便會想到父親寫《眼睛》一詩被拒發表的經歷。

> ……
>
> 這些女孩在控訴美帝暴行的大會上
> 都流過淚，都流過淚，
> 淚從她們美麗的眼睛裏流出來，
> 那些美麗的眼睛啊！——
> 爲了它們，我們能不竭盡力量保衛山河嗎？
> 能叫野獸跑過鴨綠江來玷污這些美麗的眼睛嗎？
> 這些美麗的眼睛看著鴨江畔山河大地的美麗
> 和你們——英雄們的戍邊雄姿，
> 它們也要看你們光榮的、英勇的戰鬥到勝利
> 和勝利的白鴿飛起像夏天的白雲！
> 她們很快就要學好配合你們作戰的各種技能；
> 現在，她們正燃燒著熱情，爲你們趕製寒衣。
>
> ……

在父親遺稿紙堆中，發現有兩封準備寄至某刊物的信封，數量雖少，但證明作者有發表作品的意願。但以後的幾十年，朱英誕沒有發表作品，不發表作品已成了習慣。他成爲一位在北京深巷中居住的隱逸詩人。

五、始終關注文藝界和詩壇動向，從未停止創作

朱英誕寫《古城的風》迎接新中國的誕生時，年僅 37 歲，以後沒在文壇上發表過作品，確顯悲哀與寂寞。但一生都在關注詩壇，關注文藝界。有人說他做詩這麼多，是不是一個「詩癡」呢？以我所知，他的確詩思多，總在

寫，但頭腦非常清醒和冷靜，並不是一個書呆子和「詩癡」。他一生注重學習，書架上擺滿中外書籍，床下有大量藏書。對《毛澤東選集》也是逐字逐句拜讀。他關心時事，所看的報紙很多，有《北京日報》、《人民日報》、《光明日報》、《參考消息》、《北京晚報》、《文藝報》等等。他讀書看報十分仔細，信息靈通。有了電視後，他喜看體育比賽節目。他關心京劇改革，除了熱門的《沙家浜》和《智取威虎山》、《紅燈記》外，我記得他十分喜愛現代京劇《黛諾》和《節振國》，對當時新湧現的青年女演員李維康等人讚不絕口。在他舊體詩詞的創作中見到有他和郭老詩、題郭鼎堂新著、和老舍詩、弔許廣平詩，寫給民間歌唱家郭蘭英、青年演員斯琴高娃的詩等等，他用詩文與文藝界互動頻頻，只不過沒有發表而已。

我見到父親一本剪報集，是「張志新烈士」專輯，收集有張志新烈士的遺作，遺詩與所做詞曲，照片、雕塑、木刻等，報刊報導及青年詩人們為歌頌黨的好女兒張志新所作新詩……我整理這本剪報，發現父親收集並黏貼的青年詩人中，署名宗鄂寫的《真理的聲音》赫然入目，令我驚異；詩人朱英誕去世以後，《詩刊》編輯部編輯、詩人宗鄂選了《朱英誕遺作五首》，刊於 1986 年《詩刊》第八期，並對朱英誕寫有客觀評價。兩位詩人，一老一少，從未謀面，卻有如此結緣的互動，讓人歎為絕妙也。《人民日報》發表詩人 XX 的詩《人民的心就是一切》，在報紙的邊緣看到朱英誕用鋼筆寫下：「像口號又不像口號」，又寫一句：「不意 XX 寫此種口號詩」，表達了他的質疑與遺憾。……這大約是「文革」時期隱逸寫作者與詩壇互動的特點。

在詩人晚年，趕上了改革開放初期階段，他呼吸到了清新的空氣，有心復出，雖身體疾患嚴重，仍然不斷創作。他看到祖國對外經濟貿易發展，知道中國布鞋暢銷法國巴黎後，他以詼諧幽默的心情寫出《布鞋》，並在詩前小序中記述了這一趣聞。詩人在電視上看到美國楊百翰「青年使者」歌舞團的表演後，以愉悅的心情寫出了《石竹花——贈「青年使者」歌舞團》。

六、其他往事

新中國成立以後，朱英誕從解放區唐山回到北京，他手上雖有河北教育界領導寫給人民大學的推薦信，也有外地兩所高校聘請，都因身體有病婉謝。他到中學教書去了。先在北京貝滿女中工作一段，後應梁以裘校長之邀到北京三十九中學擔任語文教研組負責人，並教高三語文課。父親教書育人，對

待學生溫文爾雅，平等相待，深受同學歡迎和愛戴。他因身體虛弱，曾暈倒在講臺，口吐膽汁，只得吃中藥在家調養，至今我記得高三畢業班的同學們來到家中看望老師的情景。

父親在校工作其間曾參與北京市教育局編寫語文教材和出高考試題等項工作。1958～1959 年受北京市教育局委派，擔任負責人，帶領三十名老師支持故宮博物院，在明清檔案館（南三所）工作一年，整理清史檔案。其間曾前往北京大學、首都圖書館等調研，整理北京地方文獻等。在長達一年的文化活動中，父親與教育界同仁相處融洽，精神愉悅。

在北京，他同家人一直居住在西城祖家街 2 號後院，他的大量詩作、散文、隨筆都在這裡寫成。他雖身體不好，但從不午睡，有了時間，他總是高興地跑到和平門琉璃廠或是東城隆福寺，逛書攤，尋得一兩本好書來看。父親一生做事認真，並謹言慎行，從不張揚和炫耀，誰也不知道他是一位詩人，在鄰里們的眼中，他只是和藹可親的朱老師，鄰家的男孩和女孩都願到我家的小院來玩，朱老師會放下手中的筆，和小客人們談天。父親收集民間醫病偏方，懂點穴位按摩，常幫家人鄰里解決點小病痛，助人為樂。他行事作風低調、與人和睦相處，人緣好。「文革」中，居委會的大嫂不會讀報寫大字報，來叫朱老師，父親也是有求必應。

我家居住的小院，是一塊自由的樂土，父親有三女兩男五個子女，他帶著孩子們經營著這片小天地，種向日葵、步步高、茉莉花、非洲菊、牽牛……孩子們在小院裏跳房子、跳繩、跳皮筋、捉蟋蟀，他帶著孩子們在雪後喂食捕捉鳥，有時擺上小桌，和孩子們下象棋，教我們唱京劇、耍花槍，直到有了隔輩人繞膝學步，父親享受著人生的快樂與天倫之樂。父親雖不與人談詩，但對孩子們是個例外，回憶中他曾對我們幾個孩子和鄰家男孩，都有教詩、寫詩、講詩、和詩的經歷。他曾經用整個暑假為外孫女講詩，每日一首……凡此種種，都表明了他對於詩的那份鍾愛。一次談話，說道郭老做詩年紀很輕時，父親的眼神閃過一絲靈光，向後一瞥，笑著說：「我做詩也很早，也不到 17 歲。」我注意到他身後書櫃最上一排中間有兩本精裝的書，封面是一本藍色，一本綠色，書脊上燙著金字：「朱英誕詩全集」。父親去世以後，我才打開看過，知道這是他步入詩壇出版了《無題之秋》後的改裝本，當時為何叫「全集」？不太明白。但足以表明詩人步入詩壇後所受鼓舞的喜悅之情。父親十分重視對子女的教育和引導，他要求子女德、智、體全面發展，子女

們也都各自努力有了好的開頭，在北京都分別考入師大女附中、女三中、十三中、三中幾個學校，父親心中還有很深的北大情結，希望子女們能上北大，但「文化大革命」無情地打碎了孩子們連續求學的夢想，這是讓父親最不能接受和理解的事。我學習工藝美術，工作之餘，偶繪國畫，每有小作，父親都高興地為之題字，為我的作品留下珍貴的墨寶和鼓勵。

父親經歷了歷次運動，未受到衝擊，又因病按政策提前辦理了退休；並幸運地躲過了「文化大革命」這場大劫難。但在 1966 年這個不堪回首的瘋狂年代，在一個深夜裏，父親蹲在院子中間燒掉了一麻袋幾十年辛苦得來的文史資料……不幸之萬幸，詩稿被保存了下來。

父親有較高的藝術修養，琴棋書畫之外，室內牆上掛著他的京胡和簫，高興時，蹺腿坐在木凳上，悠然自得地拉動琴弦，響亮的京胡聲韻在小院飄蕩起來，好不熱鬧！他能自拉自唱，偶而趕上老友來助陣，連唱帶表演，更是喜上眉梢。他喜美術，少年時曾繪牡丹中堂，他非常喜愛中國畫，每逢年節，家中都要更換畫軸。他對西洋繪畫，也極為欣賞，室內牆上、桌上不斷更換著作品，有達·芬奇的「蒙娜麗莎」，印象派畫家的「舞女」，珂勒惠支的木刻……父親少年時曾習黃山谷字，晚年，常用宣紙書寫詩賦，蒼勁有力，自成一格。他欣賞篆刻藝術，曾用多方印章，珍愛如珠。

父親的周圍不乏朋友和來訪者，其中有北大的老友和學生，記憶中有徐守忠、宋桂英、張琦翔、王昭、陸昆等人，有北京教育界的同仁趙子忱、黃小同、朱敏才、卿雲、李大拙、田寶琳、費隱百等人，既有參加革命的老戰士，也有十幾歲的少年，有教師、醫生、畫家、京劇愛好者……父親珍視和尊重每一位來訪者，鼓勵、引導其各自成長。讓我記憶深刻的有魯藝的畫家李元（李墨祖），多才多藝的民族畫家劉光夏及小畫家劉中，工藝美院畢業的朱鴻祥為父親治印，令他心喜，十三歲的少年高彤為父親治印「朱青榆」，存留至今，父親為北師大畢業的陳啓智寫《陸機〈演連珠〉今譯序》，為謝忘年交朱復小友贈余叔岩錄音帶賦詩，並寫長篇散文《漫談「十八張半」回憶余叔岩》。青年作家武冀平曾與父親有師生情緣，交往時間較長，父親與之無所不談，常有託付，武老師多有助臂，父親曾寫《紅青椒的頭——和杜甫開玩笑兼贈冀平》，並在詩前小序中稱讚了武冀平取得的文學成績，並將此詩在生前交給了武冀平，這是極少有的情況。當年的青少年們，今天都已成為各方面成績斐然的專家。

詩人朱英誕一生尊師重誼，在他的詩歌和文章裏，常有對廢名（馮文炳）、林庚、蹇先艾、李再雲等各位老師的懷念。對待詩友沈寶基、李白鳳（象賢）都有詩作奉獻，朱英誕詩《僧侶和赤子──贈象賢》後寫有長篇附言，並以明志。爲詩人卞之琳愛情寫詩《幸福的哀歌》和《岩畔》……詩人終生都在思念少年時代的竹馬之交何炳棣，都有詩作見證；遠在大洋彼岸的歷史學家何炳棣滿懷深情地撰文寫了《少年時代的朱英誕》，爲人稱讚，他心中最爲惦念的是朱英誕遺作早日問世。從以上可以看到前輩知識界交誼真情之可貴與高尚。六十年代，朱英誕與著名學者王森然先生一同應特殊教育專家王勝川之邀去北京工讀學校爲青年教師講課，每周在溫泉小住，兩人心心相印，朱英誕寫詩《對影──贈森然》，兩人珠聯璧合，詩書畫相傳，成爲莫逆之交。「文革」中，王老受衝擊，八次抄家，受盡凌辱，父親心中一直牽掛，後王老復出開畫展，父親賦詩祝賀。王老是我家小院的座上客，不見其人，先聞其聲，哈哈笑聲豪情滿懷。王老爲父親五十壽辰繪紅壽帶圖，父親晚年病重躺在醫院，王森然先生以「雄鷹展翅圖」相贈，表達了一代知識分子最爲珍貴的高尚情誼。父親在晚年以詩、書作爲橋梁，結識了新加坡著名詩人及書法家潘受先生，兩人互通心曲，成爲知音，潘受先生書寫父親詩作爲條幅，珍藏家中。不遠萬里，潘受先生將出版的書法精帖兩巨冊寄至北京，這成爲父親晚年最爲愉快的事。

七、一生創作知多少？

朱英誕手擎現代詩火炬，長跑了半個世紀，到底留給世人多少作品？

他在遺稿中曾說：《花下集》幾十卷、上萬首。但歲月流逝幾十年，其間的整理、統計工作是十分煩雜的，經多年努力，現可以告之讀者，不完全統計，朱英誕爲世人留有《仙藻集》、《春草集》、《小園集》、《深巷集》、《夜窗集》、《古城的風》、《雲樹集》、《泥沙集》、《疎林集》、《餘習集》、《駝鈴集》等二三十本詩集，共三千多首現代詩創作。還留有舊體詩集《風滿樓詩》、《方竹齋詩》、《梅花老屋詩》、《綠煙堂詩卷》等，約一千多首舊體詩。朱英誕除編有《現代詩講稿》外，晚年寫成《李長吉評傳》和《楊誠齋評傳》，《梅花依舊──一個大時代的小人物的自傳》；另寫有幾百篇序文、隨筆、散文及詩論等，另有詩劇、京劇劇本《吹角連營》（一名：《少年辛棄疾》）。

對父親創作的這個京劇劇本，我想多說上幾句話。

父親一生喜愛京劇，他十分關心京劇的發展和改革創新，他滿懷激情，根據歷史故事塑造了京劇中從未有過的少年辛棄疾的英姿俊朗的英雄形象，並親自爲該劇做了服裝設計，他得到著名教育家王勝川的支持，組織刻印了此劇本，準備宣傳並聯繫排演，但事與願違，批判「三家村」開始了……此事只能擱淺了。願今日百花盛開、文化大發展時此劇能有機會得以重見天日。

朱英誕塵封多年的手稿多而雜，有的工整，有些字跡難以辨認，大都繁體字，詩稿更是不擇紙張優劣，整理有序都不易，如打印成文，那將是一個大工程！可喜的是，武漢王澤龍教授以博大的胸懷，已帶領他的學生們，克服困難，在桂子山上默默地在完成一部工程浩大的文獻！我和讀者一樣，期待朱英誕的作品早日能展現在祖國沐浴春風的百花園中。期待這位現代詩執著的長跑者的各類詩集及作品能在祖國文化大發展的時刻，早日能夠親近讀者，讓新詩愛好者給予遲來的檢視，並接受專家研究者的批評。

2011 年歲末於北京海淀知春里

——選自《新文學史料》，2012 年第 3 期

深恩厚愛，刻骨銘心
——記我的四姑父朱仁健先生

陳啓智

　　小時候，常聽我父親說：「你四姑父朱仁健先生是個很有學問的人，你長大了要好好跟他學習。」沒想到，我眞正得到姑丈的指教竟是他生命旅途中的最後一年。

　　1983 年，我回到母校——北京師範大學中文系進修古典文學，聽課之餘，便研究西晉作家陸機，並把陸機所作的「演連珠」五十首作了翻譯、注釋。草稿寫出後，自己感覺有許多拿不穩之處，向誰求教呢？到了眞正做學問的時候，我憶起父親的遺教，去找我的姑父朱仁健先生。

　　朱先生解放前曾在北京大學任教，主講新詩，並勤奮寫作新詩，其作品散見於三四十年代各報刊。現在能收集到的朱先生的詩集有《無題之秋》、《小園集》、《深巷集》、《花下集》等。解放後，先生於教書之餘，繼續默默地寫作，並把精力轉入古典文學的研究，造詣頗深，著有《苦吟詩人李賀》、宋代詩人《楊誠齋評傳》等。

　　我滿懷著求教的熱情推開姑父的家門，十多年不見，姑父顯得更清瘦，更衰弱了，腰背已彎得很厲害，走路離不了拐杖。因爲戴一副黑邊的眼鏡，又蓄著鬍子，很像舊時代的私塾先生，而面部卻總帶笑意，使人覺得和藹可親。交談中，姑父聽說我專攻漢魏六朝文學，甚爲高興，當即搬出許多藏書與我講論起來。老人家淵博的學識，極富感染力。司馬遷、揚雄、曹氏父子、阮籍、陸機、庾信……眾多文學家的形象彷彿活現在眼前，我徜徉在中古時代，竟然忘記了時間，連電影都耽擱了。當然，我是一點也不後悔的。

姑父大約是很久沒有連續講這麼長時間的話了，顯得很疲勞。我遲疑著沒敢把請老人家看稿子的事談出來。抽空，我小聲徵求姑姑的意見，姑姑說：「你沒見他今天多高興嗎？這是他樂意做的事，你只管把稿子拿來。」這時，姑父聽見了我們的談話，連聲說自己身體沒問題，囑咐我盡快送來書稿。

兩天後，我將書稿送到姑父家。

一周以後，我再登門時，姑父笑吟吟地對我說：「演連珠前二十五首已經看完，每首我都做了批改，為了清楚起見，我另外用紙寫上了。」說著，遞給我一疊字紙，上面寫滿了密密麻麻的小字。我當即參看了其中幾首，深感姑父古文功力深厚，每每是在我注釋不確處發表意見，而究竟如何修正，又往往不做直接答覆，或有針對性地提出質疑，或注明查找的出處，或提供幾種答案供我抉擇。總之，姑父用多種方式啓發我作進一步的思考。顯然，姑父之意不專在書的寫成，更重要的是培養晚輩後學的治學方法。

晚飯時，姑父對我說：「教書好比教京劇。手把手地教一招一式是必要的，更要緊的是教路數。這樣到舞臺上就能應付自如了。」姑父之所以拿京劇打比方，是因為姑父年輕時是有名的票友，還曾下海唱過黑頭，操過弦。姑父的話又使我回憶起文化大革命中，我為了學樣板戲曾跟姑父學過拉京胡的事情來。姑父說：「我至今還詫異，那時你為什麼跟我學京胡而不是跟我學古文呢？」我說：「都怪我那時太幼稚，趕社會時髦。」先生對我在文化大革命中一度荒廢了的學業感到非常惋惜，同時又為我能在日後奮發努力鑽研而感到欣慰。

晚飯後，姑父的精力已明顯不濟，很快就斜倚在沙發上睡著了。我問姑姑：「姑父身體這樣虛弱，怎麼看的稿子？」姑姑說：「他每天早晨五點起床，就校閱你的稿子。我勸他多睡一會，他說，身體不行，只能趁早上精神好的時候多看點。」聽了姑姑的話，我覺得有一股熱浪直往頭上湧，眼睛不由得模糊了。

又一周過去了。當我再去姑父家時，姑父告訴我，五十首演連珠都已校閱完，說著又拿出幾張寫滿毛筆小楷字的作文紙來，說：「你看看這個。」我一看標題──「陸機演連珠今譯序」，心中就一陣狂喜，繼而又感到十分不安。序的最後一段是這樣寫的：「啓智近年來治漢魏六朝文學，今年春夏之交，以陸士衡演連珠五十首譯注來，予適在病中，每日黎明起來，為校閱三、五首而止，約兩周竟。啓智注釋斟酌字句，用力甚勤，其功不可沒；憶二叔語，

因不以不文，而樂爲之序。」我對姑父說：「您這樣做，是激勵我盡快把書寫成吧。」姑父回答：「我正是這個意思。」

　　現在回想起來，姑父如此匆匆地爲我的拙作寫序言，還有另外的想法。自從冬天姑父患重疾後，身體一直未能復原，老人家恐怕自知等不到我書成的那一日了。可以想像得出，姑父趕緊作序時，是交織著悲與喜的強烈情感的，是盡了最後心力的（這篇序乃是他最後的文字之作）。可惜我當時竟沒有意識到這一點。

　　不久，迎來了姑父的七十壽辰，那是農曆四月初十，宋代稱作「同天節」的那一天。姑父爲自己能活到七十歲而感到非常高興，親自動筆寫了「七十自慶」四絕句。我事先見到這詩稿，便在學校裏用毛筆在大幅宣紙上書寫出來，連同生日蛋糕一起，給姑父祝壽。那一天，風和日暖，闔家團圓，其樂融融。姑父的大女兒、大女婿都是美術工作者，倆人連夜作畫兩幅，作爲生日禮物，獻給他們父親，一幅是山水，一幅是墨荷，連同我書寫的「七十自慶四絕句」，一起掛在牆壁上。置身在這典雅、新穎的祝壽場面中，姑父異常興奮，老人家走到條幅前，用抑揚頓挫的語調又將自作詩誦讀了一遍：

江南一夢百花開，
七十從心果見梅。
詩酒今朝不聞問，
蕪城千種意沉埋。
遊子忘言說忘歸，
故園一夢未曾回。
同天節日春暉泳，
自慶古稀今不稀。
亮馬河橋馬尾松，
此生觀我我聽鴻。
江南江北休相問，
方竹一枝支晚風。

看夢看雲俱好奇，
看朱成碧物雲齊。
他揚或是他山石，
無怪緇衣變素衣。

讀後，姑父說我的書法為詩增色不少，我自然不敢當，說著大家欣然入席。午宴非常豐盛，大家一面舉杯，一面觀賞字畫，觥籌交錯，笑語飛揚。姑父還破例喝了點酒。席間我說，等明年姑父生日時，我再來北京祝壽。沒想到我的心願已無法實現，這竟是姑父過的最後一個生日了。

姑父對我已經過世的父親，懷有深切的眷戀之情。他一直認為，在他們同輩人當中，數我父親資質最好，才華最高，可惜生活之路沒有選對，又過於剛直。我父親五七年陷入文網，在鬱悶愁苦中掙扎數年後，終於在 1974 年含冤離開人世。姑父看見我，自然又想起我的父親。生日過後，姑父即將悼念我父親的舊作《冰雪詩》取出，重新抄後贈給我。

> 雪瓦冰梅今世無，
> 等閒一夕墮模糊！
> 弈棋八陣石頭爛，
> 飲酒千錘五指疏。
> 雲起為心哀後祿，
> 鴻飛於夜贊先驅。
> 昔遊長白山前路，
> 冰是磨兜雪片鑪。

序中云：舊作冰雪詩，實輓歌也。甲寅重陽後二日作，悼天祿姻兄兼陳光賢妹。癸亥初夏，啟智以「演連珠今譯」來，予為之序。同天節，啟智為予書「七十自慶」，暇日重錄此紙付之。

注中云：天祿別號勞人，嘗主編盛京時報副刊，為名記者。於左翼青年作家多所讚助，而言之淡然，才情高也。性喜飲酒，著棋。戰後，予偕傳彩，共攜青草，嘗有遠行，在天祿兄處小住，此詩中末二語之背景也。丙丁間，偶赴石雀胡同，適兄外出，案頭有「桂林山水」小冊子，題詠四絕句而去。不意是夜天祿竟以三片小品文之細故，被查抄。小文曾在《新觀察》刊載，為人所簽，墜入文網，以「右派」罹禍。事前曾袖文來，認真探討。及得罪，兄殊不以為然，然亦不以為意，才情高也。甲寅夏，天祿忽忽不得志以歿。雜念天祿兄生平瑣屑，率賦一律，以誌悼念。

短短幾句詩，表述出鮮明的政治態度，交融著對我父親讚譽、惋惜、思念、感慨多種情感，讀之催人淚下。首句以「冰雪」喻我父親聰明，末句以

「雪片飜」喻我父親之不慎，巧喻奇想，令人歎服，可看出姑父於新詩舊詩都有深湛的功力。

我父親的冤案於 1979 年徹底平反，但已下世五年有餘，姑父每提及此，悲喜交集，溢於言表。

我於 1983 年 7 月 1 日離京返回滄州。此後又與姑父通過幾次信。在學校裏，我又將書稿的內容作了擴充，加上了「評論」部分，這種想法和做法得到姑父的支持。可惜的是，姑父已經來不及再審閱我的書稿了。

1983 年 12 月 27 日，姑父在北京家中溘然而逝。噩耗傳來，我好幾夜沒有成眠，一想起姑父的深恩厚愛，眼淚就奪眶而出。直至現在，姑父那虛弱消瘦的面影還總是浮現在我眼前，使我在悲戚感念之餘，奮發努力，以不辜負姑父的厚望。

──原載民刊《詩評人》總第九期

獨木成林——
詩人朱英誕（青榆）先生印象

武冀平

　　新年伊始，中央電視臺推出節目「新年新詩會」，對於愛好朗誦的我，一下子被吸引住了。第一個節目是朱迅朗誦的朱英誕先生的詩《古城的風》。詩的小序說：「1949 年 9 月 21 日，我從小鎮（石城）來到城市（唐山）……無線電傳來的是毛澤東主席的聲音，聽到一片鼓舞人心的聲音，那雄渾的聲音乃是一株巨大的聲音樹。於是我被最最濃厚的樹蔭籠罩著了。那聲音所涵容的情思蔭覆著我了。……」後來，我在《詩刊》1949～2009 慶祝新中國成立六十週年（詩歌名篇珍藏版）9 月號，在「中國人民從此站起來了」的欄目，又讀了詩人《古城的風》詩二首。詩人與鄭振鐸、胡風、柯仲平、何其芳、林庚、臧克家等著名詩人並列，且有文字介紹：「朱英誕（1913～1983）原名朱仁健，作品散見於上世紀三四十年代的報刊。1935 年出版詩集《無題之秋》，第二年完成《小園集》。抗戰期間，在北大文學院任教，主講新詩……以後陸續寫成《深巷集》、《夜窗集》、《古城的風》等二十多個集子。晚年著有《苦吟詩人李賀》及《楊誠齋評傳》等」。

　　思緒一下子把我帶回到 1987 年 1 月 6 日，那天，由中國新聞社以周簡段筆名發表之拙作《詩人朱英誕》見諸香港文匯報報端。這篇小文可能是國內第一次把朱先生介紹給海外吧。文章說：「詩人、教授馮文炳（廢明）先生，在談新詩講義裏有一章『林庚和朱英誕的新詩』中說『我將朱英誕的詩附在講林庚這一章裏頭，在我卻是深意存焉。……在新詩當中林庚的分量或者比任何人重要些，因為他完全與西洋文學不相干，來一份晚唐的美麗了，而朱

英誕也與西洋文學不相干,在新詩當中,他等於南宋的詞。」文中還介紹朱先生 1983 年病逝後,有大量未出版的詩文,僅新詩約有三千餘首(篇),待挖掘整理。

我之所以留意朱先生,緣於朱英誕(青榆)先生,曾是我關係密切的一位師長。此外,先生創作時間長達 55 年,但近三十年卻沒有發表過詩文,故對大多數人來說朱英誕(青榆)的名字,人們並不熟悉,甚至不知道,包括我自己。不是林庚稱朱先生「是一個沉默的冥想者」嗎。

這裡,僅就自己對先生往日接觸的印象,作一點滴回望,算補白吧。

1962 年,我在北京海淀溫泉工讀學校當語文教員,特殊教育專家、校長王勝川,特地為語文教研組請來兩位給我們長知識、闊眼界的師長,一位朱青榆(彼時對外用名)講韻文,一位王森然,講散文。當時大家雖然知道這兩位皆是文壇有影響力的人物,很是仰慕,但具體成績很少有人談得出。

每個星期,二位先生從城裏到頤和園,再坐著唯一一趟到溫泉終點站的公交車,約 5 公里路程來校授課。聽課老師並不多,但大家記筆記、提問題、氣氛很是活躍。

記得朱先生從詩經講起,講文學史、講歷代名詩人,內容翔實而生動。先生在講陶淵明的《桃花源記》時,由於極推崇陶公之作,分析起來便很細緻,有感情。說此文反映了詩人對自由懷有熱烈的追求和摯愛。文中描摹,亦是詩人心中嚮往的「羈鳥歸林」的伊甸園,理想中的社會,儘管詩人描繪的理想是無法實現的,陶公也明白這只是幻想而已,所以在文章中寫道:「不復得路。」難怪先生說過:「此一心靈世界,實陶公之創造,遂為吾人喜聞樂見者,正復是燦然有心理耳。」先生的講解給我留下深刻印象。

工讀學校離先生居所很遠,先生經常提前一天住在學校。溫泉一帶風景優美,著名的溫泉就在學校後身,為花崗岩砌成的長池,池水清澈,並建有水塔,可供教職員沐浴。先生講課之餘,興致好時,常到附近瀏覽。工讀學校位置舊時稱三角城,對面有一小山,綠樹茵茵,山上建有馮玉祥為紀念辛亥革命所建的白塔,塔上鐫刻「水流雲在」為英斂之所書,字體遒勁。

1964 年我調往中央廣播電視劇團,但從此卻開始了和朱先生長達十多年的來往。先生當時住家在西城區祖家街 2 號,與男三中毗鄰,是座三進深的小院落。先生住在院,一排朝南的瓦房,高麗紙糊窗櫺,中間鑲玻璃,窗明几淨。院內種植花草,環境幽雅,從鄰院西牆伸進一棵碩大的榆樹,其蔭遮

院，踏進小院暑氣頓消，給人以溫馨之感。先生起名青榆恐也緣於對此樹的喜愛吧。先生身體長年患肝膽病，很瘦弱，戴一副近視眼鏡，鏡片後眼神爍爍，專注而深邃，由於先生已退休，極少遠行，但先生卻關心國家大事，家裏訂有《人民日報》、《光明日報》、《北京日報》，他看報一向仔細，談起國內外大事全然在胸，當百姓家開始有電視時，先生對電視也充滿興趣。每日的電視新聞，他都必看。

　　每次到家總見先生伏案工作。上世紀七十年代聽先生說已經寫罷三千餘首詩，藏於箱內，我問爲什麼不送出來發表，他表示發表太不容易，又說古人亦有在世不結冊的傳統，將來再說吧。這是否也反映出他對當時報刊發文難的一種無奈呢。但從此他在文壇卻沉默了幾十年，正所謂：「……詩草塵封四十春。一事無成成半士，西儒每欲拜芳倫。」但實際上先生從未怠慢過一天，卻是事實。留下的作品即是明證。正如林庚先生所說，他是「一個沉默的冥想者」。記得先生說過：「不那麼服膺現代那類閒雅的文墨，這倒不是不信任後來者的膽識和力量，他說『好』卻很難，我們何苦要以此爲誇飾，以鼓舞後來者呢！」除此，我知道先生還寫過唐宋詩人評傳、京劇腳本和有關新詩的文章，及自稱《一個大時代的小人物》的自傳等。先生年輕時喜歡京劇，自幼學伴何炳棣（1938 年畢業於清華大學，曾獲美國哥倫比亞大學英國史博士，美國藝文及科學院院士）曾著文稱：「從入小學到初中這一段……最使我不解的是仁健唱、打、胡琴等等似乎件件無師自通。」三十年代就學余派唱腔。並瞭解余先生存世唱片僅有「十八張半」。先生寫過：「謝小友朱復君持贈余叔岩唱片『斷臂說書』（錄音帶）：紅燈一語最堂皇，十八張余又半張，三十年來無覓處，復君持贈到山房（其一）。」後來，我到中國唱片社工作，也曾把塑料薄膜唱片《紅燈記》等京劇送給先生，他對此甚感興趣。另外，工讀學校王勝川校長刻印過先生寫的京劇腳本《火燒連營》（少年辛棄疾），我得到過一冊，當時想到先生曾在淪陷區生活過一段時間，經歷過那一段的「精神的衰亡」，瞭解他的人，一定會想到那劇本一定表達了他的憂國情懷吧。同時不得不驚訝先生竟如此熟悉京劇的各行當和表演程序，可以說，拿過本子就可以排練。當時王校長刻印的本子，本希望有人來演或改編成話劇之類。當時就我個人能力來說，實無力促成此事，至今仍感遺憾。

　　一次，去先生家。看見先生一如既往，帶病伏案工作，我心疼地問：「您身體虛弱，桌前何不換把軟點的椅子，偏要坐硬巴巴的木頭凳子呢！」先生

笑說：「你一定聽說過古人頭懸梁錐刺股的故事，那精神今人很難做到，但坐木板凳工作總是可以的，它能警示自己勿偷懶呀！」先生平日中藥不離口，眞是留病三分嫌太健，但對自己的要求竟那麼嚴格，我爲先生的治學精神欽佩不已。從此，我也改用坐木板凳學習寫作，意在不敢懈怠矣。

先生待人一向眞誠友善，凡是向他請教文學事，他都毫無保留地爲其排解疑惑。那些年，我曾向先生討教過無數問題，都是帶題而來，滿意而歸。感歎先生學富五車，而且言必有據。雖然如此，先生對他過去的成績，尤其是詩作，很少提及，態度默然。1973年去先生家閒話，《人民日報》利用《新年獻詞》傳達了毛澤東主席一個口號，叫「深挖洞」，當時各單位都在組織人力挖防空洞。先生說：「深挖洞，廣積糧，不稱霸」的提出是出自備戰。其實幾百年前就有人提出過類似的方策。明代謀臣爲朱元璋打天下進諫，似叫：「高築牆、廣積糧、緩稱王。」這一國策的實施奠定了大明天下。先生還說爲求準確，再查查資料。聽後，先生的博學躍然於心間。

語文教研組的至交婁湘生先生，談起當年聽朱老的課，也有過一段描述。朱先生教詩、詞、賦，這自然要涉及聲律知識。聲律中的「東」和「冬」，聲母和韻母完全相同。葉（xie韻）的空、宮、紅，或者鍾、松、峰這些字，韻母都是ong，但爲什麼要把「東」、「冬」分列成一東二冬呢？爲此向先生請教。朱先生說，古今之音有許多不同，況且今音中極少入聲字，另外還有個南音問題。記得朱先生舉了屈原的例子：「美要眇兮宜」，「石兮淺淺」中的「要」、「眇」、「淺」的讀音都和今音不同。又如涉江中「余幼好此奇服兮，年既老而不衰」的「衰」讀cui與「冠切雲之崔嵬」的「嵬」字押韻，如唐賀之章的名句：「鄉音未改鬢毛衰」的「衰」字，皆同出一理。他說，經朱先生點撥也就略知聲律中「魚」、「虞」分列的原因了。

1951年先生從冀東回北京後，他在貝滿及三十九中學教書，1963年因病退休。退休後深居簡出，除看書學習就是寫作。但中間也有若干位先生與之過往甚密。他們雖然都是君子之交，卻至誠相待，提攜共進，在我印象中，王森然老師是他深交的一位。王森然先生（1895～1984）是我國著名的史學家、文學家、國畫家，是一位學者。1980年，在先生86歲高齡時，仍爲人大會堂完成巨幅國畫《松鶴朝陽》和《松鷹圖》。森然先生在那個非常時期，雖然經常挨批鬥，朱先生仍與之至誠交往，給予慰藉，森然先生常以畫銘志，相贈先生。

　　1982 年夏，朱先生哮喘病發作，被迫住進醫院。住院期間師母陳萃芬又拿給先生一幅森然贈畫《雄鷹展翅圖》，朱先生興奮地寫道：「甚歡！」當夜不寐，草一絕，出院後復草一絕遂得題記，茲錄如下：「（其一）杜鵑香囀越岩牆，風外雞啼海上桑；曾撫澗松望山月，我知愧怍作鷹揚。（其二）此身屬鶡醉呼鷹，塞北江南不自矜，愈疾通神無傾側，奇毛在野藝能憎！在森然先生所賜近作《雄鷹展翅圖》，讀之深有繪事後素之感，於北京留病山房北窗下，朱青榆，時年七十。」這說明英誕先生與森然先生是友情深深，推心置腹、心意相通的。英誕先生喜歡這幅畫，森然先生贈這幅畫也一定涵容寄託了許多內容。不由使我想到佛家的箴言，畫者，可以通禪，禪也可以通畫皆有呼人之一心也。「樂在苦中」、「個中妙處」森然與英誕二先生皆深嘗其味矣！

　　先生對子女的關心愛護，也給我留下印象。先生有五位子女，三女二男，長女朱紋、次女朱綺、小女朱緣；長子朱純、次子朱緗。孩子們從小就受到很好的家教，朱先生鼓勵他們學有所長，他們中有的愛繪畫，有的愛寫作，有的愛攝影，有的愛京劇，而且都在口碑較好的中學念書，先生希望他們全面發展，個個成為有文化有教養的人。但「文革」打破了孩子們的前程。先生於 1973 年前後給我寫過幾封信，從中可知先生當時的心情。其中 2 月 11日信云：「過去一年中，心情頗為激動，最大的一個苦惱是，我家三代教書，我子女五人一個也沒機會念大學，這是我想不通的，也是不被說服的。」先生還提道一事，即他的小女兒朱緣，上山下鄉去東北兵團時才 15 歲，後來先生因病，女兒在家照顧，曾續假 20 天，結果回去挨了批，一再檢查，直檢查到「無政府主義」始罷休。先生對此頗有微詞。先生非常關心遠赴黑龍江勞動的二女兒的寫作愛好，又為她的婚事操心，幾乎逢熟人必拜託一番。先生對其他子女亦如此，不再贅言。先生關心子女的成長，率真而直言，突顯了一位詩人的感情世界和獨特的個性。

　　先生對我同樣提攜、扶掖不敢或忘，銘刻在心，這裡僅以 1976 年先生贈詩為例，此事先生曾在「秋雪」二首詩的注釋中提及：「冀平病中就便，偶來小坐，為寫紅蜻蜓的頭，並戲為之注。」使人從中可窺一斑。

紅青椒的頭——和杜甫開玩笑　並序
朱青榆

　　兼贈冀平。武君冀平，昔時以散文稱，其後致力於俗文學以及兒童文學。

病中偶作俗體詩，重彈古調（並戲爲之注）以資談笑。

於此特意提及杜甫，是爲了這一首短詩體之事。一隻小小的夜航船，自然不是螺舟〔註1〕，那麼，如果不揚起這一面錦帆來，將知如何得以「開舷望月華」呢！

一九七六年十月卅一日初稿，丙辰九月十三日晨起初雪中繕寫成。於北京四見齋。

沉默是否是沉思──模糊是澄明？

詩的國土上一樣是「堅凝之難」〔註2〕

然而我「病忘」〔註3〕便彷彿忘情？

唉，「不知痛癢」〔註4〕此恨綿綿。

紅蜻蜓的頭呢？埋了起來〔註5〕？

譬如朝露與暮霞一齊飛去？

不，它將變成一顆紺珠……而剛才

養由基援弓一箭，竟拂起左翼？〔註6〕

不要再跳商羊舞了，〔註7〕

商羊歌也很難不脛而走。〔註8〕

風雨難鳴，都五內有主了，

人也將安寧，誰也不復痛心疾首。

〔註1〕秦始皇好神仙之事，有宛渠之民乘螺舟而至，舟形似螺，沈行海底而水不浸入。一名淪波舟。

〔註2〕荀子論闕國，曰：「堅凝之難。」

〔註3〕列子，周穆王：「宋陽華里子，中年病忘，朝取而夕忘，夕與而朝忘，在途則忘行，在室則忘坐；今不識先，後不識今。」

〔註4〕葛洪云：「人不自知其體老少痛癢之故。」語至悲涼。殆發自民族感情深處慘淡的呻吟！無怪乎他要逃避的要求，寧可去作勾漏令了。

〔註5〕童子埋蜻蜓之頭，不食而舞曰：「此將爲珠。」人皆笑之。見莊子司馬彪注。又，五月五日埋蜻蜓頭於西向正中門下，至三日，化爲眞青珠。見《博物志》。

〔註6〕楚莊王命養由基射蜻蜓曰：「吾願生得之。」養由基援弓射之，拂左翼。見《尸子》。

〔註7〕商羊，一足鳥。天將雨，則飛鳴。見張華《禽經注》。又，齊有一足之鳥，飛集於公朝，齊侯便問孔子。孔子曰：「鳥名商羊，水祥也。」見《家語》。案，商羊文身赤江，晝伏夜飛，聲如人嘯。民間小兒抱膝獨足跳躍，俗稱商羊起舞。盍雖是兒戲而由來遠矣。

〔註8〕比如珠玉，不脛而走，以人皆喜之也。見《孔融傳》。

是否有一隻偷眼的伯勞〔註9〕，於一剎那間

停落在花樹枝頭，或是飛過

你的描筆的與夕陽的金錢？〔註10〕

紅青椒啊〔註11〕多麼美妙的複眼，氣象萬千！

（十一月二十五日繕寫成）

（朱青榆）

概言之，英誕先生視詩文爲生命，先生曾說：「我的書香是永存的。……它比起春天裏鳥囀花香，別有一番滋味。」從上世紀二十年代至 1983 年辭世，始終筆耕不輟，任何先生感興趣的事，經頭腦奇異的詩思，皆可變成美詩佳文，學習其文，感覺詩人赤子之心天眞而可愛，詩意神韻美麗而奧妙；又如井中汲水，痛飲甘露。

英誕先生幾十年來，畏名利如猛虎，卻心有理想，「枝枯蛇死未曾僵」，獨擅勝場，如今獨木早已成林，願這片樹林盡早完整地展示於人間。正如一位學者認爲的，他代表了「受『五四『影響的一代文學青年的心路和生命歷程」，那是眞正的中國新文學啊！」並被稱爲「二十世紀三四十年代北京現代派的『微觀世界』」，不是嗎？

2012 年 9 月 29 日改定於錦園小書齋

朱英誕，1913 年 4 月 10 日生，1928 年始新詩創作，1983 年 12 月 27 日病卒。

──選自朱紋、武冀平選編《朱英誕詩文選》，學苑出版社 2013 年版

〔註 9〕杜甫詩：「偷眼蜻蜓避伯勞。」榆案：偷眼者或是伯勞乎？比如朝露，不但有目又有珠，而且有複眼，計萬八千有奇。每夏日傍晚待雨時，可得雨見之。其饒勇之致，殆得法外意。陸游則云：「紅蜻蜓弱不禁風」，尚有嬌愛意味，或者孩子們得起共鳴歟？我用「紅青椒」，盡以偏冀師，不戰而勝呼？

〔註10〕後唐宮人，或網獲蜻蜓，愛其翠薄，遂以描金筆塗翅，作小折枝花，金籠貯養之。爾後，上元賣花者取象爲之，售於遊女。見《清異錄》。

〔註11〕北京小孩對紅蜻蜓的昵稱。

朱英誕小傳

朱　紋

　　朱英誕（1913～1983）原名朱仁健，字豈夢，號英誕。四十歲以後自號青榆。別號、室名甚多。發表作品筆名多用：朱英誕、傑西、琯朗、杞人、朱芳濟、方濟、朱百藥、白藥、莊損衣、損衣等。遺稿中多用：朱青榆、青榆、朱進衡、魁父、石龍子、朱石木、皂白老人等。

　　江蘇如皋人。家譜錄云一世祖柘園公從文信國，夜經泰州，逆元兵，在如皋流為農者，夫妻親耕織，為紫陽公大哲朱熹後裔七世孫。曾祖父曾在江西遊宦，官至道臺。後家在湖北武昌城內一大皂角園，園中有藏書樓，富有藏書。祖父心穀公曾任同知，去世較早。祖母程琢如，系出大程子。喜誦古律詩，誦吟《長恨歌》、《琵琶行》，朗朗上口，不失一字。辛亥革命後，全家移居北上。父朱紹谷，別號延蓀。自幼善詩詞，有「神童」之譽，寫有《審影樓詩》、《西湖記遊》。並擅書畫，在京留有聲名。母莊存英，有《梅花深處碧雲樓詩》，不幸早亡。

　　1913 年農曆四月初十生於天津，六歲時，母親不幸病逝，由祖母帶大。少年時代，家住津沽獅子林與望海樓之間，度過嬉戲遨遊西沽村快樂時光，尤喜得以紫竹林觀海，此情此景融入心靈，寫入早期詩作。在津門就讀南開中學，並以第一名成績考入彙文高中。

　　1928 年寫出第一首詩《街燈》。

　　1932 年來到人才薈萃的北平，改上宏達高中，因病輟學，在家自學，攻讀古詩書及外國文學。讀泰戈爾《飛鳥集》後，寫新詩四首《印象》，並在報刊發表，筆名為朱石箋。病癒後入民國大學。林庚先生是他的文學老師，林先生的詩作令他神往，經常聽先生對新詩的分析論述，並共同對新詩的內容

與形式，多方探討，切磋琢磨，時有佳作，共同欣賞。此時，常到北大聽廢名先生課，時有小作蒙先生指教，廢名先生喜攜後進，經常與之談新詩之創作，親聆教誨，終成一名廢名實學生。先生對學生愛護備至，弟子對先生尊崇一生。朱英誕逐漸成爲一名文學青年，作品時常發表在報刊上，順利步入詩壇，成爲三十年代詩壇上最年輕的詩人之一。

1935 年至 1936 年，最初在《星火》及《新詩》雜誌上發表文章與詩歌，都使用了筆名朱英誕。1935 年年底，出版詩集《無題之秋》，林庚先生爲其寫序。

1936 年，將一年詩作六十首結爲《小園集》。廢名先生爲之作序，並於 1937 年 1 月在《新詩》先行發表。

1937 年 7 月 7 日，盧溝橋事變，抗戰全面爆發，停止寫作。

1939 年，北京大學復校開課。到北大文學院新詩研究社做新詩講座，成爲北大文學院中文系助教。

1940 年正式進入北京大學文學院，提爲講師，兼文史研究所研究員。開始上新文學研究課，主講「詩與文學」。朱英誕此時編寫講稿，寫文章，發表現代詩，翻譯外國詩作，工作夜以繼日，常徹夜不眠。1941 年 5 月編成廢名與他合撰的《現代詩講稿》，並編選了《中國現代詩二十年集（1917～1937）》，又名「新綠集」，編製嚴謹有法，爲識者所重。戰後曾得到廢名先生讚賞，說：「人們應該感謝你呀！」

朱英誕在北大期間還編選了廢名與沈啓無的合集《水邊》。

1942 年，朱英誕詩作由系主任沈啓無攜至日本。參加大東亞文學大會，蒙日本文學世家崛口先生賞識，譽爲第一，後讓給小說。三個月後，在北平又追加了大東亞文學獎獎外佳作副賞，有梅娘的小說《魚》，林榕散文《遠人集》，朱英誕（莊損衣）的詩《損衣詩鈔》。

同年，詩人完成長詩《遠水》（一名：「蓮花化身」）。

在北大期間，直至 1943、1944 年，發表文章及詩作的主要刊物有：《輔仁文苑》、《中國文藝》、《風雨談》、《天地》、《藝術與生活》、《文學集刊》、《北大文學》等。

1945 年抗戰勝利。1946 年至 1947 年赴東北錦州師範等校任教。

1948 年，廢名先生從南方返回北平，朱英誕專程從東北返回看望。這一年廢名連續在《華北日報》文學版發表三篇論新詩文章，其中《十年詩抄》

講卞之琳的詩，文中也談道朱英誕。4 月 25 日，發表了《林庚同朱英誕的詩》一文，評論兩位詩人的作品風格及其價值。專門選了朱英誕十二首詩，稱其「在新詩當中他等於南宋的詞」，給與了高度的評價。第三篇文章是《十四行集》，寫馮至的詩。幾篇專論都對新詩在新文學發展史中地位給予肯定。

這一年朱英誕在《華北日報》文學版，也連續發表了評論《讀〈災難的歲月〉》及譯詩《班德西亞泉》和《獻給麗斯比亞》，在華北副刊發表了《吳宓小識》等。冬，到冀東唐山開灤任教。

1949 年 9 月 22 日在冀東小鎮，遙念古都北平，寫出《古城的風》二首，滿懷喜悅之情，迎接新中國的建立。

1950 年 7 月，朱英誕回到北京，在京任教。繼續創作新詩，這一時期作者寫出不少思想清新、情緒飽滿的詩歌，都未曾發表。

1958～1959 年秋，參與故宮博物院整理明清檔案工作。

朱英誕一生多病，身體虛弱，1963 年因病提前辦理退休。家居時，讀書、看報、努力於詩的創作，幾十年如一日，不停地寫作，留下大量隨筆、散文，編有《餘波集》、《掩扉集》等。1963 年至 1964 年完成京劇劇本《少年辛棄疾》。1969 年完成舊體詩集《風滿樓詩》多卷，及《方竹齋詩》等，自訂成冊。1972 年完成長詩《月亮的歌》。朱英誕堅守新詩陣地長達半世紀之久，像春蠶吐絲般創作了至少三千多首詩作留給後人。編有：鮮藻集》、《小園集》、《深巷集》、《夜窗集》、《雲樹集》、《泥沙集》、《駝鈴集》等三十多本詩集，俱藏家中。

朱英誕一生研究李、杜、陶潛各家，對溫李尤有真知，晚年尤喜李賀及南宋詩人楊誠齋作品，時有所得，收集成冊。1978 年完成《李長吉評傳》。1982 年完成長篇回憶《梅花依舊——一個「大時代的小人物」的自傳》。1983 年 8 月完成《楊誠齋評傳》。

1983 年 12 月 27 日完，詩人謝世於北京，卒年七十有一。

——選自朱英誕著，陳均、朱紋編訂《大時代的小人物：朱英誕晚年隨筆三種》，臺灣秀威信息科技股份有限公司 2011 年版。

理論探討

朱英誕與法國象徵主義詩歌

王澤龍、程繼龍

　　百年新詩的演變，離不開與西方詩歌的互動關係，在這一歷史過程中，法國象徵主義詩歌扮演了重要角色。30 年代前期，新詩全面籠罩在法國象徵主義詩歌的氛圍下，「對中國現代主義詩潮影響最大的就是象徵主義詩潮，幾乎中國現代主義詩人中沒有一個不與象徵主義詩歌發生聯繫」（王澤龍 284）。活躍於三四十年代北平詩壇的新詩人朱英誕（1913～1983），在持續而深入的寫作中，直接或間接地與象徵主義詩歌保持了密切的關係。一方面，象徵主義的時代語境從深層制約了朱英誕詩歌道路的選擇，也為他的詩藝成長提供了肥沃的現實土壤；另一方面，「廢名圈」〔註1〕詩人的創作、評論、翻譯共同構成了朱英誕接受法國象徵主義詩歌的「小語境」，圈內同仁間相摩激蕩，形成濃厚的風氣，直接促成了朱英誕走向法國象徵主義。不只如此，朱英誕很早就「多留心海外的新意」〔註2〕，主動將法國象徵主義詩歌納入自己的視野，長期傾心於波德萊爾、馬拉美和瓦雷里的人格、詩論、詩藝、詩學，閱讀含詠，吸收轉化，增進對詩歌的理解，支持自己的實際創作。

〔註 1〕　朱英誕在《詩抄》一文中提出這一概念，參見《新詩講稿》291。陳均進一步界定了這一概念，認為「廢名圈」成員主要為程鶴西、沈啓無、朱英誕、黃雨及一批接受廢名、朱英誕影響的詩人。其中大多數詩人特別是林庚、沈寶基、黃雨深受法國象徵主義詩歌影響。見陳均：《廢名圈、晚唐詩及另類現代性──從朱英誕談中國新詩中的「傳統與現代」》，《新詩評論》2（2007）：118～130。

〔註 2〕　朱英誕手稿《〈秋夢錄〉後序》，1973 年 8 月 6 日。筆者於 2011～2012 年參加了《朱英誕集》（待出）的整理編纂工作，手稿均由朱英誕親屬提供。以下注解均注為「手稿」。

一、心物感應：重新感知世界

詩歌源於對世界的重新感知。「心物感應」是象徵主義詩歌在心理、認知層面上的一個根本原則。有感於近代以來世界越來越遭到功利主義和科技主義的威脅，波德萊爾從斯威登堡和早期浪漫主義詩人那裡，揚棄神秘說和泛神論，提出「感應」說。《惡之花》中「感應」一詩形象地傳達了他的「感應」說，自然是一個類似於「神殿」或「象徵的森林」的「活體」「一切，形式，運動，數，顏色，芳香，在精神上如同在自然上，都是有意味的，相互的，交流的，應和的」（《象徵主義‧意象派》19）。作為在世的存在者，詩人必須成為「充滿激情的洞觀者」（《象徵主義‧意象派》11），刻苦鍛鍊自己的心靈，不僅要感知「現存之物」，而且要感知「可能之物」（《象徵主義‧意象派》25），努力使自己成為高度靈敏的感受器，感受世界的多變和內心的奧秘。感受的方法有兩種，其一是「通感」，聲音有形體，色彩有溫度，香味有質感，感官相互貫通，共同分享事物散發出的光影聲色，直至榨出夢幻般的「詩意」，形成感官的盛宴。其二是想像，僅有感官體驗是不夠的，還應運用想像力，想像力是一種高級的智力，具有神奇的魔力，能使詩人見所未見，聞所未聞，獲得事物的新形象，超越現實的單調粗俗。在象徵主義詩人那裡，萬物和心靈處於亦此亦彼、交互混生的狀態，既無純客觀之物，也無純主觀之心，詩人的義務就是捕捉出神和夢幻狀態中心靈所起的微妙波動，抓住一個個轉瞬即逝的詩意片刻。

那麼，朱英誕又如何呢？作為「五四」後成長起來的一代，置身於日益「現代的」中國，朱英誕並沒有單向度地擁抱現代工具理性，他的趣味常常出現遊移和偏離，他的精神結構是複雜的。他對於詩有不同於一般的期許，駁斥了三十年代中期曾一度流行的「新詩無用論」，他說：「藝術在根本上多少有些高貴性」，詩能促進「精神文化的進步」，「雖然時至皮肉都須仰仗鋼鐵之今日──『非詩化時代』」，「詩人雖然在寫詩的時候好像『浪費光陰』或像『憂鬱的出世者』，其實真詩人莫不是用欣賞態度寫出美感的──拿這傳達給一般人正是想使一般人也能抱著欣賞的態度，轉而去領略或感受生機的妙趣，使人覺出人生並不只如一部呆板的機器之無味，乃能立定腳跟好好的活下去」（《仙藻集‧小園集──朱英誕詩集》132～133）。朱英誕敏感地覺識到，古典已如慢慢黯淡下去的夕光，而逐漸聳出地表的「現代」也是不無問題的，庸俗化了的「唯物論」和「實用論」使人淪到牛馬的地步，以機器生產為代

表的工業文明滲透到了人的血肉之中，在粗糲的「現實」面前，詩成為稀有資源。原有的英雄史詩、田園牧歌和風雅頌，都被機器的轟鳴和汽車的尖叫淹沒了。「現代」加於慧心靈性的詩人的是感官的鈍化、粗糙，是各種固定的理念、主義，詩人再也不能慢下節奏，悠悠地過一種「心靈的生活」了。朱英誕經常感到苦悶、焦慮，在三四十年代日益現代的北平，他時時覺得湫隘，他躲進書齋，過起了紙閣蘆簾、花草盈階的生活，用藝術的方式精心營造自我的「詩意世界」。

營造「第二現實」，需要「詩的思維術」和精湛的技藝。「通感」之於朱英誕，是對感官價值的重新確認。耳聞、目睹、口舌能嘗味，手足可以觸摸質感，這些乃是詩歌發生的來源，具有某種根性的價值。面對事物，立足當下，調動感官資源，長久地注視、細心地傾聽、整體地感受，將事物從凡俗的處境中挖掘出來，給予全面的感官撫摸，即用「全感官」接觸「全事物」，讓事物的秘密在詩人面前敞開，使詩人進入事物間晦暗不明的關係體系中去。朱英誕意識到，中國古典詩歌的衰落，就是因為從先秦到唐代，詩意化的審美方式、感物方式形成格套，越來越忽略詩歌之於人首先是一種「感官的開發」，以至於越來越少創造性，一讀便腐氣逼人。朱英誕推崇的古典詩人，大都是不拒格套，別開生面的異類，他一生摯愛中唐詩人李賀，將其藝術精神概括為「苦吟精神」，「他不為習氣所束縛」（《大時代的小人物》25），什麼都親自體驗一番、苦心經營，直到自鑄偉辭。在這一點上，新詩也面臨著相似的問題，初期白話詩說理過重，詩思庸常瑣屑，很大原因在於沒有合理的利用感官，「缺乏情思體驗」（《新詩講稿》149）。他批評陸志韋的「親密」，「待到白雲消，／我們羽化了」為「敷衍」，脫離當下的感官體驗，寫作時順手滑下去而難以完成整首詩的意義。他讚美俞平伯的《燕子新詞》「音色意境又都何其樸實深廣」，抓住春燕飛躍的真實情境寫下來，脫卻古意，「清真質直」（《新詩講稿》162～167）。朱英誕在新詩中區分出「感情的感覺」和「感官的感覺」（《新詩講稿》154），認為「感情是有限的，感覺是無窮的」，感覺是感情之母（《新詩講稿》281）。感官的感覺具有源發性，更真實，更新鮮，它可以醞釀成感情的感覺，後者是前者的集合與昇華。因此相應地在新詩中區分出兩條道路，「一條是寬闊的，即用蕪雜生硬的語言草創出陶陶孟夏草木莽莽的境界，什麼都是亂七八糟的，然而什麼都具有生氣虎虎，生命豐富；一條是精微的……不相信任何隻言片語已經被前修調整得最適當，什麼都得自己的手

慘淡經營一回」（《新詩講稿》157）。朱英誕認為，從「感覺」出發，可以醫治新詩詩意稀薄的癥結，擺脫舊詩的氣味，走出一條康莊大道。朱英誕的大量詩作是對感官印象的捕捉和醞釀，「走在走熟的路上／只有著顏色感／微雨告我以／花已經盛開著了」（《秋風》）〔註3〕，「鳥鳴於一片遠風間／風掛在她的紅嘴上／高樹的花枝開向夢窗／昨晚暝色入樓來」（《西沽村晨》），「你我相互攙扶著花草的香味／往返，在這林中小徑上，／那崎嶇不平的香味／令時刻超越了準確性」（《無題》）。詩人的感官得到了精細的鍛鍊，可以感受到最朦朧的色彩，聽到最飄渺的聲音，嗅到最細微的氣味。感官強化到極端，就有「身體主義」的意味，即以身體作為詩意發生的來源，又將其作為詩意表達的最終目的，「身體」既是抒寫者，又是被抒寫者。波德萊爾在某種程度上是一個「身體主義」詩人，有將感官體驗強化到極端的傾向，例如《雨止》：「當我們相遇的時候，／我們相視而笑；／肉體是如此純潔、涼爽，／像那些潔白的石頭。」把在北方秋雨中的清涼體驗用「肉體」的感覺傳達出來。在朱英誕的詩中經常能見到這樣奇異的抒寫，例如他經常把月比作一團白肉，把花朵看作伸出大地的手掌，在李賀的詩中讀出身體和心靈的雙重病痛〔註4〕。這是新詩中極富現代性的苗頭。

　　法國象徵主義詩人倡導的「想像」，教給了朱英誕另一種感知力。如果說感官體驗是摒棄一切成見，直接契入事物的當下，那麼想像則是這種當下契入之後的飛躍和提升，它在感官所難以到達的層面上，形成全新的形象，完成對事物的詩意把握。粗略分析，想像在朱英誕這裡有三重境界。第一重境界是，當感官長久地作用於事物，當這種凝神觀照達到一定程度、越過量和質的臨界點，就自然地離形得似，躍升到一種想像的情境中。這種想像，並沒有擺脫心和物混沌糾纏的關聯，由感官帶來的事物形象，自然而然地沾染著個性心靈的色彩。朱光潛先生的「移情說」很能解釋這種現象：「凝神觀照之際，心中只有一個完整的孤立的意象，無比較，無分析，無旁涉，結果常致物我由兩忘而同一，我的情趣與物的意態遂往復交流，不知不覺之中人情

〔註3〕　本文所引詩歌出自朱英誕手稿《仙藻集》、《春草集》、《小園集》、《深巷集》、《夜窗集》，以下不再另作說明。
〔註4〕　朱英誕說：「長吉的『病骨』無疑是雙重的，既是精神上的，也是肉體上的。」參見《大時代的小人物——朱英誕晚年隨筆三種》23。在《藍天——李賀贊》一詩中寫道：「你的寧靜高出了肉體／那藍天，正當秋深的夜／擁抱著四海和桑田／而永恆的藍天高於一切。」參見手稿《逆水船》卷三。

與物理互相滲透」（44）。當然，這裡不僅只有「凝神觀照」，還有「凝神諦聽」、「凝神感觸」等。例如《野望》：「臨野的窗裏獨自久坐／白雲悠悠馳過原上／天空是如此平曠而又高高的／垂掛著遠處的村莊與阡陌∥窗上的圖案展開／傍晚枯坐者伏／窗上來／樓下常有似遠來的香／花的夢升起有如定情」，此詩和波德萊爾的散文詩「窗戶」、馬拉美的詩歌「窗戶」形成一個互文性的文本系列。「窗戶」同時關涉室內室外、內心外界兩重空間，波德萊爾善於透過窗玻璃或者暗淡的燈光讓目光游離出去，不僅看到屋頂上一個女人的皺紋、動作，還能「看到」她的傳說，生命的苦痛；馬拉美的「病人」透過明淨的窗玻璃看到太陽、蔚藍的天空，更「看到」純粹而永恒的天堂幻象。這些無不是用內在的耳目體驗到現實中難以看到的事物。朱英誕同樣是在「出神」凝望中，產生出一種詩意的「變形」，由感官生發的想像進入虛靈之境，將並非實存的事物安排進詩的結構中，這個時候，已經不必拘泥於眞實與否了，正如馬拉美所言「文學的存在是在一種眞實存在的以外的存在」（266）。第二重境界是，從夢幻狀態出發，驅馳想像的神力，進行天馬行空般的幻想。這是一種極爲自由的境界，內心進行自在而靈動的活動，超越事物的現實關係，不拘泥於任何名理的限制，無所不往，無所不在。這時，一個特殊的夢幻時刻開啓，新鮮飽滿的形象源源不斷地湧現，從眼前之物直到宇宙星雲，思維毫無顧忌地在形象的語詞上跳躍飛奔，最終的意義也變得鬆散了，詩歌成爲自由幻想、愉悅身心的思維遊戲。這是一種活躍的詩思，心物的交流互動達到巔峰時刻。例如《夜景》一詩，從「心中的幻覺飛躍的時候」出發，投入北平夏夜的星空中去，那裡有璀璨的「建築」，聯想到「天上的街市」，接下來因虛就實，幻想這一「街市」裏「蜜金的夢寐是家家的」，每一個綺窗前都繚繞著勝似芳草的香氣，再將視點轉向天河，將其想像爲「屈原的故鄉的澤畔」，思維一直驅馳開去，在歷史、神話、宇宙、內心的各種空間內徜徉。馬拉美說有兩種「神聖狀態」，一種是固有的、實在的；另一種是「熱烈的，以相互呼應的形態所進行的揮發性的脫化，這些形態現在已近乎思想，同時它使文字失色，意象俯首」（263）。這確實是一種「揮發性脫化」，事物的形象散發出思想的氣味，不斷地脫開先前的母體，向下一個形象自發衍生。在第三重境界裏，內心的衝蕩和形象的奔躍越過了交感曲線的波峰，逐漸向靜穆平和的狀態過渡。這時，內心儘管還蕩漾著漣漪，事物雖然還流溢著光彩，但已不同於一味地向外擴散了，逐漸內傾，詩意主要的生發點不在主體恢弘

的氣度和灼熱的強度，而在心物交感的勻質、和諧，理性慢慢地滲入，形象之間的關係越來越傾向於精微、完善，這時產生的是一種「怡情」的、引人沉思的詩歌。朱英誕在同仁沈啓無的詩歌中印證了這一重境界，他說：「啓無先生近年來也是逐漸離開了聲音顏色的空靈的講求，而極其有正味的進入詩的正法眼藏」（《仙藻集・小園集——朱英誕詩集》148）。所謂「詩的正法眼藏」，從感知角度看，正是詩的情感、思想和形象進入平和靜穆的和諧狀態，光英朗練，音色寂寥，一切無過無不及，恰到好處。由這種方式生成的詩，在朱英誕作品中占很大比重。例如《習靜》：「一塊石頭投入水中／像一句誓言／漣漪展示我以無極／海上的鳥還在飛復著嗎 ∥無邊的風，花木不動／無邊的安詳，那甜蜜的／人聲也隱隱的直到不復聽見／靜意如一片陰涼」，「一石擊破水中天」，「漣漪」在不知所處的水天中層層蕩漾開去，直達於「無極」——某種具有終極意味的存在，思緒遠逝，想到飛飛不斷的鳥兒，此刻，自我好像與萬物冥合為一了，跨節稍作停頓之後，主體又漸漸復蘇，感受到清風無邊，花木靜立如有所待，世界和內心同時感受到一種神性的安詳，精神愉悅的同時，感官也處於一種特有的平和而敏感的狀態，聲音甜蜜，靜意陰涼。「靜」的四種情景——「絕對的靜」，「靜中有動」（靜大於動），「動中有靜」（動大於靜）和「絕對的動」往復過渡。和衝蕩流動的「狂想」不同，這種靜穆的沉思，很有明淨的造型感。法國象徵主義「心物感應」的感知模式鍛鍊了朱英誕的感官和想像力，使他獲得了重新感知世界的法門，為詩歌的發生提供了新的來源，使他的寫作得以建立在個人體驗的堅實基礎上。這又在一定程度上抵抗了現代文明的侵蝕，調適了自我與世界的關係，實現了詩意的棲居。

二、暗示：尋找有效的表達方式

詩性體驗需要與之相適應的表達方式，表達在象徵主義者那裡，成為一個需要被開發、被發明的藝術問題。象徵主義詩人早就厭倦已有的詩歌表達方式了，「浪漫派作家們幾乎只關心聽從心靈的衝動而行事」（瓦雷里 152），降低了表達的難度，忽略了形式的重要作用，巴納斯派追求表面的嚴謹犧牲了隱約靈動的魅幻之美。波德萊爾有一種「表達一切」的雄心，同時他認為，朦朧和隱晦是世界本有的面目，「感應」就是欲明而不明、將開而未開的狀態，所以就應相應地「帶著不可缺少的隱晦表達出隱晦的、被朦朧地顯示出來的東西」（《象

徵主義‧意象派》18），表達的精確是詩人必備的能力，所以朦朧即精確。馬拉美說：「直陳其事，這就等於取消了詩歌四分之三的趣味」，「在詩歌中應該永遠存在著難解之謎，文學的目的在於召喚事物」（《象徵主義‧意象派》40），詩歌本是一種發現，不在於告訴人們關於事物的一般常識，而應該用個人化的語言將事物的秘密從側面慢慢地展示出來，猶如變魔術。瓦雷里認同這種製造謎語般的表達方式，《海濱墓園》的開頭即是一個典例，完全不同於「大海啊，自由的元素」式的直白抒寫，把對大海的印象編織進一系列形象中，沒有風浪的海面變成「平靜的屋頂」，片片白帆變成「白鴿蕩漾」；「我」並沒有出場，但是顯示出一種從墓園松蔭後「看」的視角，大海這個流光溢彩的「液體」「悸動而閃亮」；用「公正的中午」側寫白熱的太陽，這是一種「抽象的形象」；「永遠重新開始」凝練地概括出大海永不靜止的本質。避免直接說出表達對象，從不同側面一點點地展示出對事物的形象，進入事物的細節，使深度抒寫成爲可能，這是法國象徵主義詩人在現代詩學上的重大貢獻。

查德威克論述象徵主義詩人時，反覆提道意象在表達中的重要作用，象徵主義詩歌多用意象的疊加、組合來傳達詩意、製造氣氛，意象「實際上就是客觀對應物」，是一種意味深長的「象徵符號」（14～16）。躲在世界背後，將意象這種同時跨越事物和精神雙重因素的對應符號調到前臺以製造各種藝術效果的方法，在中國現代主義詩潮中產生了深遠的影響，引發了表達方式的變革。前線批評家李健吾很早就意識到意象的重要性，他說：「對於好些人，特別是反對音樂成分的詩人，意象是他們的首務」，「內在的繁複要求繁複的表現」，意象可以擔負這一任務（78）。孫玉石認爲戴望舒、卞之琳等象徵主義詩人「更加自覺與自如地『化古融今』，溝通中外，將以『意象』創造爲審美核心，以『朦朧』隱藏爲傳達方式的現代主義詩歌，推進到了一個詩藝探索的全新階段」（3）。意象是在語義基礎上加工而成的具備意與象二重性的符號單位，詩人的「意」，情緒、經驗和智慧都要與一定的物象、表象相契合，參與到詩歌中去。「意」是無形的、流動的，「象」的表象性克服了語言符號的直傳性，二者相合造成意象的多義、朦朧的效果。象徵主義的微妙、神秘特別適合意象藝術的本性。朱英誕將意象發展爲居於主體地位的表達媒介，他創作高峰期的詩作，幾乎都是「意象抒情詩」，這種間接傳達、與物徘徊的方式特別適合於他在紙上創造虛幻的詩意世界。在朱英誕詩中，表達方式隱曲、暗示的特點集中體現在意象創造的玄想性、組合的非線性。

　　馬拉美和瓦雷里在玄想性和智慧性方面繼承了波德萊爾的衣缽，受此啓發，朱英誕在三四十年代的新詩領域內，借助意象思維將玄想性開掘到一個全新的高度。從異域盜取玄想的資源，使他獲得了返觀中國詩歌的新視點，這些反過來又滋養了他詩歌的玄想氣質，或是在某種神秘的精神氛圍中走進日常生活的片段，或是在凡俗事物中忽然若有所思，或是在亦真亦幻的想像性空間裏雕空鏤虛，翻造出玲瓏的七寶樓臺。「玄想」之「玄」，即在心物感應中凝成意象時，智性逐漸滲透進來，抑制了情感的擴張，致使意象帶上了哲理的意味，而這種哲理，並不是一般意義上或現成的哲學概念或觀點，是個人內心一時的飄忽之思，是對世界和自我的一種靈光乍現地領悟，新鮮、短暫，帶著思想源發時的野性，是一種「準哲學」。意象攜手這些「思想的碎片」，以靈動的身影徘徊在表達的過程中，改變著表達的風貌。意象組合的非線性特徵也有力地彰顯著象徵主義表達的暗示性。非線性實際上是「時間的空間化」，即意象在詩思中的展開和在文本中的分佈打破了時間的先後順序，既然詩是「人生微妙的剎那」，那麼「剎那」就是詩意開啓的一個特殊時刻，過去、當下和未來消失了，線性時間被打破了，在時間的某一個點上側身而入，旁逸開去，進而雲集大量的意象，就像垂直的星空雲集了無數的星座，共同醞釀一片詩意的光輝。時間的空間化解放了時間的單一、狹窄，將全感官和全思維帶來的大量信息置放了進來，實現了詩歌以最經濟的語言表達最豐富的意思的藝術原則，從而為更從容地、藝術化地處理多量的意象和意象群提供了機會。意象按照感性經驗和個性化的玄思體驗聚集到一起，突破習俗，出現蘊含新鮮詩意的強合、碰撞，而且一個意象或者一個意象群完成之後，另一個意象群往往是無端地發興，從一個空間又突然地言說開去，這樣詩思曲線就呈現出一個個有意味的拐點、留白。結尾往往並不是有力的收束和強烈的昇華，而是插入另外的意象「另言他物」，懸置、甚至消解前文的意義，引領讀者到另外的空間去旅行。這樣，詩思架構不像現代城市幾何形的樓房街區，而是恢復了流水般的韻致，自由東西，隨意流轉。這和廢名熔感性、幻想、禪思於一爐的「另類現代性」詩思一脈相承，很明顯是借助新詩這一開發潛力巨大的文體，試圖撕裂日益封閉、固化的現代理性思維。《睡眠》一詩最能體現表達上的特點。「睡眠是精美的屋宇／我悲愁於／不能去到另一個世界／即使僅窺探一下／像睡蓮把頭面鑽到水上／哎，這樣也不行……／當我醒來，我重新認識著／這冰雪的早晨／陽光輝煌而瑩晶」詩始於清晨夢醒時分的出神狀態。開首一個「是」字引導的判斷句，

消泯了睡夢與清醒、幻覺與現實之間的界限，用「精美的屋宇」這一意象涵蓋了大量的信息，夢中璀璨華美近於天堂建築的北平星空，一個神奇的空間，但又沒有說透。接下來踟躕在將醒未醒的臨界面上，化身睡蓮將頭鑽出水面，「悲愁」的感歎透露出一點不能自由出入詩意世界的遺憾，既是對消逝之物的追緬，又是深刻的存在之思。末尾將詩思拉向窗外的現實，隱約展示出窗外冰雪朝陽的輝煌景象。三個主導意象將玄幻的情思展示得微婉多姿。詩思忽然靈光乍現，進入一個勝境，留下無盡韻味，遂開啓另一重空間，布下蛛絲馬蹟，再宕開一筆，閃轉騰挪，神龍見首不見尾，極盡含蓄流轉之妙。

　　象徵主義詩人在審美體驗上邁入了「現代」，而體驗的「現代」又帶動了表達的現代，表達記錄、導引著體驗，二者形成張力飽滿的良性互動。朱英誕向馬拉美等人取法，正視新詩的處境，將意象提升到表達的核心地位，在意象塑造和玄想思維之間找到了內在的結合點，以強烈的實驗精神阻斷意象的線性排列，更藝術化地安排意象，從而革新了新詩的表達習慣，使其靈活多變，可以更自由地表達現代人的感覺和心性。

三、「眞詩」：「純詩」激活的新詩本體意識

　　法國象徵主義詩人發展出一種「純詩」觀念。受愛倫・坡「爲詩而詩」觀念的影響，波德萊爾認爲「詩歌除了自身之外沒有其它目的」，詩歌的本質僅僅是「人類對一種最高的美的嚮往」（《象徵主義・意象派》4～6），他在觀念中開始了詩歌的純化之旅。波德萊爾開啓了一個豐富的源頭，後繼者馬拉美將「純詩」提上一個新的高度，他「企圖用純粹語言來表現純粹觀念。所謂純粹觀念，指事物的純淨狀態，即清除了世俗意義的一種超然的、自足的觀念世界」（陳本益 75）。「純詩論」完成於瓦雷里，後來在西方詩界產生深遠影響。瓦雷里擴大了「純」的範圍，詩歌必須有純粹觀念、純粹情感，還要有純粹形式和純粹語言，純詩就是一個不可企及但是必須爲之不懈努力的理想。「純粹情感」既是濾掉了雜質的特殊情感，又是再造的全新情感；「純粹形式」是一個無懈可擊的，具有獨立價值的整體性結構，它決定詩歌的情感和思想；濾去「日常語言」詞義含混、語法粗糙的弊端，取消其「及物性」，將其改造成音義重新結合，具有私人性質的語言。「純詩」要能像印象派音樂一樣在人心中引起朦朧的情感、夢幻的色彩。到此，詩歌的所有因素都趨向絕對，「純詩」正是一種「絕對的詩」（《象徵主義・意象派》67）。

　　「純詩」激發朱英誕萌生了一種帶有先鋒色彩的「眞詩」觀念。讀了早期出身於象徵主義陣營的馬克思・若各勃（MaxJacob，1876～1944）的「在尋覓眞詩的路上」，朱英誕開始思索：「什麼叫做『眞詩』？」〔註5〕他從情感、語言文字、音樂性方面探索「眞詩」。新詩所作業的範圍雖然是廣闊的，但隨意下筆寫來的並不一定等於詩，他說：「我所珍惜的是純粹的情感。」這種「純粹」一方面體現在對情感領域的選擇，不是任何時間任何地方產生的情感都符合標準，只有那些屬於「精神生活」，可以「把眞實生活變化爲更眞實的生活」的情感才能進入詩（《仙藻集・小園集──朱英誕詩集》142～143）。而眞正的精神生活應該是潔淨而雅致的，朱英誕認爲，詩人患有精神的「潔癖」是一種美好的情操。另一方面，詩歌不是浪漫主義的情感宣泄，是一種藝術，藝術意味著人工的參與，所以就需要用詩的原則和方法對情感進行加工，只有經過藝術化了的情感才有美感，才有永久的價值，可以進入詩歌中去。「化煉」成爲一個重要步驟。只有這樣，才會「一首詩有一首詩特殊的生命」（《新詩講稿》262）。不管什麼情感物事都進入詩歌，會導致詩歌的雜蕪，這是難以忍受的，朱英誕一直爲新詩的品質不純，不能進入中國詩歌的雅正傳統而焦慮不已。在詩歌的語言文字方面，朱英誕繼承了胡適、廢名新詩須發揮散文語言優長的主張，認爲「自由詩是散文詩，散文詩是新詩的美德」（《新詩講稿》233）。他看重散文語言文字的自由特性給新詩帶來的解放，但並不意味著他忽略了詩與散文的界限，他明確說：「一、詩須用散文來寫，二、逐步嚴格的區分詩與散文的不同領域。」〔註6〕經過一定階段的嘗試，積累足夠的經驗之後，必須找到新詩「不同的領域」。散文的詞彙、句法釋放了韻文的拘束，有利於自由地表情達意，容易與複雜曲折的現代思維形成同構，這既是由新詩內在的自由品質決定的，又是由五・四之後漢語由古典文言到現代白話再到成熟的現代漢語的歷史進程所規定的，詩歌和語言是相互借用、相互提升的關係，所以這一處境是難以逾越的，必須有一個歷史的實踐過程。同時，詩歌對它所紮根的語言負有改造提升的天然義務，而且從詩歌本身的審美要求出發，需要找到區別於散文的身份標識和內在品質，所以在更高的層次上對詩歌提出要求是理所當然的。晚年朱英誕總結寫詩的經驗說：「（寫詩）自然要致力於語言文字，這是詩的先天性；但是，通過語言文字是一種方法；

〔註5〕參見手稿《讀賀方回詩後──〈花下集〉序》。
〔註6〕參見手稿《〈淺水集〉序》。

還有另外的第二種方法，那就致力於如何取消語言文字，棄之為芻狗。致力於它是為了消滅它，而寫出詩來。」〔註7〕在更廣闊的意義上開鑿、提升語言，衝破語言的牢籠，達於無言之大美的至境，是他一生所汲汲追求的，這也匯通了馬拉美、瓦雷里「純粹語言」的構想。朱英誕對「音樂性」的考慮，同樣顯得比較辯證。他借助清代詩文家潘德輿的詩話闡明自己對音樂性的看法，「『詩與樂相為表裏，是一是二。李西涯以詩為六藝之樂，是專於聲韻求詩，而使詩與樂混者也。夫詩為樂心，而詩實非樂，若於作詩時便求樂聲，則以末泊本，而心不一，必至字字句句，平仄清濁，亦相依仿，而詩化為詞矣。豈同時人服西涯詩獨具宮聲，西涯遂即以詩為樂乎？』我以為大體說來，這比法國瓦勒理（即瓦雷里）的理論更為簡明扼要，就說它是探驪得珠也未為不可吧？這也和我們有韋蘇州詩，似乎比西歐的『醇詩』更其大雅是一樣的。」〔註8〕古人的說法印證了朱英誕的思考，「專於聲韻求詩」會混淆詩與樂的關係，「音樂性」來源於情思粹美、音義渾融帶來的整體性審美感受，而不來自外在的平仄押韻等細節。他批評新月派「僅談聲音的鏗鏘」是「誤解了音樂性」（《新詩講稿》247）。馬拉美、瓦雷里打破亞歷山大體的陳規，按照詩思體驗的實際自由地增刪音步，靈活地押韻，正是為了取得整體上的音樂性，朱英誕在這一點正視漢語的特殊性，揚長避短，擇要取捨，是很有見地的。

將視野放寬一點，可以看到，自誕生直到當下，新詩一直處於一種變動不居的狀態中，一直在再造中，對新詩人而言，僅埋頭去寫是不夠的，如果對新詩有抱負，自覺對它負有一種使命，必須觸及它的本體，只有對這種不在場的，尚未定型的深層因素有所觸動，有所塑造，才能真正推動新詩的變革。朱英誕萌生的「真詩」觀念，是一種深刻的本體意識，顯示了他的遠見和抱負，他和同時代的廢名、戴望舒等人一樣，以獨特的路徑，觸動了這一深層因素，提升了新詩的外在範式和內在品質。

「真詩」的理想固然美好，然而，在新詩實踐中，朱英誕卻始終體會到一種矛盾的糾纏，他說：「約半個世紀間，我一直徘徊在保守和激進之間度過的。」〔註9〕新詩所嚮往的文質彬彬的美，難以靠一味地「純化」來實現，「我

〔註7〕 參見手稿《〈槿花集〉代序》，1980 年 1 月 9 日。
〔註8〕 參見手稿《〈深巷集〉——紀念寫詩四十年》，1972 年 5 月 9 日。
〔註9〕 參見手稿《〈仙掌集〉序》。

嘗以爲我們現代人做詩，似乎只能是相當於古昔的『雜詩』之類」。在一個變動不居的時代，詩歌不能與現代精神絕緣，詩歌的「雜」，是不可邁過的歷史階段，「雜」之中蘊含著新詩發展的多種可能性。詩歌情感固然是「純粹的情感」，但不可無視紛繁異質的現代經驗，惟其如此，才能有可能做到詩情充實飽滿，「今日之新詩，應該像一個璞，不能是一個玉器」（《新詩講稿》154），雖有待打磨，但成色充足。「詩的文字」固然應該簡約、整飭，但「文字」的表現力更爲重要，文字的表現力寓於創生不久的現代漢語的細密曲折中，切不可削足適履。詩的形式固然應該完整渾成，但人爲統一的格律化有悖於內容和形式的辯證法。這是朱英誕一生堅守的藝術立場，既不可違背歷史條件，也不應忘記新詩源於自由、歸於自由的最終宗旨。只有本著「苦吟精神」孤獨地探索，才能創造出名副其實，盡善盡美的「眞詩」。

引用作品【Works Cited】

1. 查爾斯·查德威克：《象徵主義》，郭洋生譯，廣州：花山文藝出版社，1989年。

2.〔Chadwick, Charles. Symbolism.Trans. Guo Yangsheng. Guangzhou: Huashan Literature and Art Publishing House, 1989.〕

3. 陳本益：「西方純詩論考論」，《中山大學學報》6（2012）：73～79。

4.〔Chen Benyi.「Study on the Theory of Western Pure Poetry.」Journal of Zhongshan University6（2012）：73～79.〕

5. 李健吾：《咀華集·咀華二集》，北京：人民文學出版社，2007年。

6.〔Li Jianwu. Tasting Flowers II. Beijing: The People's Literature Publishing House, 2007.〕

7. 馬拉美：「孤獨」，《馬拉美詩全集》，葛雷、梁棟譯，杭州：浙江文藝出版社，1997年，85。

8.〔Mallarme, Stephane.「Loneliness.」A Complete Collection Of Mallarme's Poetry.Trans. Ge Lei and Liang Dong.Hangzhou: Zhejiang Literature and Art Publishing House, 1997. 85.〕

9.《新詩講稿》，廢名、朱英誕著，陳均編訂，北京：北京大學出版社，2008年。

10.〔The Notes of New Poetry. By Fei Ming and Zhu Yingdan. Ed. Chen Jun. Beijing: Peking UP, 2008.〕

11.《象徵主義·意象派》，黃晉凱等主編，北京：中國人民大學出版社，1989年。

12.〔Symbolism and Imagism. Ed. Huang Jinkai et al. Beijing：Renmin U of China P, 1989.〕

13. 孫玉石：《導言：我思想，故我是蝴蝶……》，《中國新詩總系》第 2 卷，孫玉石主編，北京：人民文學出版社，2009 年，1～69。

14.〔Sun Yushi.「Introduction：I think, therefore I'm a butterfly……」A Complete Collection of Chinese New Poetry. Vol. 2. Ed. Sun Yushi. Beijing: The People's Literature Publishing House, 2009.1～69.〕

15. 瓦雷里：《文藝雜談》，段映虹譯，天津：百花文藝出版社，2002 年。

16.〔Valery, Paul. Literary Criticism.Trans. Duan Yinghong. Tianjin: Baihua Literature and Art Publishing House, 2002.〕

17. 王澤龍：《中國現代主義詩潮論》，武漢：華中師範大學出版社，1995 年。

18.〔Wang Zelong. Study on the Trend of Chinese Modern Poetry. Wuhan: CentralChina Normal UP, 1995.〕

19. 朱光潛：《詩論》，上海：上海古籍出版社，2001 年。

20.〔Zhu Guangqian. The Poetics. Shanghai: Shanghai Classics Publishing House, 2001.〕

21. 朱英誕：《仙藻集·小園集——朱英誕詩集》，臺北：秀威信息科技股份有限公司，2011 年。

22.〔Zhu Yingdan.The Collected Poems of Zhu Yingdan.Taipei: Xiu Wei Information Polytron Technologies Inc., 2011.〕

23. 陳均、朱紋編訂：《大時代的小人物——朱英誕晚年隨筆三種》，臺北：秀威信息科技股份有限公司，2011 年。

24.〔———, A Nobody of the Big Time-Three of Zhu Yingdan's Essays in His Late Years. Ed. Chen Jun and Zhu Wen. Taipei: Xiu Wei Information Polytron Technologies Inc., 2011.〕

——原載《外國文學研究》2013 年第 5 期

朱英誕詩歌語言特色管窺

錢韌韌

在既「傳統」又「現代」的淪陷區詩人群中，朱英誕不僅有新詩創作，更有大量的詩評、詩論，對語言也最爲敏感。總體說來，朱英誕的詩歌語言淡雅、純淨，具有自由和自然的新質。這種新質有著古典詩語和現代詞彙的巧妙融合，關乎「古典與現代互涉的美學」〔註1〕。一方面，朱英誕將「自然」作爲書寫對象，有「回歸中國傳統」的傾向；另一方面，他借鑒歐化的語法形式突出了現代人的情感和精神。同時，朱英誕講究語言的自然天成，而非苦吟與晦澀。這種詩歌語言觀念使得詩人的創作更加自由，不會顯得拘束。朱英誕詩歌清新自然的語言爲當下的詩歌創作實踐提供了諸多有益的啓示。

一

討論朱英誕詩歌的語言特色，詩人的語言觀是我們繞不開的話題。朱英誕晚年曾多次爲文談道自己的詩，「不過只是一條小溪，而決無長江萬里那麼壯麗。似乎這一條小溪的曲折，很像一個『之』字形……」「至於那些所謂詩，不過是溪流兩岸上一片一片的青草，或一叢的溪『蓀』罷了……」〔註2〕這樣一位順著「之」字形溪水講究自然、追求寫作自由的詩人，在他種植詩歌「青草」的過程中，必然少不了對詩歌語言的考慮。

首先，朱英誕將語言提升到新詩寫作的重要位置，強調「文字是新詩隊

〔註1〕 陳芝國，朱英誕詩歌：古典與現代互涉的美學〔J〕，江漢大學學報，2010年，（1）。
〔註2〕 朱紋，寫在《仙藻集・小園集》書後〔A〕，陳均、朱紋編，仙藻集・小園集——朱英誕詩集〔C〕，秀威信息科技股份有限公司，2011年，263。

伍中逢山開路遇水搭橋的先行」〔註3〕。朱英誕認為初期新詩成就不高的原因在於詩人過度依賴舊詩的文字,「中國文字處處講究簡單、凝練、含蓄,這無疑於文學是很有損失」〔註4〕。新詩要走出舊詩「詩餘」的陰影,必須要征服文字上的困難。然而,眾多初期的詩人卻並沒有完全解決這個問題,也未能自如地運用各種文字。朱英誕的解決方法是將新詩看做「自由的詩」,文字也「要聽從自然的運命」(《讀柳柳州後》),從自由和自然兩個角度出發,寫出具有不尋常素質的詩歌。他認為新詩應該像一個璞,而不能是一個玉器。這意味著,詩歌語言需要自然為之,不能刻意雕琢,否則很可能會成為舊詩的「狗尾續貂」。朱英誕追求的是,「我們就最要應用沒有什麼了不得的文字寫出了了不得的詩」〔註5〕。也就是說,朱英誕強調語言文字的重要性,在此基礎上講究文字的自由運用與順其自然,以區別於傳統的詩歌語言。

其次,朱英誕推崇淡雅、純淨的詩歌語言,重視修辭,更喜歡「但見聲情,不睹文字」的詩歌。朱英誕曾不止一次地引用葉芝的話,「當舉世高唱理由與目的的時候,美好的藝術是清淨無邪的」。他讚譽韋應物的「詩之純淨、淡雅」,「他愛用慣用的那些字,其本身似乎就已具詩的本質」(《病中答客問(代序)》)。賀鑄、姜白石、韋應物、李長吉、玉谿生等詩歌的簡單、雅淡和乾淨也為詩人所喜歡。在朱英誕看來,用字精雅、堪稱純粹的詩人當更勝一籌,空生硬湊的詩歌語言則不足為道。他對新月派詩人頗為不滿,「新月派的詩不能說沒有詩意,只是他們的工具不夠,詩之來我們可以看出彷彿很有把握的樣子,及至動問紙筆他們沒有充分的辭藻了……」〔註6〕朱英誕特別重視詩歌修辭,認為「修辭是應盡的人事」。「修辭與詞藻是一也是二,是要費一點斟酌的。」(《途中草序》)這種修辭在於語言和詩意的自然融合,「修辭為要,辭佳意自在其中」〔註7〕,而非刻意造作、勉強為之。朱英誕自己非常注

〔註3〕 廢名、朱英誕,新詩講稿〔M〕,北京大學出版社,2008 年,152,154,273,204,217,229,393,353,282,385。

〔註4〕 廢名、朱英誕,新詩講稿〔M〕,北京大學出版社,2008 年,152,154,273,204,217,229,393,353,282,385。

〔註5〕 廢名、朱英誕,新詩講稿〔M〕,北京大學出版社,2008 年,152,154,273,204,217,229,393,353,282,385。

〔註6〕 廢名、朱英誕,新詩講稿〔M〕,北京大學出版社,2008 年,152,154,273,204,217,229,393,353,282,385。

〔註7〕 廢名、朱英誕,新詩講稿〔M〕,北京大學出版社,2008 年,152,154,273,204,217,229,393,353,282,385。

重寫詩的當下性、不願修繕和雕琢打扮,講究任天而動、清絕滔滔等。雖然他曾表示過「對苦吟境界的欽羨」(《餘霞集》),但自己是並不苦吟的。其意在於調和寫作自由與詩句推敲之間的平衡,既不能太過隨意,也不能過度修辭。他欣賞的是「但見聲情,不睹文字」般修辭不著痕跡、語言妙合無垠的詩歌。諸如廢名《十二月十九夜》裏的「思想是一個美人/是家」這樣平凡、結實、明淨的新詩語言便爲詩人朱英誕所欽羨。

再次,朱英誕希冀用現代的語言文字寫出可以與古昔相媲美的現代新詩。他對新詩和舊詩語言有著清醒的認識,舊詩自有其過於凝練、含蓄的毛病,新詩語言也不能太隨意,「但若用現代的文字寫現代的新詩則我相信太喜歡乾淨了也不是一個好現象」〔註8〕。與此同時,新詩和舊詩語言也各有其優勢,朱英誕有時也會困惑,「我們從反對胡適之的白話文學史的來歷不明與其目空一切出發,所以主張從古代詩人那裡取火,這自然也是很質樸、深厚的感情,可是五四時代的那種清新剛健,而又質直古茂、而言之有物的精神卻被淹沒了!」(《關於新詩的幾句心裏的話》)所以,要創造眞正的新詩語言,其關鍵在於如何自由巧妙地融合舊詩與新詩語言,而非完全割裂兩者的關係。朱英誕在肯定語言變化生新的基礎上,排斥快速與新異、神秘或迂怪,強調新詩語言平易自然。他甚至將寫新詩看作一種可以與舊詩相媲美的競技,要用現代的語言文字表達當下的新情感和新思想,如果可能,「古今就可以聯成一片,像流水一般不可切斷。這樣的流水,這樣的歷史與現實,就是活水,活的人類歷史」(《病中答客問──〈然疑草〉代跋》)。朱英誕始終用辯證的詩歌語言觀來看待新詩與舊詩,強調語言一脈相承而又富有變化的自然流動。

總之,朱英誕重視新詩語言,追求語言的淡雅純淨、平易自然,希冀打通古今詩歌,創造出富有新質的詩歌語言。朱英誕認爲,「我們的現代就是一個顯著的敝而更張的時代。詩文之變風、變徵,最初是站在文化的尖銳上的,在詩上,即是語言文字的自由與自然(散文)的要求,這正是人類的心在時代裏的極爲寬泛而又嚴密的一致要求……」(《關於自由詩(代自序)》)這種講究自由與自然的新詩語言觀,滲透到新詩寫作中,給朱英誕的詩歌語言帶來了別樣的風格。

〔註 8〕廢名、朱英誕,新詩講稿〔M〕,北京大學出版社,2008 年,152,154,273,204,217,229,393,353,282,385。

二

朱英誕的詩歌語言具有自由和自然的新質，張桃洲認為詩人「試圖找到一種融會古今、涵納天地萬物之『自然』的詩歌寫作形式」〔註9〕。就新詩語言的自身發展來看，自由主要是指脫離傳統詩語的窠臼，任意而大膽地嘗試新詩的各種路徑；自然是指語言不忸怩造作，接近於現代的日常口語，不刻意雕琢，語序清通而又順暢。同時，自然也意味著詩人對語言技藝的超越，因純熟地駕馭創作規律而獲得的自由。朱英誕詩歌語言的新質，在於用清新純淨的自然語言，描繪出現代人的情感心理和生活氣息。

在詞彙和短語分佈上，朱英誕詩歌中源於自然的詞語較多，如花、葉、星、月、雪、風、水、魚、鳥等。在新詩大量採用新事物、新名詞的背景下，朱英誕採擷了大量傳統詩歌中常見的自然詞彙，是一種較有意思的現象。這種選擇並不意味著詩人囿於舊詩的語言形式，相反，他重視詞語的生新，用現代的詞彙組合方式表達新的複雜情緒。如《落花》：「走在無人之境裏／似過去前面就是座桃源／一朵落花有影子閃下／那翩翩的一閃／覺出無聲與無言／彷彿落了滿地的後悔／尋不見一處迴避的地方／與水面的不自然。」此詩語言與興會配合得十分勻淨，沒有明顯的雕琢痕跡。詩人採擷了《桃花源記》中落英繽紛的一瞬，將自然的情志與落花的思緒進行了調和，語言清新自然，富有意趣。此處描寫與陸游《遊山西村》的「山窮水盡疑無路，柳暗花明又一村」不同，後者流露出積極樂觀的情緒，前者寄寓了詩人的悵惘與哀愁。可見，朱英誕在化用古詩詞語時，語言的所指發生改變，產生了新質，寄寓了現代人的情感心理特徵。

朱英誕採用的自然詞彙系統，反映了詩人的世界觀、詩學觀和美學觀。這首先表明了學院化詩歌在淪陷區嚴酷的生存環境中，有為逃避戰爭和文化劫難而尋找精神家園的傾向。詩人談道：「詩是精神生活，把真實生活變化為更真實的生活，如果現代都市文明裏不復有淳樸的善良存在，那麼，至少我願意詩是我的鄉下。」朱英誕詩歌中如魚、花等詞彙在某種情況下的佛理意味也與此有關。其次，自然詞彙入詩體現了朱英誕的詩歌觀念。朱英誕在許多文章中曾提道「詩近田野，文近廟廊」〔註10〕，這與他童年的鄉野生活經

〔註9〕 張桃洲，古典與現代之辨：新詩的第三條道路──以 1940 年代淪陷區詩人為中心〔J〕，社會科學研究，2010 年，（1）。

〔註10〕 廢名、朱英誕，新詩講稿〔M〕，北京大學出版社，2008 年，152，154，273，204，217，229，393，353，282，385。

驗相關。他認為:「中國現代詩很像二南中的桃花,不脫離自然的韻味。」(《談詩》)他的詩歌如《秋雨》《黃昏》《落葉》《小園》《蝴蝶》《春夜》等都有著豐富的自然美。再者,朱英誕的詞彙系統表現出與同時代反映社會矛盾和時代風雲的主流詩歌所不同的體系,即構築一種詩意想像的空間來隱性地對抗悲觀、破碎的生活狀態。朱英誕詩歌很少出現與戰爭有關的新詞彙,有著較多的自然詞語。這些詞彙開闢了一個新的象徵系統,出現在朱英誕詩歌中的花、葉、星、月、雪、風等詞語,突破了傳統詩歌中的象徵義,充斥著有關現代文人思想情志的隱喻。

此外,朱英誕詩歌也採用了一些富有現代氣息的人文詞彙。按照朱英誕的看法,「詩有兩種,一種美感的反應是:自景物或環境自然而來,例如四候之感於詩,以及非哲學家的哲學、山川鍾靈或者我們之號稱煙水國之類。一種是自人文而來。但人文實自人性自然出,故二者又是相通相能的」(《知春亭談藝——代序》)。具體到詩歌語言中,是自然詞彙和人文詞彙的交相使用,這種人文詞彙雖然沒有自然詞彙出現的比例大,卻使朱英誕詩歌突破了舊詩以自然為中心建立起來的詞彙體系,而富有現代情緒和人文特徵。如《沉默者言——懷林庚》:「愛沉默,您說我/難於捉摸:像一縷青煙……/濃淡/而我所深愛的是/一片青青者天/嫋嫋的如遠人不見」,詩歌以獨語的方式表達對林庚的懷念。人物形象的塑造也不同於古詩中的舊式文人形象,而是一位吸著香煙、充滿冥想情調、具有個性特徵的現代文人形象。他有著自己的追求,深愛著「一片青青者天/嫋嫋的如遠人不見」,這種富有主觀色彩的人物形象詞彙,透露著「五四」追求自由與個性主義的新式人物之風。少年、旅人、水手等詞彙的大量出現表明詩人作為一個現代人,肯定個體價值,關注個體的精神狀態與探索體驗。廢名就非常欣賞朱英誕的《少年行》,認為「這首詩真是美麗得很,它的意義,也真是神秘得很,恐怕也具體得很,令我不敢贊一詞」〔註11〕。該詩塑造了一個充滿尋求與惶惑的現代情緒的少年形象。此外,朱英誕還運用如和平、安眠、戰爭、汽車、碼頭、電線、玩具等現代人文詞彙,雖然這些詞彙出現的比例低,且較多地嵌入自然詞彙中,但也顯示出詩人對現實的敏銳感受,以暗示或象徵來抵制環境對精神的擠壓。

朱英誕詩歌語言的特色,不僅體現在自然詞彙和人文詞彙使用的多寡

〔註11〕廢名、朱英誕,新詩講稿〔M〕,北京大學出版社,2008年,152,154,273,204,217,229,393,353,282,385。

上，還體現在如何運用這些詞語上。無論新詞還是舊詞，它們都被詩人賦予了個人的情思和獨特的精神氣質，具有自由與自然的新質。這也是朱英誕詩歌語言區別於他人的最鮮明特徵。

其一，新詩詞彙語裏意義的轉化使朱英誕的詩歌語言更加自由、自然。現代新詩語言在面對詩歌傳統時，採取了一種以「我」為主的重新調配和賦予所指的現代化過程，以在詩人個性經驗的支撐下成就一種新的詞彙體系或意義賦予。在詩集《冬葉冬花集》中出現頻率較高的有「夢」這個詞。傳統詩文有的是談及夢的飄渺恍惚，引申到夢的寓意，如「莊生曉夢迷蝴蝶，望帝春心託杜鵑」（李商隱《錦瑟》）；有的是談及歷史滄桑，興亡如夢，如「可憐無定河邊骨，猶是春閨夢裏人」（陳陶《隴西行》）；有的是寄寓人生理想，如「萬里關河孤枕夢，五更風雨四山秋。」（陸游《枕上作》）還有的是表達主體的相思，如「遠夢歸侵曉，家書到隔年。」（杜牧《旅宿》）……但是，「夢」在朱英誕詩歌中只是符號與指稱不變，涵義卻被賦予了現代的情緒特徵，諸多詞語圍繞著「夢」的臨界點進行著時空跳轉和虛實變換。如《秋夢》：「棗兒落入靜水的時候／陰涼彷徨於夢寐的臉上／至於我的足音嗎／去問流水吧。」詩人尋找「足音」，「靜水」和「夢寐的臉」成為現實與幻境的臨界點，詩歌語言消解了詞語本身所對應的象徵義，而成為精神的幻象。「對現實的規避使他們耽於自我的鏡象，迷戀於自己的影子，就像臨水的納蕤思終日沉迷於自己水中的倒影一樣。」〔註12〕詩人處在精神鏡象和夢寐的邊緣，通過「夢」等現代詞彙語裏意義的轉化，更加自由地完成了從古典到現代的抒情方式和審美風格的轉變。

其二，朱英誕詩歌語言巧妙融合了傳統詩語和現代白話，呈現出清新自然的特徵。相對而言，朱英誕的前期詩歌有些雕琢。隨著時間的推移，詩人對語言的駕馭逐漸嫻熟，既講究文言的凝練、典雅、含蓄和充滿言外之意的空靈之美，也注意到白話的顯豁、直白與洋溢著生活氣息的現代之美。比如《宇宙》：「鳥兒語默無常／增強了靜意／我愛這一盞雪後的青燈／讚頌它是宇宙的雛形／／瓶花得之於九月的寒郊／獻給你一束美夢／點綴你的宇宙／黃昏溫柔的來臨。」「瓶花」若是換成「一個插滿花朵的瓶子」顯然會失去前者的朦朧美與多義性。「得之於」打破了古詩的意象並置感，使讀者的視點從「瓶

〔註12〕 吳曉東，臨水的納蕤思──中國現代詩人的鏡象自我〔A〕，二十世紀的詩心〔C〕，北京大學出版社，2010年，231。

花」逐漸推至「寒郊」，畫面也更具開闊性。這種語言具有跌宕延異、一唱三歎的效果，可使詩歌更加清新自然。若完全改成古詩則無法取得原詩的效果。舊詩的語言凝練緊湊，不利於現代複雜情緒的表達。新詩文言、白話的並用，可打破舊詩既定的節奏，適應現代人不斷變化著的內心情感。朱英誕曾指出舊詩語言對於文學很有損失，而完全拋棄古詩語言，使用純粹的白話，又容易有依傍口語、方言和俗語中的毛病。因此，詩人在吸收「乃」、「之」、「於」、「遂」、「告我以」等文言詞彙優點的同時，更注意使用現代的文體和語言。朱英誕認為：「我想文字較平常較熟知是一種，之外生新的也要算一種。」〔註13〕這種語言的生新來自文言、白話融合時所引發的詞語彈性和密度的變化。如《宇宙》中的「語默」道出鳥兒可以言語卻又沉默的心境，欲說還休，隱藏了詩人情感的波瀾。如果是「沉默」則很難產生這種陌生化的美感。朱英誕詩歌不像古詩那樣以詞與物的完全對應為旨趣，而是充滿詞語的張力。如「鳥兒」改變了所指，將預言的神秘意味融入其中。又如《睡眠》一詩將「睡眠」比作「屋宇」、「睡蓮」，增加了詞語的密度，也與其它詩歌中的「枕」、「夢」、「宇宙」等詞語具有互文性，顯示了古典詩語和現代白話的高度融合。

三

　　朱英誕的詩歌語言為什麼呈現出自由和自然的新質呢？這是因為詩人找到了一種與古詩不同的語彙系統：平易自然的日常語言。朱英誕不是僅僅停留在對語言自由性的考量上，他還嘗試從古典詩歌和外國詩歌中取法，使詩歌呈現出清新自然的特徵。在詩歌語言探索的道路上，朱英誕順應自然之路，創作了許多融古化歐的優秀詩篇。

　　朱英誕對於傳統詩歌既有接受，又有創新。他對技巧和修辭的看法承繼了古典的「自然」詩學觀。劉勰、鍾嶸欣賞清新、流暢的「自然」之美，厭惡詞藻的刻意雕琢。謝榛也在《四溟詩話》中以「自然妙者為上，精工者次之」來評價詩藝的高低。朱英誕曾在自傳中寫道：「讀詩史，於屈、陶、二謝、庾信、李、杜、溫、李，乃至元、白以及歷代諸大名家，我無不敬愛至極！但人性難免有其偏執，自覺對山谷、放翁，特感親切。」〔註14〕長期受古典

〔註13〕廢名、朱英誕，新詩講稿〔M〕，北京大學出版社，2008 年，152，154，273，204，217，229，393，353，282，385。
〔註14〕廢名、朱英誕，新詩講稿〔M〕，北京大學出版社，2008 年，152，154，273，204，217，229，393，353，282，385。

文學浸染的詩人，吸收了傳統文論合理的部分，將「自然」建立在技藝的基礎上，著力創造不矯揉造作、不刻意雕琢的語言，清通順暢的語序，以實現對技巧的超越。於是，朱英誕一方面承認修辭的重要性，另一方面又強調詩歌的「自然」，「中國現代詩的韻味是排斥快速和新異的，它仍舊是在順應自然的道路上進展著。」（《談詩》）他認為：「真詩以內在勝，它不需要外面附加的裝飾（辭藻）。」〔註15〕朱英誕在運用修辭時特別注意詩歌內在的自然的真質，而非陷入技巧的泥淖。如詩人在《初雪》中依著直覺採擷「雪」、「風」、「月」、「果」、「美夢」、「羽翼」等詞語，營造一種富有神韻的詩歌意境：「小銀刀割著頻婆果／也割著美夢的羽翼嗎？」詩句聯想自然，譬喻生動，令人幾乎覺察不到修辭和技巧的存在。這種既講究修辭，又強調自然而為的詩歌語言，使得朱英誕的詩歌更為清新純淨。

朱英誕雖然接受了「自然」詩學的影響，但詩歌語言卻不落舊詩的窠臼，呈現出現代色彩。其原因在於，詩人能夠融化古詩，從中生發出新質。朱英誕詩歌的情感意趣源自古典與傳統。譬如《春夜》：「人間交換著一些冷淡／夜是暖暖的／春天像那微綠的小蟲／暗暗的爬窗間。」該句脫胎於唐代詩人劉方平的《月夜》：「更深月色半人家，北斗闌干南斗斜。今夜偏知春氣暖，蟲聲新透綠窗紗。」但《春夜》在語言形式上掙脫了傳統的束縛，打破古詩的語音節奏，使得語言更加自然隨意，寫出了春天新的生機。他還在東方情韻中融合現代情緒，直接將「春天」比作「小蟲」，用字形圖象感染讀者，與晚唐詩歌喜歡語義、情感上的歧異與朦朧不同，給予了新詩語言自由的新質，以形成對傳統詩語的超越。彭金山認為朱英誕「三四十年代的詩歌多呈現的是自然裏的人生、人與自然的交流與契合，以知性化的感受，在內心世界和外部世界的呼應中，發現獨特的現實，詩的神聖美也由此產生」〔註16〕。朱英誕詩歌中「自然」的投射，增添了詩人的主觀感覺和獨特思想，與古詩注重物我交流、人與自然的融凝不完全相同。如「人間交換著一些冷淡」中的「冷淡」與夜之溫暖互滲，詞義發生變化，詩人也從對月夜的感覺「冷淡」轉化為「蟲爬春窗」的視覺化圖景。朱英誕將這種新的現代情感賦予新詩詞彙，創造了清新自然、富有韻味的詩歌語言。

〔註15〕 朱英誕，我對現代詩的感受〔A〕，陳均、朱紋編，仙藻集·小園集——朱英誕詩集〔C〕，秀威信息科技股份有限公司，2011年，204。

〔註16〕 彭金山、劉振華，「美麗的沉默」與時代的錯位——論現代詩人朱英誕的詩歌藝術成就〔J〕，中國現代文學研究叢刊，2009年，（2）。

朱英誕的新詩寫作能夠脫離舊詩語言束縛，還在於詩人對西方詩歌的有效接受。這種接受打破了古詩的語言結構體系，使詩歌創作更加自由多變，有利於新詩語言活力的發掘。首先朱英誕詩歌中一些語言的組合、句子關係的複雜化受到西方文法結構和法國象徵派詩歌的影響，改變了古詩中較為自由鬆散的語言組合功能與表意系統。西方文法結構強調詞語之間關係詞的使用，朱英誕就以虛詞鏈接實詞，使詩歌更具有伸縮性和平繞性。如《夢中啼哭》中關聯詞的使用：「你並不知道這個人是誰／卻給與一個笑靨」，「並」寫出了孩子任性執拗、而又溫柔的一面，「卻」帶來了「笑靨」。詩人以主體情感參與的方式寫出了孩子的神情態度「給與一個笑靨」，具有生活氣息。這種虛詞的使用，打破了古詩中「平行呈列」的密集化意象世界，加強了詩句間的邏輯關係，具有分析性、散文化文字的趨向。朱英誕還善於使用助詞和語氣詞，製造語言的縫隙和韻致，以輔助現代白話和歐化語的使用。如形容詞加名詞的搭配，詩歌《宇宙》中「雪後的青燈」、「宇宙的雛形」、「九月的寒郊」等便有著豐富的視覺意象。「的」字在古詩中很少見，在新詩中若使用得當，會產生一定的韻律和節奏，如若使用不當，像「初晴的天氣小小的門外晚紅的顏色，則終不免露出一點使人疲倦的感覺」〔註17〕。另外，將「了」、「吧」、「啊」、「嗎」等語氣詞納入新詩語彙，也會形成餘音嫋嫋的效果。當然，如果過度使用虛詞也會影響詩歌傳遞感受與曲折意思的效果，「虛字多則意繁而句弱」（謝榛《四溟詩話》）。所以，其關鍵還在於句式的合理安排。朱英誕糅合了文言、白話與歐化語，恰到好處地運用實詞與虛詞，對感歎句、疑問句等句式的駕馭水到渠成，增添了詩歌搖曳流轉的韻致。如《枯樹》：「你生存在死亡的手上的小昆蟲／為什麼年年盼春風？」詩人關於物的質問自然生發，語言流暢，有所指喻。又如與朱英誕童年鄉野生活經驗相關的《變色龍》、與自然情志融合無間的《秋雨》等詩歌都十分富有張力，既不佶屈聱牙，也非浮躁淺露，而是自然流暢、婉轉悠揚。朱英誕的詩歌嘗試著不同詞語的鏈接和句式變化，以抵達自然平易之境，體現出語言自由性的特徵。這種自由與自然的新質在於打破古典詩語的束縛，以散文化的句法糅合各種現代詞彙，創造出具有活力的新詩語言。

古典詩語和現代詞彙的巧妙融合，使得朱英誕詩歌語言更為淡雅純淨。其中，清新自然的語言受陶淵明和葉芝的影響更多。朱英誕曾談道詩歌《獨

〔註17〕朱英誕，談韻律詩〔J〕，星火，1936年，（4）。

遊中南海即興》受到葉芝《柯爾莊園的野天鵝》的啓發。然而，過於沉醉自然，有時也會給詩歌帶來損害，朱英誕也在反省自己：「近幾年病於貧血的自然和軟骨的浪漫而自然進入古典作風之途，雖雅不欲利用此類飾語標榜以成習氣，然而亦覺得此殆如風水家所說的千里來龍，無非爲的這個結穴數。」〔註18〕然而，瑕不掩瑜，朱英誕將長期以來有關自然、宇宙和人生的經驗轉換成了古典和現代互涉的詩歌語言。王一川認爲：「漢語並不是表達傳統的簡單工具，而是激活並創造舊的文化遺產、使其生成爲新的傳統的東西。」〔註19〕朱英誕以清新自然的詩歌語言，實現了對傳統詩語的借鑒和超越，新詩語言自由和自然的新質由此彰顯。

——本文選自《中華文化論壇》2013 年第 7 期

〔註18〕朱英誕，序文兩篇·逆水船·序〔J〕，文學集刊，1944 年，（2）。

〔註19〕王一川，漢語與傳統的力量〔A〕，雜語溝通〔C〕，湖北教育出版社，2000 年，94。

朱英誕新詩理論初探

倪貝貝

　　「廢名圈」〔註1〕的重要成員朱英誕是文學史上一個頗爲奇特的存在。朱英誕一生創作有三千餘首新詩，近八百首現代舊體詩，若干古代詩人傳記及詩劇等。在新詩理論方面，詩人也有大量著述。除了繼廢名在北大課堂的新詩講義外，還有不少發表於當時文藝雜誌的詩論文章與大量尚未公開出版的序跋手稿，數量有820多篇，近60萬字。但縱觀各類文學史，有關這位詩人的記載寥寥可數。詩人與時代環境之間的屢次錯位，加上自身創作未能形成完整的論述體系，導致他沒有獲得與同時代詩人同等的關注度。但在其論著中，詩人對詩歌本質、新詩觀念和詩歌形式、新詩資源等詩歌重要問題都有獨到的探究。近些年來對朱英誕詩歌的研究有了一批成果，而在朱英誕詩論上的研究幾乎還是空白。本文在對朱英誕新詩理論作較全面的整理與梳理基礎上〔註2〕，側重探究朱英誕有關新詩本質特徵的論述與新詩的語體特徵的主張等，凸現朱英誕在中國古代詩歌傳統詩學中注入的現代詩學元素。

〔註 1〕　朱英誕在《詩抄》（見《新詩講稿》，北京大學出版社 2008 年版）裏，將程鶴西和沈啓無等具傳統與保守性特徵的詩人命名爲「廢名及其 Circle」。本文在這裡參考的是陳均《廢名圈、晚唐詩及另類現代性》（見《新詩評論》2007年第 2 輯）的觀點，即泛指南星、朱英誕、黃雨等一批受廢名詩歌影響的青年詩人。

〔註 2〕　本文所涉及的朱英誕新詩理論文獻，包括朱英誕二十世紀三十年代以來發表的評論文章，二十世紀四十年代在北大教授新詩課程時的講稿和尚未公開發表的序跋手稿中論及詩論的部分。公開發表的資料以陳均編訂，2008 年由北京大學出版社出版的廢名、朱英誕《新詩講稿》爲主要參考版本；本文引用的大量未公開發表的資料來源於朱英誕家屬提供，由王澤龍教授主持整理的手稿。全部資料已經收入有作者參加的王澤龍教授主持的《朱英誕集》（十卷本，待出版）中的文論卷。

一、眞詩：以不刻意的自然之筆，道出自然流淌的個體眞實情感

朱英誕將詩視爲「講究氣韻」的中國藝術，指出詩人只有「勉強懂得了眞實生活以及眞實的詩，並試使生活與詩融合在一起」，才能創作出「中國的眞詩」〔註3〕。從中體現出朱英誕新詩主張的兩個基本特徵：其一，詩人須投入眞實的社會生活，並提煉出自身獨特的生活經歷與情緒靈感；其二，應以「平平常常的文字寫出其不平常的素質」〔註4〕。眞詩講求詩意的自然達成，這意味詩的本質是「無題」，或者說先有詩而沒有題。寫詩是偶然得之，詩是自然而然的「寫」出來，而不是「做」出來的。故新詩可以定義爲自由的「眞詩」：「新詩應該是在形式上是簡單完全，在內容上是別有天地，可以說是具有無窮的容許。詩本身不是一個小天地，正如說傘是『圓蓋』，連續渾成，它可以加入於宇宙創造之中，也可以獨立一個王國了。」〔註5〕新詩既紮根於生活的沃土，就可向外涵蓋一切社會現象，向內輻射至深幽微妙的內心世界。新詩人的任務即是要以不矯揉、不刻意的自然之筆，道出自然流淌的個體眞實情感。

（一）新鮮的本色

朱英誕將「新鮮」歸結爲新詩的本色，「我們欣賞新詩（詩的）乃在它不是舊詩（散文的）的狗尾巴花兒」，「因爲詩是新的，故可以自由的寫下去，因爲詩須是『詩』的，故又覺在詩國裏是『中庸不可能』的極端的作下去」〔註6〕。新詩是即興的，它注重把握當下，強調今日之感與昨日的不同。詩人因對當下的生活有了鮮活生動的詩意，才要去寫詩。就新詩自身而言，它是個性化的詩思在不同語境下生成的產物。判斷一首詩是否是新詩的標準，取決於詩人能否在隨興所至的情境下創作出別具一格的、富含新鮮詩情的詩作。

那麼何爲符合新鮮標準的「眞詩」呢？首先，「眞詩」宜於表現廣泛的新內容。新詩與已往詩歌不能同日而語，它應蘊含獨立於舊詩及其他文學形式之外的情感體驗與詩歌精神。朱英誕將詩的發展概括爲以下幾個階段：

用中文（及語）寫中國詩——舊詩（之大體）及其聯類之賦詞曲。——過去。

〔註3〕引自朱英誕手稿《低調——〈白小錄〉代序（東風先爲我開門)》。
〔註4〕朱英誕，《新詩講稿》，第196頁，北京大學出版社2008年版。
〔註5〕朱英誕，《新詩講稿》，第316頁，北京大學出版社2008年版。
〔註6〕朱英誕，《新詩講稿》，第280頁，北京大學出版社2008年版。

用中文（及語）寫外國詩——新詩（之大體）——現在。

用中文（及語）寫「詩」——將來。

用中文（及語）寫古今中外的人類有通性的情景事理。

用中文（及語）寫古今中外的現在過去及未來有通性的藝術環境。〔註7〕

在朱英誕看來，寫詩是一种競技活動，目的是考查詩人能否用現代的語言文字把現有時代表現得與古昔相媲美，「如果能，古今就可以聯成一片，像流水一般不可切斷。這樣的流水，這樣的歷史與現實，就是活水，活的人類歷史」〔註8〕。將新詩的題材擴大到社會乃至宇宙的普遍意義的探尋。雖然有意識地強調新舊之間的本質性差異，但和諸多初期新詩人一味摒棄舊詩的態度不同，朱英誕更多的將注意力投射在如何鍛造詩歌本身的詩性美，而非新舊之間孰優孰劣的口誅筆伐上。這使他長期堅持要打通古今堡壘的主張，並試圖從古詩傳統中借鑒吸收到可為新詩所用的構建元素。

其次，「眞詩」宜於表現獨特的新詩質。傳統舊詩裏普遍缺乏「我」的存在，即便有，也往往局限於「詩人胸中的一塊小天地」。而新詩之所以為新，「不但與古為新，且是將來的現在」〔註9〕，它具備舊詩沒有的廣闊視野與自信氣度。由此顯現出二者在心態上的高下之分：新詩不僅要有詩人個體主體性意識的參與，而且須由小「我」的視角傳達實現大「我」普遍意義的共鳴。以「海」這一意象為例，舊詩裏有「海上生明月，天涯共此時」、「天際識歸舟，雲中辨江樹」等名句，但其中的斯景斯情多是在詩人內心獨自生成、抒發、消弭的過程。詩人既只關注自身，就不用考慮與外界及他人的情感交互與對接關係，「結果是人人能寫，搖筆即來，有沒有創作性姑且不談，而那樣的詩是可以換了散文可以寫得更好的」〔註10〕。而廢名的《海》《掐花》乃是「眞正的新詩」，因為詩人表現的是「詩人個人獨到的經驗，同時人人能得其傳達」〔註11〕，「你的海」也可以是他的海，我的海，我們的海。詩人以自身經驗感受得之，以個性化的方式表達出來又能被讀者得以多樣化的接受。

再次，「眞詩」宜於表現個性化的新詩情。個體獨特的情感經驗正是新詩的品格，「每一首詩與另一首詩不同，正如人事之在明日與今日不同是一樣，

〔註7〕 朱英誕，《新詩講稿》，第267頁，北京大學出版社2008年版。

〔註8〕 引自朱英誕手稿《病中答客問——〈然疑草〉代跋》。

〔註9〕 朱英誕，《新詩講稿》，第278頁，北京大學出版社2008年版。

〔註10〕 朱英誕，《新詩講稿》，第278頁，北京大學出版社2008年版。

〔註11〕 朱英誕，《新詩講稿》，第278頁，北京大學出版社2008年版。

首首詩的內容與形式雖相似而不同，這才是眞正的自由詩的風格，也就是今日新的詩與已往任何別一方面不同的詩的性德」〔註12〕。朱英誕尤爲強調獨特個性對詩歌審美的重要性：「因爲新詩要有普遍性是其一，也還要詩自己是自有其來由的。」〔註13〕他讚美沈從文的《薄暮》：「一塊綢子，灰灰的天／貼了小的『亮圓』；／白紙樣剪成的『亮圓』！」把月宮寫得像「一個悲哀的玩具」。詩歌在這裡因詩人獨特的審美被賦予了虎虎生氣。此外，與對詞句的過分倚重和雕琢相比，詩歌富於生命力的詩情更爲重要。朱英誕作此比方：「今日之新詩，應該像一個璞，不能是一個玉器」〔註14〕，做詩的過程恰如獵人射箭，要用力得當且一矢中的。詩人須注重詩情的充沛與鮮活，切忌因過分追求手法的巧妙或形式上的革新掩蓋了詩意本身之匠心。傅斯年的《咱們一夥兒》被批評爲「光榮太露」，就是因爲詩的擔荷太重導致詩神弱不勝衣，最終失卻了詩的情韻。

故「眞詩」要達到「眞」的詩學宗旨，需要詩人以全新的變革視角爲彼時新詩園地吹拂來一股新鮮空氣，並通過身體力行地實踐培養出新詩富於氣骨的藝術生命力。爲此朱英誕提出了以下範式：一是不可多得的，屬於靜思獨造；二是空氣新鮮的，沒有任何習氣或慣性；三是詩人自己的影子，自由去抒情，不管別人的「是非」〔註15〕。具體來說，一種是詩人拒絕摹擬他人，努力開拓出富於獨特個性的詩；另一種是詩人隨興所至，詩情與靈感剎那碰觸所得的佳作。以上兩類兼顧圓滿詩意及自由表達，可謂達到了詩的渾融境界。但這要求詩人在詩情和語感上都持有高度靈敏與契合度，因而並不容易實現。故朱英誕退而求其次，將質與文的要求一分爲二，在詩質上追求不同於散文的、具有新鮮質感的詩；在形式上「乃是寫得好，這是一種工夫或工具之美」〔註16〕，詩人若憑藉語言文字的純熟之美，以修辭立其誠來彌補詩情的不足，且不至於矯枉過正走入形式的誤區，也能成爲新詩的典範。

（二）純雜兼收的詩藝

朱英誕的「眞詩」概念，是相對劉半農的「假詩」論斷而來的。劉半農

〔註12〕 朱英誕，《新詩講稿》，第 279 頁，北京大學出版社 2008 年版。
〔註13〕 朱英誕，《新詩講稿》，第 141 頁，北京大學出版社 2008 年版。
〔註14〕 朱英誕，《新詩講稿》，第 154 頁，北京大學出版社 2008 年版。
〔註15〕 朱英誕，《新詩講稿》，第 320 頁，第 237 頁，北京大學出版社 2008 年版。
〔註16〕 朱英誕，《新詩講稿》，第 296 頁，北京大學出版社 2008 年版。

指出，新詩發展之初，詩人一方面要跟舊詩進行決裂式的抗爭，另一方面要面臨眾多不同道路的抉擇，難免會誤入歧途而走向「假詩」的世界。除了一味追求句法形式的工整外，新詩在抒寫性情上大多也走錯了方向，以致「弄得詩不像詩，偈不像偈；諸如此類，無非是不真二字在那裡搗鬼」〔註 17〕。所謂「真詩」，乃是「蓋諷託幽遠，不超出文章微婉春秋之旨。善易者說易曰潔淨精微，以及惟深入可以通天下之志」〔註 18〕。新詩人既要能堅持自身詩的純正品質，同時也需以廣闊的視野與胸襟來促成新詩的多元化發展。

朱英誕從兩個方面來展開對純詩的思考：一是從詩的整體情緒與構思表達來說，純詩的好處在其能將深厚的文化融入淺顯易懂的表達之中，取得一種渾融一體的效果。如李商隱的《樂遊原》讀起來令人愉快，並非因梁宗岱所言的「純詩的音樂性」在起作用（因為讀者讀它時甚至可以忘了這是舊詩），而是詩人的情緒在詩中得到了完整的體現。二是從詩歌境界的營造而言，純詩善於營造一種雅淡清淺的澄明之美。朱英誕深喜這種富有朝氣而「含蓄的坦白與赤裸之詩風，也深信這是我們古代『詩人』的復活，即是說這些溫柔敦厚的青年人確是詩人的正宗」〔註 19〕。五四以來的白話新詩給人以平實明淨的印象，可謂之「純」，關鍵在於「那種清新剛健，而又質直古茂、而言之有物的精神」〔註 20〕。

朱英誕將純詩理解為一種「託旨沖淡」而表現在外又「琢之使無痕跡」的妙有所得，將其看作一種詩藝方式加以借鑒。而非如象徵主義詩人梁宗岱等那樣，視之為一種完成新詩自我救贖的靈藥：「在中國詩裏無所謂『象徵』，即使有相當的字樣，如『興』，那也只是詩的表現或修辭裏的方法之一，既無須有意立論，它也原無自覺的運用」，我們只需「在內容方面接受情趣的伸縮性，平饒性，在外形上追求與其內容相互一致的、完美的自圓其說」〔註 21〕。可見朱英誕提倡純詩的目的並不是關注音樂和色彩在新詩中是否缺席，或單純推翻已有的新詩傳統後建立起自身的新理論，而是吸收古詩和西方詩歌傳

〔註 17〕 劉半農，《詩與小說精神上之革新》，轉引自朱英誕《新詩講稿》，第 65 頁，北京大學出版社 2008 年版。

〔註 18〕 引自朱英誕手稿《〈斷虹集〉後序——自述》。

〔註 19〕 朱英誕，《新詩講稿》，第 328 頁，北京大學出版社 2008 年版。

〔註 20〕 引自朱英誕手稿《關於新詩的幾句心裏的話》。

〔註 21〕 朱英誕，《談象徵詩——兼答呂浦凡君》，見《仙藻集·小園集——朱英誕詩集》，第 144 頁，臺北秀威信息科技股份有限公司 2011 年版。

統中的養分爲樹立新詩的理性精神所用，繼而回到他重建「眞詩」的道路上來。這種冷靜的態度與前期詩人不同，究其原因在於，至三十年代，新詩已獲得了較爲獨立的發展形式與話語權力，詩人因而能夠更加從容地探索未來發展的路徑。

同時朱英誕也意識到，在新詩初步的探索過程中，過分的追求純詩化對其發展並無裨益。「我們的詩才不過剛剛出土，正處於新綠的萌芽狀態，然則雜尚難求，於純乎何有？」〔註22〕新詩更需要「雜糅」式的多元與多樣化開拓。「雜」首先體現在詩歌的內容與選材範圍上。明代竟陵派主張「詩近田野，文近廟廊」，即是說詩歌在取材上來自民間生活，在寫法上要營造一種平易自然的風格以便傳誦。朱英誕借鑒此觀點，提出了「雜詩」的概念：「詩亦野物，迹近於雜。」〔註23〕像「願得化爲紅綾帶，許教雙鳳一時銜」這樣的詩，如果從內容取材來看，是無法被納入純詩的美感範疇的，但卻頗具風趣之美。新詩也是如此，若在取材上一味地去探尋純淨深幽的審美境界，往往會縮小詩歌創作的範圍而遺漏那些本可入詩的事物。詩人應具備駁雜的創作與選材視角，「即養成一種信筆塗寫的精神也是絕無妨礙的」，因爲「表面上看是蕪雜，其實正是新詩的生命力的表現」〔註24〕。

其次，「雜」要求雜糅各家特色，以其所長促成詩歌風格的多樣性。「對於一首詩的問題全不在用什麼手段寫的是什麼東西之目的與怎樣寫出詩之目的的效果。形式其實只是風格之一種，我們怎麼能統人人的風格完全相同呢？」〔註25〕在評價李金發和林庚的詩時，朱英誕認爲二人的詩都是新的。不同在於前者是「海外的新」，取法於西方現代詩；後者是「中國的新」，根基還是古典傳統。兩者雖在創作風格和寫法上各有偏重，但都能帶有詩人自身見地使之富於詩的意趣。對新詩雜的特性朱英誕打此比方：詩如果是土壤，外來影響就是一條通行比較的路。新詩本身「實是未必是國粹的詩，是國粹的詩的思路所不能海涵的別的東西：中國新詩對中國舊詩正如海外新詩對中國舊詩，詩國裏正無處不可以撐船也」〔註26〕。而新詩自身的發展特性使之具備將中西方傳統聯合構成某種同構關係的可能性。故詩人在尋求新詩的發

〔註22〕引自朱英誕手稿《〈沉香集〉序》。

〔註23〕引自朱英誕手稿《〈沉香集〉序》。

〔註24〕朱英誕，《新詩講稿》，第229頁，北京大學出版社2008年版。

〔註25〕朱英誕，《新詩講稿》，第267頁，北京大學出版社2008年版。

〔註26〕朱英誕，《新詩講稿》，第267頁，北京大學出版社2008年版。

展路徑時，對各種文體風格及形式的借鑒嘗試都是可行的。若以一種風格限制乃至否定其他，無疑會使新詩的道路日益狹隘和單一化。

（三）有節制的自由

朱英誕曾表示「贊成寫日常生活的詩，並且我要倡議恢復具備雅正軌範的古老的抒情詩的常規」〔註27〕。但同時他也坦言：「也許詩本質上是智慧的」，「我並不以為詩不容許抒情，但我要說我們的時代所經歷大概以往有所不同了，詩彷彿本質上是需要智慧的支柱」〔註28〕。由此，朱英誕的新詩本質觀體現出一種矛盾的糾結：他在情感上傾向於傳統以詩情取勝的主張，又意識到新詩如果失去了敢於革新的理性「青年精神」後無可作為。於是主情與主智的對立便凸顯為兩個重要問題：新詩到底應該追求以詩情為旨還是理性優先？詩人如何把握詩情噴發和有節制的傳達之間的協調關係？

「真詩」要突破以蘊藉含蓄為美的舊詩審美典範，並非意味詩人可以隨心所欲地亂寫。朱英誕指出，「弄文，尤其是詩，明白晦澀，及其他各種風格手術還都是第二義，我們得首先不可意太俗，或太熟。詩通不了俗，也用不著通俗，通俗自有其正路，詩卻必須是較深遠」〔註29〕。將旨意深遠的詩思詩情視為「真詩」的根本。可見在新詩本質的看法上，朱英誕選擇的仍是卞之琳、廢名等人走過的主智派道路。與主情詩將抒情看成首要任務不同，主智詩「極力避免感情的發泄而追求智慧的凝聚」，而「立足『智性』世界，開掘與情感相對應的另外之維，智性既是詩歌表現的對象，也是詩歌本體」〔註30〕。但它又不等於表現抽象哲理的純哲理詩，其智性仍是為了詩情而存在，且將其融入到詩情之中。

這便涉及一個哲學與詩的辯證關係問題：「由哲學走向文學是一條正道，由文學向哲理走乃是逆行的船。」〔註31〕理性並非詩歌本身特有的審美特徵，詩人要做一個好的「藝術家」而非「哲學家」，首先關注的還是詩情。但好的詩能將「沉思」與「天真」巧妙融合，於詩情的圓滿中蘊含深刻的哲思。新詩要從舊詩的藩籬及身陷歧路的混沌狀態中解脫出來，必須有自身的氣候在

〔註27〕引自朱英誕手稿《恢復抒情詩的常規──〈曉珠集〉代序》。
〔註28〕引自朱英誕手稿《〈盾琴抄〉序》。
〔註29〕朱英誕，《新詩講稿》，第260頁，北京大學出版社2008年版。
〔註30〕陳希、何海巍，《中國現代智性詩的特質──論卞之琳對象徵主義的接受與變異》，《中山大學學報》（社會科學版），2005年第2期。
〔註31〕朱英誕，《新詩講稿》，第260頁，北京大學出版社2008年版。

裏面。以此爲據，朱英誕提出一條中庸之道：新詩的詩情是首要的，但在詩意表達上需要有一個理性的思索過程。「這便對詩的熱與冷有了微幽的調和，正如魚之在水冷暖自知，寫詩的人一旦有了思考的要求就不怕新詩不上軌道，或上了軌道又開倒車了。」〔註32〕詩人對詩須持以嚴肅的態度，但寫出來仍是灑脫且極具神韻的，其見地應無形地融於詩的意蘊之內。

由此，朱英誕點評王獨清一派詩人「在詩的本身上或者能得著愉快，但其詩意之在動筆之時卻彷彿很慘淡」〔註33〕。這裡所言的「慘淡」，即是表明詩人在寫之前有一個思索過程。他們能將飽滿的詩情以有節制的筆法寫出，故其創作雖對外國詩的模仿痕跡很重，仍不失爲值得學習的新詩。相反，以徐志摩爲代表的新月派寫詩的態度不可謂不認眞，「他們都是在那裡很認眞作詩；只是對於詩太熱心了頭腦不能冷靜，結果出了毛病，這實是很可惜的事情」〔註34〕。新月派部分創作的失敗之處在於，詩人對寫詩的熱情蓋過了對詩本身的冷靜思考，只專注個性情感的跋扈奔流，以致情感過於衝動脫離了自身的控制，有損於詩思的醞釀及完整表達。

朱英誕作此比較，目的是呼籲新詩獨立冷靜的精神氣質，以便爲「眞詩」的蓬勃發展肅清道路。在朱英誕看來，「在中國，要否拒常識即傳統與中庸，是很難的。事實證明，要大膽站得住，必須伴隨著苛細。在這裡，這苛細，我的意思是指哲學的沉思」〔註35〕。這意味在寫詩過程中，飽滿的詩情就像一觸即發的彈簧一樣，詩人不能一味地放縱其隨意奔瀉，而須在詩意傳達的過程中裝上一道理性節制的閥門，以收放有度取代肆意流淌，用一種客觀冷靜的表達方式傳達獨特的審美體驗。一如艾略特「去個人化」理論所主張：「詩不是感情奔放而是離去感情」，「詩不是表現個人而是離去個人」〔註36〕。詩人需用自身經驗尋找一個客觀的媒介物，以脫離個人的形式來傳遞詩人變化的感情。

結合朱英誕「眞詩」理論的相關主張，我們不難發現他在詩歌本質觀上持一種客觀、包容的態度。一方面，經過初期白話詩人的努力與探索，到三

〔註32〕 朱英誕，《新詩講稿》，第 213 頁，北京大學出版社 2008 年版。
〔註33〕 朱英誕，《新詩講稿》，第 210 頁，北京大學出版社 2008 年版。
〔註34〕 朱英誕，《新詩講稿》，第 233 頁，北京大學出版社 2008 年版。
〔註35〕 引自朱英誕手稿《〈春草集〉序——「春草秋更綠」（謝眺）》。
〔註36〕 朱英誕，《T.S.Eliot 詩論拾零》，見《仙藻集·小園集——朱英誕詩集》，第 161 頁，臺北秀威信息科技股份有限公司 2011 年版。

十年代詩人在新詩的個體情感抒發和詩藝的自由表達上已呈現出較爲成熟的態勢。作爲現代派中廢名這一脈詩學的主要繼承者，朱英誕對「什麼是新詩」的本質探討帶有「廢名圈」詩人的共性特徵。另一方面，朱英誕受古典詩藝的影響頗深，這使他表現出和前期詩人一味學習西方、摒棄傳統相異的態度，在接受西方現代詩學關於新詩本質論斷的基礎上側重於思索中西方詩學的共通之處，對新詩本質的論述帶有自身個性的堅持與思考。

二、詩美：詩的無形式正是其形式，自由中乃有嚴正的自然法則

在朱英誕的詩學主張裏，「眞詩」被當作一個本質概念常常提及。但僅有眞並不能使之成爲一首具有獨立審美意義的詩，「詩不能是赤裸裸的眞，眞不是美，美才是眞」〔註37〕。僅僅具備表現當下新鮮詩情的條件尚不能成詩，原因在於它還是不成形的零散詩料，詩人必須以一定的形式表現之。如果說一首詩的靈魂在於眞實飽滿的新鮮詩情，那麼將這種詩情以語言形式表現出來的詩體形式就是它的外衣。「眞詩」是兼具內在詩神美與外在形式美的統一。

（一）自由詩形式是散文的

與廢名將新詩定義爲「詩的內容」、「散文的文字」的觀點相似，朱英誕認爲，自由詩「即是揚棄韻律，用普通散文寫詩。但並不等於我們的『以文爲詩』。其實質則是：內容是『眞詩』，形式是散文的」〔註38〕。在對待自由形式與格律形式的態度上，朱英誕明顯偏向前者：「自由詩是散文詩，散文詩是新詩的美德。」〔註39〕而將舊詩的格律比喻爲「疲倦了的金屬」，指責正是這件「舊外套」禁錮了詩神。新詩要在現代文學的園地裏尋求自身的壯大與發展，應遵循兩個原則：第一，詩須用散文來寫。新詩人應以無韻律的現代散文文體，用白話口語的形式寫自由的詩。第二，要嚴格地區別散文與詩的領域不同。詩的散文化並不等於「以文爲詩」，二者在本質上不可混淆：「『以文爲詩』是『押韻之文』，『詩的散文化』是揚棄韻律的詩。」〔註40〕散文可以由一處作者見聞的風景或一絲心中所感鋪陳開來，在創作中任由思緒的流

〔註37〕朱英誕，《什麼是詩？》，見《仙藻集·小園集──朱英誕詩集》，第171頁，臺北秀威信息科技股份有限公司2011年版。
〔註38〕引自朱英誕手稿《〈深巷集〉題記──紀念寫詩四十年》。
〔註39〕朱英誕，《新詩講稿》，第233頁，北京大學出版社2008年版。
〔註40〕引自朱英誕手稿《〈道旁集〉後序》。

動來推動文意的生成。詩則重視意在筆先，它「不可以貌取，也不可以骨相」〔註41〕，只有充分傳達詩情的東西才能稱之爲詩。詩可以用散文來寫，寫出來卻並非散文（反過來講，凡是能變成以散文來表達的東西大抵都不是詩），而是眞詩。這兩個要求「使詩自內容到形式，有了表裏一致的關係」〔註42〕。

朱英誕批評部分初期詩人要麼缺乏情思的體驗，無法擺脫舊詩的氣味：「他們熟悉於舊詩的表現方法，便往往應用之敷衍了詩，他們大抵缺乏自己的思路，遂不能修辭立其誠。」〔註43〕要麼急於脫離舊詩的既定韻律形式，在創作時名爲寫詩，實際上寫的乃是散文，以致不是「舊瓶裝新酒」就是新瓶裝了舊酒，在自由的環境裏反而難以發揮。以劉大白的《寂寞》爲例，這首詩讀來令人「很感寂寞」。詩人通過空曠廣袤的宇宙環境來凸顯人的孤獨，與陳子昂的《登幽州臺歌》頗有異曲同工之妙：「四顧無人，是入山的寂寞」，「四顧無人，是浮海的寂寞」，詩寫到這裡便很可一讀了。但劉大白意猶未盡，那一點寂寞便被那「乘長風，破萬里浪」、「排空御氣，天際孤飛，只腳底煙雲過」的豪邁破壞殆盡了。再加上「這些寂寞，都因爲四顧無人」的解釋，於是不能成詩。如果把這首詩以文章的形式排列寫出，可謂一篇充分運用了排比句式的散文典範。

因此僅憑白話的寫法不足以證明新詩是「自由詩」的完全特質。正是意識到新詩在散文化過程中出現的矯枉過正的問題，朱英誕才一再強調詩與散文本質上的區別，就是爲了避免新詩因刻意追求與舊詩相異的形式，走入了「將詩人選材上的創新與形式的革新混爲一談」（艾略特語）的誤區。同廢名一樣，朱英誕在新詩內容與形式的權衡上堅持前者重要於後者：「文學革命並不是文字革命，至於運用得如何，一方面關乎人才，一方面還得看所寫的詩裏有無用武之地，即是說詩的本質如何，之後才能再說別的話。」〔註44〕朱英誕雖對新詩散文化的形式有所思考，但並非爲了形式而形式，而始終以新詩的新鮮詩情爲前提：「『自由詩』就是自由表現的意思而已。但自由表現並不是一件容易的事，也許正是因爲要集中思力來表現眞正的詩思，才寧願不那麼像傳統詩人之著重於形式吧？Max Eastman 說自由詩是『懶詩』，我想這

〔註41〕 引自朱英誕手稿《寫於秋冬之際——海淀隨筆之三》。
〔註42〕 朱英誕，《我對現代詩的感受》，見《仙藻集・小園集——朱英誕詩集》，第204頁，臺北秀威信息科技股份有限公司 2011 年版。
〔註43〕 朱英誕，《新詩講稿》，第 149 頁，北京大學出版社 2008 年版。
〔註44〕 朱英誕，《新詩講稿》，第 222 頁，北京大學出版社 2008 年版。

是沒有涉想到詩思，只注意形式的偏見。」〔註45〕與其說新詩人是在對新詩內容無從下手的情況下才想到去從形式改革入手，不如說是新詩人意識到新詩與舊詩最根本的差異在於內容的不同。

因此對新詩散文化的形式，朱英誕持以一種辯證的拿來主義態度。一方面，他意識到五四新文化運動以來，新詩要實現從舊詩陰影中的突圍，勢必要背其道而行之，以白話散文的句法形式來擴大自身的影響力。另一方面，在始終將詩看作詩人個體情感產物的朱英誕看來，許多不甚成功的新詩一味地追求散文化的形式，其實是以犧牲詩人個性化的情感體驗與表達爲代價的。兩者的矛盾構成了朱英誕新詩形式討論的核心，那就是：散文化的自由詩體究竟能否完整傳達新詩新鮮獨特的詩情？新詩既已破除了舊詩的舊有格式，自身也須建立起一定的言語規範。這並不是說要給新詩定制一件通用的形式外衣，而是說新詩應具備能確立其新詩地位的身份意識標準。故「詩的無形式正是其形式，自由中乃有嚴正的自然法則」〔註46〕。也就是說，無形式的創作表現恰是苦心經營與追求之後得出的結果。

應當注意的是，自由與格律兩種形式在朱英誕的詩學概念裏並不是對立的。形式的存在是爲了新詩的內容和詩情服務，自由詩形式之所以出現，是因爲它恰好符合表現新鮮詩情的客觀要求，「今日寫今日之詩，本不在形式之『自由』不『自由』，惟『自由詩』之於今日，乃能找出可以與以前不同的詩情，只有這一點是他的好處」〔註47〕。一旦這種自由詩體如舊詩格律那樣走入固定套路，那麼詩人對詩體的無止境探索或將會促發新的韻律降臨。從中可見朱英誕在新詩形式問題上的態度：他贊同新詩以散文化的形式予以表現，但並不反對格律詩存在的合理性，「我是不反對格律詩的出現的。如果自由詩相當於『古風』，那麼，有『近律』詩，也是應有的好事」〔註48〕。重點在於，新詩在韻律上不是不能，而是不願或者不必像舊詩那樣必須依賴韻律的支撐。新詩人可以有多樣化的形式選擇，關鍵不能像新月派的一些詩人那樣過分依賴格律使新詩走向了歧途。可以這樣說，在對新詩形式的反覆摸索與實踐中，朱英誕注意到了自由詩與韻律詩各自的利弊，並試圖尋找一種博兩者之長的新詩形式。

〔註45〕引自朱英誕手稿《無題》。

〔註46〕朱英誕，《新詩講稿》，第263頁，北京大學出版社2008年版。

〔註47〕朱英誕，《談韻律詩》，見《仙藻集‧小園集——朱英誕詩集》，第139頁，臺北秀威信息科技股份有限公司2011年版。

〔註48〕引自朱英誕手稿《題記（三）》。

（二）語體形式的建設

朱英誕尤為看重語體句法對新詩內容傳達的重要性，認為新詩詩藝的突破首先應在語言工具上，「新詩人一直到現在為止多半都還沒有征服文字上的困難，文字首先不能運用自如，在詩人自己或者沒有什麼關係也未可知，但這樣還談什麼詩呢」〔註 49〕。為此他提出了兩條可行性道路，一條是「用蕪雜生硬的語言草創出陶陶孟夏草木莽莽的境界」，另一條是「不相信任何隻言片語已經被前修調整得最適合，什麼都得經過自己的手慘淡經營一回」〔註 50〕。他從語法結構及語言文字兩方面對新詩的詩體形式提出了一定要求。

朱英誕反對新月派在新詩形式上矯枉過正的做法，但對聞一多在詩體上的探索評價頗高，讚揚他的詩「好比一座美麗島」，讀來令人感覺清新可觀。這得益於詩人在詩行組合排列上所下的功夫。同是寫鴿子的詩作，胡適採用的是散文句式的排列：「忽地間，翻身映日，白羽襯青天，十分鮮麗！」（《鴿子》）聞一多卻這樣寫：

都將喙子插在翅膀裏
寂靜悄悄地打盹了。

——《秋色》

後者在詩思內容上未必勝過前者多少，但在形式上比之更有詩的感覺。在此，朱英誕借鑒沿用了廢名「新詩的形式是分行」的觀點，實現了由散文的排列向詩的分行的結構轉變，將分行對新詩視覺效果及音韻節奏的重要性予以凸顯。

但僅靠分行顯然不夠，朱英誕提出新詩的「栽竹樹」法，對新詩寫法加以新的嘗試。「栽竹樹」法要求詩人在寫詩時須兼顧到詩句的前後照應關係：「美必兼兩；每下一筆，其可見之妙在此，卻又有不可見之妙在彼。」〔註 51〕哈爾黛（T.Hardy）的詩之所以那麼精巧嚴密，給人一種美的觀感，與其建築學的技術背景是密不可分的，這意味著新詩在詩體結構上應富於一定的建築美。這裡所言的「建築美」不等於聞一多的「三美」主張。聞一多是在吸取西洋建築與繪畫藝術的基礎上，從音節及色彩的角度對詩行形式加以建設；

〔註 49〕 朱英誕，《新詩講稿》，第 156 頁，北京大學出版社 2008 年版。
〔註 50〕 朱英誕，《新詩講稿》，第 157 頁，北京大學出版社 2008 年版。
〔註 51〕 原文出自清代《魏叔子文集・日錄卷二：雜記》，轉引自朱英誕《「栽竹樹」法》，《仙藻集・小園集——朱英誕詩集》，第 189 頁，臺北秀威信息科技股份有限公司 2011 年版。

朱英誕則更多借鑒了古典園林的「借景」手法，將詩在藝術表現上的成功歸功於詩思顯與隱的和諧搭配。詩人若能在寫法上實現表現與掩蓋相得益彰，詩的揮灑性就圓滿了。

如果說在詩體結構上的設想是朱英誕從宏觀角度展開的探尋，那麼他對詩歌基本語言單位的文字的思考則具有微觀意義。朱英誕將語言文字及修辭技巧的作用視為新詩發展的開山之石，指出文字是新詩隊伍中逢山開路、遇水搭橋的先行：「我常想新詩的文字是一件雕蟲小技，然而新詩若能成為千秋事業，這又是一件大事，文字的經驗若不充足，任憑詩人有多高的本領也只有干著急而已。」〔註52〕充實的內容需要足以支撐其站立的文字，就算是《神曲》或者《失樂園》那樣有飽滿的詩的內容的大作，如果文字的漏洞過多，也會失去「真詩」的韻味。如劉大白所寫：「分明一對鴛鴦，／夢中遊戲池塘，／怎麼得愛河潮上，／前路波濤壯！」雖有足夠的詩意內容，但由於詩人的表達藝術的欠缺，最終使之缺少詩的力量而站立不穩。

新詩人一方面要「致力於語言文字」，另一方面也要「致力於如何取消語言文字」〔註53〕。前者是從詩歌的整體特性來闡述，後者則是從新詩異於舊詩的特異性上提出要求。在詩人試圖為新形式開闢道路的階段，「新詩寧可幼稚得好，不要老練得好」〔註54〕。這種幼稚正意味著新詩具備了打破舊有的文字，然後建立一種全新的語言形式的可能性。據此朱英誕提出了新詩「感覺」與「感情」的形式差別：「感情的形式是固定而有限的，而感覺的形式是自然的而無窮的，從這無窮中得其崇高的一致。」〔註55〕感情無論怎樣錯綜複雜總是有跡可循的，而感覺卻是至情的。朱英誕曾以新月派為例來談文字對新詩的重要性。他指出，新月派的形式可謂是「感情」的形式，他們的詩不能說沒有詩意，但因為僅憑感情的衝動而缺少了詩的感覺，加上文字工具不夠，只有「亂翻斷爛字典」隨手加進幾個辭藻而已，忽視了對新詩語言文字的建設，因此他們的詩不是新詩的正途。

朱英誕將新詩的語言風格劃分為「明白」與「晦澀」兩類。晦澀可分為以下三種：一、詩的「本意」原是不易明白，這即是從晚唐溫李一派而來的、尚待新詩人去發展開拓的詩歌傳統。二、詩人過於用力以致故意把詩意弄得

〔註52〕 朱英誕，《新詩講稿》，第151頁，北京大學出版社2008年版。
〔註53〕 引自朱英誕手稿《〈槿花集〉代序》。
〔註54〕 朱英誕，《新詩講稿》，第152頁，北京大學出版社2008年版。
〔註55〕 朱英誕，《新詩講稿》，第263頁，北京大學出版社2008年版。

不明白，這與詩人對自身的語言風格的塑造有關。三、詩人因表現力不足導致詩歌在語言文字上與讀者產生距離。前二種如果是詩人有意為之，後者則是詩人無力為之。詩人要「意內言外」，運用當代的新語彙間接地控御文字，「以燦明的對比抓住富於暗示的過程，純熟的旋律，並以更經濟的方法（或云神話的方法）得到更錯綜的效果」〔註56〕。這可謂是對「晦澀」詩風的一種細化解讀。但朱英誕並不如他的同輩詩友一般，為了另闢蹊徑將「晦澀」視為「新詩進化之譜系的末端」〔註57〕。而只是視為新詩風格的另一種可能性：「晦澀與樸素，難與易，本來是兩種並行不悖的風格，卻非涇渭之分。當然，詩寫得晦澀，往往是由於在『大膽、熱情、省力』這些原則上多所缺陷所致，而明白的詩比較起來倒是難寫的。」〔註58〕這一觀點和新詩界所推崇的自然平常的白話語言似乎相矛盾，其實不然。朱英誕的探索可視為繼廢名、林庚等人之後對古典詩歌傳統的回望。其目的不在復古或重建舊詩固有的語言體系，而是通過對舊詩傳統的探索，在詩歌語言和傳達方式上加以思考和創新。

（三）「非歌謠化」傾向

作為從韻語〔註59〕中衍化出來的一種文學樣式，詩與歌具有生來不可分割的關係。朱英誕認為，新詩要尋求自身的開拓，不妨從歌謠中汲取養料，其間蘊含的長期以來形成的民族和歷史文化可為新詩提供創作素材，並使新詩有了形式上多樣化發展的可能性。但「詩與樂相為表裏，是一是二。李西涯以詩為六藝之樂，是專於聲韻求詩，而使詩與樂混者也。夫詩為樂心，而詩實非樂；若於作詩時須求樂聲，則以末泊本，而心不一，必至字字句句，平仄清濁，亦相依仿，而詩化為詞矣」〔註60〕。詩歌或可從音樂中尋找到新的形式突破與契合點，但二者的本質不可混淆，倘若一味以音樂的特質來塑造詩歌，必將對其個性化的詩情造成損害。

〔註56〕轉引自朱英誕《T.S.Eliot 詩論拾零》，《仙藻集・小園集──朱英誕詩集》，第164～165頁，臺北秀威信息科技股份有限公司 2011 年版。

〔註57〕陳均，《廢名圈、晚唐詩及另類現代性》，《新詩評論》，2007 年第 2 輯。

〔註58〕朱英誕，《略記幾項微末的事──答友好十問》，《新詩評論》，2007 年第 2 輯。

〔註59〕參照王力《漢語詩律學》的觀點，韻語即是指包括詩歌、格言、俗諺等在內的一切有韻的文章。

〔註60〕原文出自潘德輿《養一齋詩話》，轉引自朱英誕手稿《〈深巷集〉題記──紀念寫詩四十年》。

在嘗試將新舊形式加以整合利用的朱英誕看來，新詩與古詩在傳誦表達上並無根本性差別。古詩以戔戔字句「近音樂之美」，被看作講究鍊字達意的藝術典範。如「柳暗花明又一村」，「最是橙黃橘綠時」，以「又」、「最是」等律動的文字使得紛繁的顏色裏跳出音樂來與詩投緣，形成鮮明有序的圖畫。如果說舊詩以固定的聲律構成了約定俗成的審美範式，那麼新詩也因其獨特的詩情產生一種「詩情的音樂性」：「自由詩其實自有它的情韻；平常有散文的詩有自然的音節，這還是指語言文字方面的音樂性如舊詩那樣而言，鄙意自由的詩也能上口，其情韻是內在的，完全依賴詩中的旨意而由讀詩者按其情理讀出音調來。」〔註61〕從現代漢語語法的角度來闡釋，新詩的白話散文句式存在自然的音節及邏輯輕重，這使自由詩能夠像平常說話那樣自然而然地通過誦讀傳達出自身情韻。以冰心的小詩《詩的女神》為例：

> 她在窗外悄悄的立著呢！／簾兒吹動了──／窗內，窗外，／在這一刹那頃，／忽地都成了無邊的靜寂。／看啊，／是這般的：／滿蘊著溫柔，／微帶著憂愁，／欲語又停留。／夜已深了，／人已靜了，／屋裏只有花和我，／請進來罷！／只這般的凝立著麼？／量我怎配迎接你？／詩的女神啊！／還求你只這般的，／經過無數深思的人的窗外。

這首詩代表了冰心創作風格的主體趨向。詩人運用多個上揚調（「溫柔」、「憂愁」、「停留」）及輕音（「吹動了」、「深了」、「靜了」），使全詩呈現出一種輕盈且柔美的旋律，讀來優雅動聽。正是由於詩藝技巧上的精心營造，這首詩因而更像一首詞，「一點也沒有惡劣技巧的味道」，「其生命乃在歌唱的藝術」〔註62〕。可見新舊詩在表現方式上各有千秋。因此面對舊詩的既有成就，散文化的自由詩自有其堅實性，絕無妄自菲薄的必要。

故雖然對新詩從歌謠裏加以借鑒的做法持寬容態度，但朱英誕意識到歌謠化並非新詩的真正出路。他批評新月派將音樂性誤解為僅在於對「聲音的鏗鏘」的重視，舍本逐末去嘗試構建一種新格式，最終使其在詩歌格律形式上的探索走向歧路。實際上，新詩的音樂性「很顯明的是著重在音樂性的性而不在音樂」，其實即「自然的音樂是也」〔註63〕。當左翼文學作

〔註61〕引自朱英誕手稿《關於自由詩的吟誦》。
〔註62〕朱英誕，《新詩講稿》，第125頁，北京大學出版社2008年版。
〔註63〕朱英誕，《新詩講稿》，第247頁，北京大學出版社2008年版。

爲宣揚無產階級革命文學思想的傳聲器佔據了文壇的主要位置，新詩逐漸演變成政治的傳聲筒，開始實現從個人化、精英化向大眾化、通俗化的轉變，這是朱英誕所摒棄的。朱英誕反對將政治簡單粗暴地納入文學，以政治時事爲主題而寫的新詩急就章，而始終認爲詩的匠心要通過其對詩歌文體的合理搭配使用體現出來，因爲「文體的振作又是文心之思致，詩寫到這兒便可以沒有『運動』的痕跡了，沒有運動痕跡之餘才可以言詩」〔註64〕。因此，就初期詩人陸志韋嘗試走「打油詩」的歌謠化道路的主張，朱英誕加以了幾近刻薄的批評。

從詩與歌二者的性質而言，歌謠具有「小史詩」一類的文體特徵，而史詩更偏重於「史」而非「詩」的性質。中國固有的含蓄雅正的民族文化心理致使歌謠在文字上缺乏「誇飾性」，這對其文學性無疑會造成很大的損失。因此，民歌這一類的歌謠樣式只能歸爲一份「土禮」而非激昂宏大的史詩類型。此外，歌謠生成於民間水土，其表現的內容多是具有群體性的大眾化情感與文化心理，可看作一種集體無意識的產物。與此不同，新詩無論是立足於現實生活還是透視個體內心，都以詩人個體的獨特情感體驗爲宗旨，表現的是具有普遍意義的哲理性思考。因此「詩人偶然要唱幾個歌兒也無可反對，但不能說由民歌中產生詩，這裡有通路，但絕不是新詩的什麼新路」〔註65〕。從詩與歌的本質差異上辯證論述了新詩從歌謠中找尋出路的不可能。

（四）崇尚自然的審美觀

結合朱英誕新詩理論的基本主張及其自身的創作理念，朱英誕對新詩審美持有以下兩種傾向：其一，強調「在生活上是順應自然」〔註66〕，主張以日常生活入詩，營造一種自然平淡的日常之美，藉此表露詩人內心微妙的情緒波動與體驗。其二，提倡詩要「匿晦之深，如『沉沉無聲』」〔註67〕，以有節制的含蓄來抒寫詩情，製造一種「不明言」的效果。這並非如江西詩派那樣，通過過度用典或刻意採用佶屈聱牙的詞彙在詩和讀者間設置一道隔膜，造成一種詩意艱澀難懂的苦吟效果，而是以中國畫常用的留白手法，在潑墨

〔註64〕朱英誕，《新詩講稿》，第 265 頁，北京大學出版社 2008 年版。
〔註65〕朱英誕，《新詩講稿》，第 166 頁，北京大學出版社 2008 年版。
〔註66〕引自朱英誕手稿《低調——〈白小錄〉代序（東風先爲我開門)》。
〔註67〕引自朱英誕手稿《寫於秋冬之際——海淀隨筆之三》。

時「故意留下許多空白的虛處，表面看來不見點墨，實際上那些空白可以代山代水代雲代霧，有時甚至可以給人無限見人見智的想像空間」〔註68〕。

　　身爲二十世紀三四十年代動亂時期的北京詩人，朱英誕的這種審美追求可看作是廢名等京派文人清淡樸訥詩風的延續。在詩評文章裏，朱英誕曾多次讚美廢名、林庚、沈從文等人的詩歌富有意境。這其中固然有對前輩詩友的偏愛和推崇之意，但也可見詩人對自身一派詩歌風格的自信。京派文人將自由寬容的學理風氣融入單純平和的北平文化環境，從而形成了自身特有的文化心態：遠避於時代政治鬥爭之外，以一種從容矜持的學人風範和對藝術虔誠而執著的文人風度，追求一種和諧的、彰顯「純正的文學趣味」〔註69〕的藝術境界。受京派耳濡目染的影響，朱英誕頗爲推崇這種將日常生活中發掘的詩情經詩人個體的內在醞釀，通過有節制的表達方式來營造一種淡而有味的詩歌境界，認爲當「詩寫到那樣便很有一種從容不迫的風度走過大庭廣眾之間了」〔註70〕。

　　正是秉持這種從容心態，朱英誕將詩比作散步，即少有目的而往往在無意中遇到「一片可留戀的風物」，因爲作詩的過程「都是心情的又眞切又飄拂，彷彿往來的雲煙；而又如果確有圓滿的言行功德，詩是不會發生的」〔註71〕。將詩視爲非作者主觀意圖先行帶入的結果。這意味詩的產生得益於詩人當下靈感的乍現，並促成詩情產生發酵過程的自然達成。由此，朱英誕把兩種「美感的反應」視爲其詩境構建的來源：一種是從景物或環境自然而來，如詩人見四季氣候、名山大川或特異風俗人情之後有感而寫的詩。這類詩來源於實實在在的生活，可稱之「唯實主義」的詩學觀。另一種是自人文（也是出自於人性的自然）而來，這類詩側重「對人類生命本體未知領域的好奇，它力求捕捉細膩、微妙、易失的內心剎那感覺等願望」〔註72〕，表現爲「唯美主義」的詩學觀。在詩風傾向上，唯實主義促使詩人眼光向外，將一切社會生活納入到自身的詩料來源中；與此相反，唯美主義要求詩人將視線從外收回，去關注人自身的內心情感及審美體驗。對比兩種詩學觀，前者描寫的對

〔註68〕蔡慶生，《妙在不明言──朱英誕詩歌欣賞》，《詩評人》，2008年總第九期。
〔註69〕黃曼君主編，《近百年文學理論批評史》，第630頁，湖北教育出版社1997年版。
〔註70〕朱英誕，《新詩講稿》，第237頁，北京大學出版社2008年版。
〔註71〕引自朱英誕手稿《爲純兒說詩》。
〔註72〕高蔚，《「純詩」的中國化研究》，第62頁，中國社會科學出版社2008年版。

象多是自然，詩人的視角卻經歷了「自然──人」的轉換。後者關注的是人本身，詩人卻將目光向外，由此實現「人──宇宙」的透射。

與京派其他詩人以西方詩學為範式，試圖創建一套完整、系統的新詩理論體系不同，朱英誕更多繼承了廢名傳統解詩學的思想與方法，嘗試在解讀具體的詩歌文本過程中闡述個人新詩主張觀點。比較中西方詩學傳統，朱英誕明顯傾向於前者。他坦言，「從歷史和哲學任何角度來看，中國現代詩的韻味是排斥快速和新異的，它仍舊是在順應自然的道路上進展著」〔註73〕。這意味新詩作為接替古詩之後中國詩歌的新發展，不能完全與古詩撇清關係。從詩論成果本身來看，朱英誕始終對古典詩歌傳統持有一種難以割捨的情愫。他更多地將目光回轉到古詩裏，試圖從中尋找借鑒新詩發展的路徑。朱英誕採取雜糅組合的方式，在詩歌內容上推舉以陶淵明、杜甫為代表的晉唐新鮮質樸的詩歌精神，在形式上則試圖實現晚唐及宋代詩歌理性散文化的現代性轉變，由此完成《詩經》以來晉唐重詩情與宋代重詩藝兩條道路的合流。

何以朱英誕會對傳統詩歌如此偏愛，我們可從他的成長印跡裏找到原因。陶淵明是朱英誕於家學中習得的第一人。對陶詩的熱愛日有所增，使之嚮往於山水詩人的行吟生活裏體驗閒適散淡的人生。故朱英誕多次評價陶詩集單純與豐富、精密與樸素於一體，認為陶淵明以回歸自然之心關注生命本身，在創作中將赤子之心與嚴肅而充滿悲劇氣氛的生命意識結合，達到了「天真」與「認真」的統一：「固然有『無樂自欣愉』之句，寫出了天真本身。」〔註74〕這正迎合了朱英誕「真詩」理論主張的要求。可以說，陶詩「採菊東籬下，悠然見南山」中流露出的怡然自得，正是朱英誕在構建「真詩」道路上致力達到的圓熟境界。

──本文選自《文學評論》2014 年第 3 期

〔註73〕引自朱英誕手稿《題「好笑的小甲蟲」──〈採綠集〉後序》。
〔註74〕引自朱英誕手稿《陶詩小識──〈夜窗集〉代序》。

朱英誕廢名新詩理論比較研究

倪貝貝、王澤龍

　　廢名是以沖淡自然爲主要創作風格的京派文人的重要代表，同時他又以晦澀、蘊含禪理的詩風與卞之琳、戴望舒等人一道開闢了現代主義詩歌的道路。1930 年代，圍繞在廢名周圍的程鶴西、沈啓無、朱英誕、南星等北大的一群詩歌「小圈子」中人，與之形成了相似的詩歌創作風格和理論傾向，因而被稱爲「廢名圈」詩人〔註1〕。朱英誕（1913～1983）原名朱仁健，字豈夢，號英誕。自 1928 年創作《雪中跋涉》（一名《街燈》）以來的半個多世紀之久，朱英誕有詩歌三千多首，傳記《李長吉評傳》《楊誠齋評傳》，歷史劇《少年辛棄疾》《許穆夫人》，以及諸多散文、評論、譯詩等。廢名在講新詩時選入 12 首朱英誕的詩：「比林庚的詩還要選的多，也並不是說青出於藍，藍本來就是他自己的美麗，好比天的藍色，誰能勝過呢？」〔註2〕對他給予了極高的評價。然而這位創作頗豐的詩人卻因與時代的多次錯位被排斥在眾人的視線之外，不能不說是一種遺憾。筆者在有幸接觸到朱英誕大量創作手稿的情況下，結合廢名的詩歌創作和詩學觀，對其詩歌理論展開比較論述。

一、廢名對朱英誕詩歌理論的促成

　　朱英誕走上詩歌創作的道路，與三個人有著密切的關係，即：李再雲、

〔註1〕　朱英誕在新詩講義《現代詩講稿》「廢名及其 circle」一節中將程鶴西和沈啓無納入「廢名圈」詩人。本文在這裡參考的是陳均《朱英誕瑣記──〈從梅花依舊說起〉》（見《新文學史料》2007 年第 4 期朱英誕專輯）中的觀點，即泛指受廢名詩論影響的一批詩人。
〔註2〕　廢名，林庚同朱英誕的詩〔M〕，陳建軍、馮思純，廢名講詩，武漢：華中師範大學出版社，2007 年：129。

林庚與廢名。李再雲是朱英誕高一年級的文學教師，朱從他那裡接受到了元白樂府的詩歌觀念，他的第一首詩《雪中跋涉》就是在那時寫成的。1932 年，朱英誕從天津來到北京，後來考上了北京民國學院。林庚於 1934 年來此講課，對朱英誕寫詩產生了很大的影響。朱的每首詩幾乎都請林庚看過，也常被林推薦寄出發表。因為「他似乎是一個沉默的冥想者，詩中的聯想往往也很曲折，因此有時不易為人所理解」〔註3〕，林庚便將他介紹給了廢名。至此，朱英誕在二人的指導下逐步走向了詩歌創作與理論探究的成熟。

廢名對朱英誕的潛移默化主要是通過談詩、講詩、選詩等方式來完成的。廢名表示，「我與林（指林庚）朱的關係是新詩罷了。我一讀了他們的詩就很喜歡，這真是很古的一句話，『樂莫樂兮心相知』了」〔註4〕，以此表達對朱英誕詩思的愛惜。朱英誕則提道：「那時我和廢名先生的關係，有詞為證『試問春歸誰得見？飛燕，來時相遇夕陽中』。」對於當時「雖很愛文學，但於做詩還非常幼稚」的朱英誕來說，廢名在很大程度上扮演了引路人的角色。二人「以詩會友」的舉措或可書寫為文學史上一段新的佳話。

朱英誕在詩歌創作上體現出「南宋的詞」（廢名語）的特徵，廢名在朱的第二本詩集《小園集》序文中又稱其詩為「六朝晚唐詩在新詩裏復活也」。以朱英誕《小園集》裏的《西沽春晨》一詩為例：

> 鳥鳴於一片遠風間，
>
> 風掛在她的紅嘴上；
>
> 高樹的花枝開向夢窗，
>
> 昨晚暝色入樓來。
>
> 最高的花枝如酒旗，
>
> 也紅得醉人呢；
>
> 望晴空的陽光如過江上，
>
> 對天空遂也有清淺之想。

作於一九三六年〔註5〕

詩中選用了鳥鳴、遠風、夢窗、夜色等一系列古典化的意象，使整首詩似一

〔註3〕林庚，朱英誕詩選書後〔M〕//朱英誕，冬葉冬花集，北京：文津出版社，1994 年：323。

〔註4〕廢名，林庚同朱英誕的詩〔M〕，陳建軍、馮思純，廢名講詩，武漢：華中師範大學出版社，2007 年：129。

〔註5〕朱英誕，冬葉冬花集〔M〕，北京：文津出版社，1994 年：33。

幅簡練優美的寫意國畫。「昨夜暝色入樓來」可以說是純古詩的做法，鳥兒與風兩個意象形成了迴環呼應的效果。由花枝伸向窗扉聯想到昨夜入樓來的夜色，從花枝醉人的紅色繼而又延展到晴空裏的陽光，意象的交織與聯想的跳躍賦予了詩歌朦朧而「清淺」的色彩。而頻繁而奇妙地使用暗喻和聯想，正是南宋詞的特徵之一。

這跟朱英誕從廢名那裡接受到的對古代詩人的偏好有關。朱在回憶文章中說：「我記得廢名先生除了指示我溫飛卿的佳勝處，此外談得最多的大約是陶淵明與王維、以及庾信了，所以又嘗贈序我以六朝字樣。」〔註6〕陶淵明是朱英誕於「家學」中習得的第一人，朱英誕在詩論上的構建和陶淵明恬淡自然、樸素而富於哲理的詩風存在著一脈相承的關係。溫庭筠和李商隱則是廢名極為讚賞的詩人，廢名對二人的推崇和他在詩歌內容上的晦澀與詩歌形式上的散文化要求有著緊密的聯繫，這種詩歌觀無形中對朱英誕產生了極為深遠的影響。

廢名曾和朱英誕論及古代小說戲曲的創作觀，並表達出不同的見解。這裡且引用一段二人當時的談話：

馮先生說：「聊齋跟我也有點關係。不過，我說最好的一部書是《牡丹亭》。」他不曾加以解釋（蓋本來不需要往復扣擊），這裡我也不能補充了。不過這在治曲者雖然未必不心知其意，平常又有誰不歡迎呢？私意以為，馮先生當時逆向殆在於「雅俗共賞」吧？這也是我要舉雙手贊成的；不過我想加說的是：書法家說得好：「雅而未正猶可；正而不雅，去俗幾何！」旨哉言乎！當時由於胡適之流的胡鬧（也即是純粹的俗），使大家也暫時不勉受影響而不抓住雅不放了！〔註7〕

這段話很可見古代小說和戲曲對二人創作觀念的作用。朱英誕肯定文學創作的虛構和想像力，但需與嚴肅深刻的思想相結合。二人的雅俗之辯則見出廢朱在文學觀上細微的態度差異。與廢名「雅俗共賞」的要求相比，朱英誕認為對於詩人而言，其他各種風格的嘗試都是其次的，首先不能用意太俗。詩歌「通不了俗，也用不著通俗，通俗自有其正路，詩卻必須是較深遠」〔註8〕的。這顯然比廢名對雅俗的界定更為嚴格和具體。

〔註6〕 引自朱英誕手稿《跋》一文。
〔註7〕 引自朱英誕手稿《紀念馮文炳先生——西倉清談小記》一文。
〔註8〕 朱英誕，《新月》（二）〔M〕//廢名、朱英誕，新詩講稿，北京：北京大學出版社，2008年：260。

與古代詩文相比，廢名與朱英誕討論更多的是現代詩。二人在新詩的思想、做法和情感評價等問題上展開交流，並將詩歌意識融入到日常生活的瑣談當中。廢名在吃飯時曾發出：「寫詩不能像喝酒一樣」的感歎，令朱聽了深有所感；朱英誕曾編選有《新綠集》（《中國現代詩二十年集》）一集，廢名對此加以高度讚賞，評價他說：「人們應該感謝你呀！」廢名在北大課堂上講新詩時，也邀朱英誕參與了其選詩評詩的過程。兩人對新月派持有頗爲相似的看法，對新月派過於追求格律的形式而走上新詩創作的歧途予以否定。廢名指出，「只有徐志摩一個人還可以」，別人似乎都可存而不論了。而朱英誕認爲「徐志摩的詩寫得很感傷」的觀點得到廢名的肯定，並拿莎士比亞的《影子》加以比較，指出二者在情感上的相通之處。這些探討以潤物無聲的方式滲透到朱英誕的學詩過程當中，在其創作中得以不同程度的展現，並最終成爲朱英誕詩歌理論的構建因子。

二、朱英誕與廢名詩歌理論的比較

作爲在新詩道路上跋涉的同路者，廢名與朱英誕一直保持著亦師亦友的關係。相似的理論背景和傾向使二人在詩歌觀念上呈現出巨大的相似之處。但深入探究兩者的詩歌創作與理論著述，仍能發現不少細微的差異。應該說，朱英誕在繼承發揚廢名詩學觀念的基礎上又有著進一步的思考。這使得前者不僅僅是後者的附庸，而是作爲一個具有獨立個性的詩人與詩論家存在於文學史之中。

1、對新詩內容的界定

廢名詩學理論最重要的主體在於對新詩定義的探討上，即：什麼才是新詩。他不贊成以白話作爲舊詩與新詩的區別界定，認爲「舊詩的內容是散文的，其詩的價值正因爲它是散文的。新詩的內容則要是詩的，若同舊詩一樣是散文的內容，徒徒用白話來寫，名之曰新詩，反不成其爲詩」〔註9〕。二者在內容上的本質差異其實在於「舊詩大約是由平常格物來的，新詩每每來自意料之外，即是說當下觀物」〔註10〕。這便是廢名強調的詩歌情感的當下性。

〔註 9〕廢名，嘗試集〔M〕//陳建軍、馮思純，廢名講詩，武漢：華中師範大學出版社，2007 年：7～8。

〔註10〕廢名，《冰心詩集》〔M〕//陳建軍、馮思純，廢名講詩，武漢：華中師範大學出版社，2007 年：90。

「當下性歸根結底是拒絕詩情的理性操作，追求詩意的自然生成和當下審美體驗。」〔註11〕以胡適的《蝴蝶》為例，作者因為看到蝴蝶飛，調動了他的詩的情緒，這才想要動筆寫這首詩。這種詩歌的情緒是舊詩不能包容的。

新詩「詩」的內容還體現為詩歌情感的完全性。廢名打了一個比方：「一首新詩要同一個新皮球一樣，要處處離球心是半徑，處處都可以碰得起來。句句要同你很生，因為來自你的意外；句句要同你很熟，本來在你的意中了。」〔註12〕這即是說，每個詩句作為詩的部分性要素，它們離詩情的距離是相等的，拆開來只是一句句散文，不足以表達整首詩的詩意。只有把它們組合起來構成一首具有整體性的詩，才得以達到「詩意很足」的效果。因此新詩要寫得好，一定要有當下完全的詩。當下性與完全性由此構成廢名探討新詩內容的兩個方面。

朱英誕將廢名所指的新詩的「當下性」定義為詩的「本色」，即：每一首詩與另一首詩不同，正如人事之在明日與今日不同是一樣，首首詩的內容與形式雖相似而不同，這才是真正的自由詩的風格，也就是今日新的詩與已往任何別一方面不同的詩的性德〔註13〕。強調今日之感與昨日的不同，注重把握當下，這與廢名「當下性」的詩學觀是一致的。針對廢名提出的「詩歌的完全性」的論斷，朱英誕解釋為：詩像散文一樣不能要它句句都好，因而我們不能摘句的選。為此他以新月派為例，批評新月派的詩歌之所以失敗，就在於「有許多詩只是詩意及詩料的湊集，未成形的東西故未能稱作詩」〔註14〕。這可謂是對廢名觀點的換一種方式之解讀。

朱英誕繼承了廢名對新詩內容的定義，又對此展開了進一步的闡述，指出新詩就是自由詩：「什麼叫做『自由詩』？它是否是『懶詩』？我以為，這即是揚棄韻律，用普通散文寫詩但並不等於我們的『以文為詩』。其實質則是：內容是『真詩』，形式是散文的。」相對廢名從詩歌內容本身的角度來定義新詩，朱英誕選擇將詩與散文的區別作為探究的切入點。新詩的做法雖與散文

〔註11〕尚文祥，廢名詩學理論研究〔D〕，華中師範大學文學院，2010年。

〔註12〕廢名，《十年詩草》〔M〕//陳建軍、馮思純，廢名講詩，武漢：華中師範大學出版社，2007年：118。

〔註13〕朱英誕，廢名及其詩〔M〕//廢名、朱英誕，新詩講稿，北京：北京大學出版社，2008年：279。

〔註14〕朱英誕，《新月》（一）〔M〕//廢名、朱英誕，新詩講稿，北京：北京大學出版社，2008年：250。

的做法已無二致，但詩和散文的本質仍有著根本的不同：「散文如不斷的流水，需要緊湊；詩卻如星與海棠之空間，需要疏朗。」〔註15〕凡是能以散文來改寫的詩的內容都算不上新詩。那麼何爲新詩的本質呢？朱英誕認爲一是不可多得的，屬於靜思獨造；二是空氣新鮮的，沒有任何習氣或慣性；三是詩人自己的影子，自由去抒情，不管別人的「是非」〔註16〕，把詩人獨創的、獨特的、自由的情感表現作爲詩歌的表現內容。這與廢名「新詩適宜於表現實在的詩感」的藝術觀構成了彼此對應的效果。因此，新詩的定義可以歸結爲是「自由」的詩：「詩本身不是一個小天地，正如說傘是『圓蓋』，連續渾成，它可以加入於宇宙創造之中，也可以獨立一個王國了。」〔註17〕從而對新詩的內容予以了無窮的容許。

與初期詩人對新詩純詩化的要求相比，朱英誕的詩歌觀顯得更爲寬容，認爲新詩應該是「純與雜」並進的發展。朱英誕並不反對純詩化理論，他極爲推崇葉芝的「在高唱理想與目的的時候，好的藝術是無邪而清淨的」以及古代「詩要做得令人不愛、可惡、方爲工」的詩歌信條，評價王、孟、韋、柳等古代詩人的詩歌達到了純詩裏很高的範疇。對詩歌而言，純是十分難能可貴的。但朱英誕也看到，在新詩散文化的初步探索過程中，一味地追求純詩化對新詩發展並無益處。「我們的詩才不過剛剛出土，正處於新綠的萌芽狀態，然則雜尙難求，於純乎何有？」〔註18〕與其單純追求新詩的純化而把多元化的內容排斥在新詩創作之外，新詩發展更需要詩人對純與雜具有相同的包容性。

受古典詩歌及其理論的薰陶，朱英誕把兩種美感的反應作爲詩歌內容美的標準：一種是自景物或環境自然而來，例如四候之感於詩，以及非哲學家的哲學、山川鍾靈或者我們之號稱煙水國之類。另一種是自人文而來。而人文也是出自於人性的自然，因而二者實質上是相通的。由此總結出詩歌的兩種基本創作風格：一是明白的詩，二即是晦澀的詩。在廢名禪宗哲學詩論的

〔註15〕朱英誕，《漢園集》〔M〕∥廢名、朱英誕，新詩講稿，北京：北京大學出版社，2008年：305。

〔註16〕朱英誕，《現代的一群》〔M〕∥廢名、朱英誕，新詩講稿，北京：北京大學出版社，2008年：320。

〔註17〕朱英誕，《現代的一群》〔M〕∥廢名、朱英誕，新詩講稿，北京：北京大學出版社，2008年：316。

〔註18〕引自朱英誕手稿《〈沉香集〉序》一文。

推動下，新詩的哲理性成為朱英誕在詩歌內容上的一個重要追求，這也造成了他本人詩歌古意奇崛而又富於晦澀性的哲思。他批評一些新詩人把握著一種意象，卻只是勾描點滴了事的做法，其實並沒有認清真正新詩的本質。

朱英誕對新詩創作的態度是主智非主情，認為詩在本質上是智慧的。但這並不意味朱英誕將晦澀作為新詩現代化的頂端，而只是作為一種風格，「晦澀與樸素，難與易，本來是兩種並行不悖的風格，卻非涇渭之分。當然，詩寫得晦澀，往往是由於在『大膽、熱情、省力』這些原則上多所缺陷所致，而明白的詩比較起來倒是難寫的」〔註19〕。好的新詩應該是從哲學走向詩歌，在詩中蘊藏哲思的簡單的詩。由此可見，朱英誕在詩歌內容的趨向上體現出一種對陶淵明式的於平淡中蘊含哲理的詩風的回歸。

2、對新詩形式的要求

在廢名看來，新詩的本質在於詩性的內容和個體情感的散文化表達，「今日新詩的生命便是詩人想像的跳動，感覺的敏銳，凡屬現實都是它的材料，它簡直可以有哲學的範圍，可以有科學的範圍，故它無須乎靠典故，無須乎靠辭藻，它只要合乎文法的『文學的國語』，它與散文唯一不同的形式是分行」〔註20〕。從中體現出廢名對詩歌形式的兩點要求，即：第一，散文化的句式。第二，以分行作為新詩的唯一形式。

散文化的句式即是要求新詩如同五四以來的小說和戲劇那樣，採用符合現代語法標準的語言詞彙作為表達的工具。廢名在比較初期新詩和第二期新詩時指出二者的最大差異在於做詩的「意識」不同。受白話文學運動的推動，初期新詩追求要「怎樣做就怎樣做的」自由做詩，但初期詩人擺脫不了與舊詩的關係，採用的仍是舊詩的詞句，而舊詩早已失卻其詩的生命了。相較之下，第二個時期的新詩人在自由詩的追求上更為徹底，第二期新詩不但自由的採用舊詩詞句，更能「於方塊字的隊伍裏還要自由寫幾個蟹行文字」〔註21〕。廢名意識到舊詩的語言對新詩情感的束縛，因而主張從現實生活和外來語中吸收建立起現代的新詞彙。但僅僅「從語言的外部關係上創建新詩是不

〔註19〕朱英誕，略記幾項微末的事——答好友十問〔J〕，新詩評論，2007 年（2）。
〔註20〕廢名，《十四行集》〔M〕//陳建軍、馮思純，廢名講詩，武漢：華中師範大學出版社，2007 年：138。
〔註21〕廢名，《冰心詩集》〔M〕//陳建軍、馮思純，廢名講詩，武漢：華中師範大學出版社，2007 年：88。

夠的，還必須從語言的內在關係即文法的意義上變革詩歌，才能使詩歌獲得真正的現代品格」〔註22〕。新詩的散文化寫法在廢名這裡得以更為全面的論述。

廢名對新詩形式問題的看法經歷了一個前後略有轉變的過程。他最先強調要看新詩的內容，而「新詩的詩的形式並沒有」〔註23〕。但不久廢名也承認，古今中外的詩確有一個極其簡單的公共的形式，那就是分行。新詩「形式確是可以借助於西洋詩的形式寫成好詩的」〔註24〕。在廢名看來，分行其實更是一個詩歌區別於散文的性質問題而非形式問題。這表明廢名對新詩形式的態度並未發生根本性的轉變，而是始終堅持著新詩格式的自由性，以防形成新的固定形式規範對詩的內容的限制和削弱。「一旦建立起了新的模式化結構，新詩極有可能如舊詩一般淪為單純依靠文字結構、音節、意象系統來表達類型化情感」〔註25〕，這也是廢名何以反對將格律詩或十四行詩等作為新詩的固定形式來推廣的原因。

同廢名的觀點類似，朱英誕認為初期新詩成就不高的原因在於詩人過於依賴舊詩的文字。中國文字處處講究簡單、凝練、含蓄，這對新詩情感的完全性表達無疑會造成損害。新詩要走出舊詩「詩餘」的陰影，必須自由採用各種句法。但怎樣才能用得恰好，是眾多初期新詩人沒有解決的問題，「新詩人一直到現在為止多半都還沒有征服文字上的困難，文字首先不能運用自如，在詩人自己或者沒有什麼關係也未可知，但這樣還談什麼詩呢」〔註26〕。新詩既為「自由的詩」，應該像一個璞，而不能是一個玉器。這即是說，對於新詩的語言不應去刻意雕琢而使之成為舊詩的狗尾續貂。朱英誕認同廢名以白話詞彙和現代文法作為新詩創作工具的觀點，但他尤為偏重於強調語言文字及修辭技巧對新詩的重要性，把文字作為新詩隊伍中逢山開路遇水搭橋的先行：「我常想新詩的文字是一件雕蟲小技，然而新詩若能成為千秋事業，這

〔註22〕王澤龍，新詩散文化的詩學內蘊與意義〔J〕，中國社會科學，2007年（5）。
〔註23〕廢名，《新詩問答》〔M〕//陳建軍、馮思純，廢名講詩，武漢：華中師範大學出版社，2007年：159。
〔註24〕廢名，《十年詩草》〔M〕//陳建軍、馮思純，廢名講詩，武漢：華中師範大學出版社，2007年：117。
〔註25〕尚文祥，廢名詩學理論研究〔D〕，華中師範大學文學院，2010年。
〔註26〕朱英誕，《劉大白的詩》〔M〕//廢名、朱英誕，新詩講稿，北京：北京大學出版社，2008年：156。

又是一件大事，文字的經驗若不充足，任憑詩人有多高的本領也只有干著急而已。」〔註27〕對新詩文體的探討顯得更為細緻。

對於如何構建散文化文字的問題，廢名和朱英誕都曾將目光投注到歌謠上，並得出了類似的結論。廢名指出，歌謠既可以是散文，也可以是韻文的形式。它可以作為新詩的參考，倘若「我們的新詩如果能夠自然的形成我們的歌謠那樣，那我們的新詩也可以說是有了形式。不過據我的意見這是不大可能的，事實上歌謠一經寫出便失卻歌謠的生命，而詩人的詩卻是要寫出來的」〔註28〕。朱英誕強調，歌謠「代表民族的歌哭」，卻未必是詩；而詩是「人類的歌哭」，從歌謠和詩的本質比較上來進行闡述，認為「創造歌謠之個人也是有詩人的質地的，而詩人偶然要唱幾個歌兒也無可反對，但不能說由民歌中產生詩，這裡有通路，但絕不是新詩的什麼新路」〔註29〕。辯證論述了新詩從歌謠中找尋出路的不可能性。

那麼何為新詩文字的出路呢？朱英誕總結為兩點：一條是寬闊的，用蕪雜生硬的語言草創出生氣蕪雜的詩歌境界；另一條是以詩人自己的技藝創造出新的創作模式。「前者若是詩人的本能，後者則是詩人的本分。」〔註30〕對於新詩人而言，技巧本身即包括哲學的意味，誰也沒有感情的不足，然而只有寫得好詩的人才把握得堅固。「修辭與辭藻是一也是二，是要費一點斟酌的。」把文字和修辭提高到了對等的地位。朱英誕曾以新月派為例來談文字對新詩的重要性。他指出：「新月派的詩不能說沒有詩意，只是他們的工具不夠，詩之來我們可以看出彷彿很有把握的樣子，及至動問紙筆他們沒有充分的辭藻了，只於猶之乎亂翻斷爛字典，隨手加進幾個而已，自然這還得說是他們的專門講格律的結果，並非因為講格律才做不出詩。」〔註31〕這即是說，講究格律並不是新月派衰落的唯一根由，原因還在於新月派對格律的一味追求導致了對詩歌語言文字的忽視。

〔註27〕 朱英誕，《劉大白的詩》〔M〕 // 廢名、朱英誕，新詩講稿，北京：北京大學出版社，2008 年：151。

〔註28〕 廢名，《新詩問答》〔M〕 // 陳建軍、馮思純，廢名講詩，武漢：華中師範大學出版社，2007 年：158。

〔註29〕 朱英誕，《渡河》〔M〕 // 廢名、朱英誕，新詩講稿，北京：北京大學出版社，2008 年：166。

〔註30〕 朱英誕，《劉大白的詩》〔M〕 // 廢名、朱英誕，新詩講稿，北京：北京大學出版社，2008 年：157。

〔註31〕 朱英誕，《Sonnet》五章〔M〕 // 廢名、朱英誕，新詩講稿，北京：北京大學出版社，2008 年：204。

　　廢名以「新詩唯一的形式在於分行」總括了新詩的形式問題，朱英誕則採取從細節上展開分述予以回應。他認為形式只是風格的一種，不同詩人表現為不同的風格，從而使多種形式的存在具有了合理性。但廢名認為，這些不同的形式也不過是「分行之一體罷了」。廢名與朱英誕在形式問題上的看法差異緣於二人從不同的角度來對形式做出定義。

　　由此，朱英誕對「感情」和「感覺」的形式做出了辨析。新月派的形式是感情的形式，而「感情的形式是固定而有限的，而感覺的形式是自然的而無窮的，從這無窮中得其崇高的一致，詩的無形式正是其形式，自由中乃有嚴正的自然法則。」〔註 32〕從中可看出朱英誕對自由詩和格律詩的關係與廢名所持的立場並不完全一致。廢名對格律詩始終持以鮮明的反對態度，而朱英誕並不反對格律詩的出現，「如果自由詩相當於『古風』，那麼，有『近律』詩，也是應有的好事」，關鍵在於不能像新月派那樣過分依賴格律而使新詩走向了歧途。可見，對比廢名堅執將自由詩置於新詩的主導地位的主張，朱英誕對詩歌形式的看法顯得更為辯證和通達，也更符合新詩在面對逐步多元化的現代文化語境時自然應有的豐富多樣的文類特徵〔註 33〕。

3、對古典和西方詩論的雙重借鑒

　　在京派文人思想觀念的主導下，廢名在詩歌創作上彰顯出濃厚的中國傳統文化的痕跡。而身為現代派詩歌的一脈，廢名同時又受到西方詩論的薰陶。身為廢名的後輩與學生，朱英誕無疑承襲了廢名對中西文化觀念的審美傾向。二人在詩歌創作與詩學觀上均顯現出傳統和西方的雙重影響。就自身的創作而言，對晚唐溫李一派詩歌的推崇和對東方哲學及禪宗的浸淫，使廢名將東方文化中的佛道精義、中國的詩禪、畫禪的傳統、溫李詩詞意境以及六朝文章風致化為其詩歌的精髓〔註 34〕。而對波特萊爾、莎士比亞與塞萬提斯等外國詩人的吸收借鑒，又使他的詩歌具有了晦澀和哲理等多重意義。

　　廢名將這種領悟帶入到他的詩歌理論中，對新詩的內容予以廣博的包容性。「新詩要發展下去，首先將靠詩的內容，再靠詩人自己如切如磋如琢如磨

〔註32〕朱英誕，《劉大白的詩》〔M〕//廢名、朱英誕，新詩講稿，北京：北京大學出版社，2008 年：157。

〔註33〕陳芝國，朱英誕詩歌：古典與現代互涉的美學〔J〕，江漢大學學報：人文科學版，2010 年（2）。

〔註34〕王澤龍，廢名的詩與禪〔J〕，江漢論壇，1993 年（6）。

寫出各合乎詩的文章，這個文章可以吸收許多長處，不妨從古人詩文裏取得，不妨從引車賣漿之徒口裏取得，又不妨歐化，只要合起來的詩，拆開一句來看仍是自由自在的一句散文。」〔註35〕雖然廢名強調從多方面攝取新詩所需的養分，但對於傳統仍尤為偏重。他反對一味的模仿外國詩歌，「因為不免是成心要做新詩，而又一樣的對於詩沒有一個溫故知新的認識，只是望了外國的詩行做倚傍，可謂毫無原故，較之當初康白情寫《草兒》以及湖畔詩社幾個年青人的詩，我以為還稍缺乏一個誠字」〔註36〕。對初期新詩人的詩歌缺乏自身情感的表達加以批評。從中可以看出，廢名並不摒棄從古代詩歌中汲取營養，但最終的落腳點仍是回歸到新詩「詩的內容」上。

廢名看到了朱英誕詩歌裏蘊藏的中國化特色，點評「在新詩當中他等於南宋的詞」〔註37〕。如朱英誕自述：「陶詩和白香山是我的『家學』，李長吉是我自己偶然找來讀的，溫李，庾信，則在廢名先生指導下鑽研過。讀宋以後的人乃是我常說的一種『義務』，或者我對別人說時，就要加一點提醒：『痛苦的義務』。此外，我在稍較成熟以後，就只常讀韋蘇州和姜白石了：我欽佩的是他們的詩中的潔癖。」〔註38〕對這一類傳統詩人的接受造就了朱英誕詩歌古典幽謐的氣息，同時也無形地反映到他的詩學理論之中。對陶淵明、謝朓、韋應物寫景兼說理一派詩歌的探討正是朱英誕「純與雜」詩的內容的理論來源。朱英誕對杜甫、姜白石等人的偏重促成了「晦澀」理論的形成，他把晦澀的三種形式定義為：（1）詩的「本意」原是不易明白；（2）詩人故意把詩意弄得不明白；（3）詩人的表現力不足。前二種如果是詩人有意為之，後者則是詩人無力為之。好的晦澀之作追求因難見巧，作意求工的「苦吟」境界這是朱英誕對「晦澀」的詩歌風格的一種新的解讀。

廢名評價朱英誕的詩「與西洋文學不相干」，似乎過於絕對而有失偏頗。朱英誕曾通過這樣一段敘述來追溯其詩學理論在西方和傳統裏的溯源：

本來我確甚喜晚唐詩，六朝便有些不敢高攀，及至由現代的語文作基調

〔註35〕廢名，《湖畔》〔M〕//陳建軍、馮思純，廢名講詩，武漢：華中師範大學出版社，2007年：85～86。

〔註36〕廢名，《湖畔》〔M〕//陳建軍、馮思純，廢名講詩，武漢：華中師範大學出版社，2007年：77。

〔註37〕廢名，林庚同朱英誕的詩〔M〕，陳建軍、馮思純，廢名講詩，武漢：華中師範大學出版社，2007年：128。

〔註38〕引自朱英誕手稿《秋冬之際》（《磨蟻集》代序）一文。

而轉入歐風美雨裏去，於是方向乃大限定。最初我最欣賞濟慈，其次是狄更蓀，此女即卡爾浮登所說的「溫柔得像貓叫」者是也。最後是艾略特，此位詩人看是神通，卻極其有正味，給我的影響最大，也最深。〔註39〕

　　除了對西方浪漫派與現代派的學習以外，朱英誕對歐洲古典哲學以及萊布尼斯的「和諧」說也有所涉獵，「於是，我對詩人的『好句』的現實根據似乎正是某種和諧的觀感者——多麼可笑，我的宇宙觀就這樣的半皈依半無知的形成了」〔註40〕。朱英誕從不同角度對古典詩歌和西方現代詩歌展開吸收借鑒，並融會貫通使兩者成爲其詩學理論的構建基石。

　　「朱英誕是一位執著於自己詩歌信念的詩人，同他的師輩林庚、廢名一樣，他試圖找到一種融會古今、涵納天地萬物之／自然的詩歌寫作形式。」〔註41〕長期以來，由於種種原因，他在詩學和詩藝上數十年如一日的探索與追求都被歷史所湮沒。通過對朱英誕詩歌創作及理論著述研究的不斷深入，這位詩人在文學史上的地位應該得以重新評估和確立。

——本文選自《江漢大學學報》（人文科學版）2012 年第 5 期

〔註39〕白藥，序文二篇〔J〕，文學集刊：第 2 輯，1944－04－07。
〔註40〕引自朱英誕手稿《〈仙藻集〉序》一文。
〔註41〕張桃洲，古典與現代之辯：新詩的第三條道路〔J〕，社會科學研究，2010 年（11）。

「幻覺」與「完全」
——試論廢名、朱英誕的詩歌觀念

楊希、王遠舟

　　1936 年，廢名在北京大學講授新詩，1937 年抗戰爆發後，廢名南歸。1944年，黃雨將廢名的新詩講稿整理成冊，請周作人作序，以《談新詩》爲書名由新民印書館出版。《談新詩》收錄廢名講稿 12 篇，第三篇《新詩應該是自由詩》與第四篇《已往的詩文學與新詩》類似總論，其他 l0 篇則分別討論胡適、沈尹默、劉半農、魯迅、周作人、康白情、湖畔詩社、冰心、郭沫若的新詩。廢名《談新詩》是新詩理論的經典，爲幾代新詩研究者所重視。

　　但直到 2008 年，新詩研究者陳均將朱英誕 1940 年～1941 年在北大的新詩講稿整理出來，同廢名的《談新詩》合併爲《新詩講稿》，由北京大學出版社出版，學界才知道原來早已有人繼續了廢名那未竟的事業。朱英誕於 1940年～1941 年擔任北京大學文學院「新文學研究」課程的「新詩」部分的講授，對於廢名已經講過的新詩，他採用了廢名的講稿，但用「附記」的形式補充廢名的觀點，廢名沒講過的新詩，朱英誕則接著講下去。朱英誕講的內容包括：劉大白的詩、《渡河》、《雪朝》、《將來之花園》、(Son-net 五章)、《旅心》、《微雨》及其他、《昨日之歌》、沈從文的詩、《新月》、廢名及詩、詩抄、《望舒草》、《漢園集》、《春野與窗》、《現代的》一群，這些由陳均整理成 20 講，收在《新詩講稿》中。

　　內戰爆發後，廢名回到北平，又發表了《十年詩草》、《林庚同朱英誕的新詩》、《十四行集》、《〈妝臺〉及其他》四篇文章，性質跟《談新詩》中的文章相似，所以《談新詩》在解放後的版本中一般都收錄這幾篇文章。朱英誕則寫出《讀〈災難的歲月〉》，繼續評點新詩。

　　朱英誕在授課時將廢名的講稿秩序做出了調整。增加了廢名寫於 1934 年《新詩答問》，將其列爲講稿的第一章，將原講稿的第三章《新詩應該是自由詩》調整爲講稿的第二章，將原講稿的第四章《已往的詩文學與新詩》調整爲講稿的第三章。這三章實際上是廢名有關新詩的總體看法，朱英誕將它突出出來，並作爲他新詩理論的依據。

　　對於廢名的新詩觀念，已有的研究從不同側面進行了探討，孫玉石覺察到了廢名新詩觀與古典詩學的關聯〔註1〕，張潔宇認爲廢名「認同晚唐詩所表現出的『詩的內容』和『詩的感覺』，從而在觀念上超越了胡適等人偏重於語言形式上劃分詩之新舊的思路」。「打破了『傳統』與『現代』非此即彼的割裂關係。」〔註2〕張桃洲注意到了廢名強調的是新詩的內容而非形式，並認爲廢名「關於新詩詩質的要求體現爲兩點：一是詩的『當下』性；一是詩的『完全』性」〔註3〕，這些觀念都具有啓發性。廢名的確一反胡適的進化觀念，打破了「傳統」與「現代」的二元劃分，認同晚唐詩的「詩的內容」和「詩的感覺」。至於什麼是晚唐詩的「詩的內容」和「詩的感覺」，張潔宇歸納爲意境的朦朧、意象的豐富甚至「禪味」。筆者認這樣的歸納沒能抓住廢名論述晚唐詩歌的主要觀點。張桃洲歸納爲「當下」性和「完全」性。筆者不贊成「當下」性，但認同「完全」性這一概念的提出。

　　廢名在朱英誕奉爲總論的三章中旗幟鮮明地提出了什麼是新詩這樣一個問題。筆者根據已有的研究成果，結合目已的閱讀體會，將其歸納爲三個方面，一是詩新詩是自由詩而非格律詩，二是新詩寫幻覺；三是新詩是「完全」的。這三個方面也是朱英誕的新詩觀念。由於第一個方面學界已多有研究，此不贅述，本文重點談談後兩個方面。

一、新詩寫幻覺

　　張潔宇在論述到廢名所推崇的晚唐詩的「詩的感覺」時認爲：「廢名曾經將溫庭筠的詩譽爲『視覺的盛宴』。所謂『視覺的盛宴』，說得清晰些，其實

〔註1〕 孫玉石，《呼喚傳統：新詩現代性的尋求——廢名詩觀及 30 年代現代派「晚唐詩熱」闡釋》，載《現代漢詩：反思與求索》第 131～142 頁，作家出版社 1998 年版。

〔註2〕 張潔宇，《論廢名詩歌觀念的「傳統」與「現代」》，《南京師範大學學報》2008 年第 1 期。

〔註3〕 張桃洲，《重解廢名的新詩觀》，《華中師範大學學報》，2005 年第 3 期。

就是指意象的豐富性。」「視覺的盛宴」出自廢名的《已往的詩文學與新詩》，原文如下：英國一位批評家說法國自然主義的小說家是『視覺的盛宴』，『視覺的盛宴』這一個評語，我倒想借來說溫庭筠的詞，因為他的美人芳草都是他自己的幻覺，因為這裡是幻覺，這裡乃有一點為中國文人萬不能及的地方，我的意思說出來可以用『貞操』二字，中國文人總是『多情』，於是白髮紅顏都來人詩，什麼『好酒能消光景，春風不染髭鬚，為公一醉花前倒，紅袖莫來扶』，什麼『此度見花枝，白頭誓不歸』。這些都是中國文人久而不聞其臭，像日本詩人芭蕉俳句，『朝陽花呵，白晝還是下鎖的門的圍牆』，本是東洋人可有的詩思。何以中國文人偏不行。溫庭筠的詞都是寫美人，卻沒有那些討人厭的字句，夠得上一個『美』字，原因便因為他是幻覺，不是作者的抒情。」

仔細讀這段引文，我們發現「視覺的盛宴」並不能望文生義的理解為「意象的豐富性」，廢名在這裡其實要借助溫庭筠來表達他的新詩觀念：新詩「是幻覺，不是作者的抒情」。在該文中，廢名還借溫庭筠的詞具體說明什麼是詩中的「幻覺」。溫庭筠詞中有「鬢雲欲度香腮雪」，廢名說：「『欲度』二字正是想像的呼吸，寫出來的東西乃有生命了」。溫庭筠的這句詞「決與梳洗的人個性無關，亦不是作者抒情，是作者幻想」。溫庭筠有「暖香惹夢鴛鴦錦」，廢名說：「『暖香惹夢』完全是詩人的幻想，人家要做夢人家自己不知道。除非做了一個什麼夢醒來自己才知道。而且女人自家或者貪戀暖睡，至於暖香總一定是鼾呼呼的。暖香或者容易惹夢，惹了夢，暖香二字卻一定早已不在題目範圍之內。總之，這都是做詩人的幻想暖香惹夢罷了。」這兩個例子都能說明什麼是詩中的「幻覺」，據筆者的理解，詩中的「幻覺」指的是詩人猜度所描寫的人物、景物具有某種情態或動作，並把這種猜度寫下來，使得沒有生命的有了生命，靜景動了起來。

朱英誕繼承了廢名的新詩是寫「幻覺」這一觀念。對於初期白話詩人，朱英誕特別推崇徐玉諾，將他放在初期詩人的最後一講。「我特意保留著這一點光榮到最後也正是我對於他隱有敬重的意思。」他稱讚徐玉諾「把現實與幻想處理得非常恰當」〔註4〕。分析朱英誕對「幻覺」的強調，我們還要看實例。朱英誕在《新詩講稿》中舉了很多「好詩」的例子，從這些例子中我們可以明白朱英誕如何以「幻覺」作為新詩的內容。

〔註4〕廢名、朱英誕，《新詩講稿》，第191頁。

1、「歸巢的鳥兒，儘管是倦了，還托著斜陽回去。」（選自劉大白《秋晚的江上》，朱英誕評語爲「實在是好」。）

2、「戀愛是無聲的音樂麼？鳥在花間睡了，人在春間睡了，戀愛是無聲的音樂麼！」（選自宗白華《戀愛》，朱英誕評語「都很好」。）

3、「看呵，這個林中！一個個小蟲都張出他的面孔來，一個個小葉都睜開他的眼睛來。」（選自徐玉諾的《詩》，朱英誕評語爲「這眞是何等自然高妙的句子！」）

4、「櫻桃與桑葚以及地莓味道不同，雖然這竹雀並不曾吃過桑葚與地莓也明白的。」（選自沈從文《頌》，朱英誕評道：「很值得頌揚。」〔註5〕）。

鳥兒、小蟲、小葉、桑葚、地莓都有了動作，這些不過是作者幻想出來的。朱英誕非常喜歡這些句子，認爲這些句子是好詩，這充分體現了「幻覺」在他詩歌觀念中的位置。「幻覺」二字，是廢名和朱英誕新詩觀念的核心，廢名對幻覺的解釋：「不過在談溫詞的時候，這一點總要請大家注意，即是作者是幻想，他是畫他的幻想，並不是抒情，世上沒有那樣的美人，他也不是描寫他理想中的美人，只好比是一座雕刻的生命罷了。」〔註6〕對廢名的解釋需要注意三點：一、「幻覺」不等於寫景，二、「幻覺」不是抒情，三、「幻覺」排斥說理。

一、「幻覺」不等於寫景。「世上沒有那樣的美人」，所以幻覺跟寫景不一樣，寫景如實描寫世上已有的景物。胡適認爲「詩須要具體的做法。不可用抽象的說法」，白描則是具體的做法之一。錢理群把白描定義爲「如實摹寫具體生活場景或自然景物」〔註7〕，而早期白話詩，像這樣的寫景之作很多，胡適《人力車夫》，朱自清的《小艙裏的現代》都是寫景的。廢名提出「幻覺」，實際上對已有的新詩觀念形成衝擊。朱英誕明確表示：「我反對在詩裏寫景。」〔註8〕這裡所謂「寫景」，大概是把景物寫成毫無生機的東西，朱英誕所欣賞的很多詩裏其實都有景物，但那些景物都是充滿靈性和生命活力的。

二、「幻覺」不是抒情。「他不是描寫他理想中的美人」，因此在廢名看來，爲新詩中所描寫的不一定是作者情感所認同的，所謂「託物寄興」，「借景抒

〔註5〕 廢名、朱英誕，《新詩講稿》，第233頁。
〔註6〕 廢名，《已往的詩文學與新詩》。
〔註7〕 錢理群等，《中國現代文學三十年》（修訂本），123頁。
〔註8〕 廢名、朱英誕，《新詩講稿》，第87頁。

情」在廢名的新詩觀念中是不存在的。「而且詩不就是抒情的東西，世上盡有必在詩裏抒情更好的所在。」〔註9〕這裡所謂「抒情」可以借王國維的「有我之境」和「無我之境」來區別，所謂「抒情」大概是「有我之境」，就是使萬物都染上詩人的情緒，廢名師徒反對這樣的寫法，他們希望能夠按照萬事萬物自己的情緒、生命活力去寫照它們。

三、「幻覺」排斥說理。廢名說好詩「只好比一座雕刻的生命罷了」，這雕刻的生命是具體的，而非空泛的，更不是議論、說理的。朱英誕繼承了廢名這種觀念，他對於劉大白、朱湘、臧克家、戴望舒等名詩人都有微詞。朱英誕認為：「沒有背景，亦不近真說理的詩多半容易失敗，因為哲學往往是不作美的。」〔註10〕他評論劉大白說：「初期詩人愛說理，劉大白尤其不能擺脫傳統的毛病，又要強合自己的理論，於是成功的少，失敗的多。」〔註11〕對於詩中的推理，朱英誕認為：「在詩裏推理豈容我們隔岸觀火。然而我是迷信於簡單的詩的，由哲學走向文學是一條正道，由文學走向哲理乃是逆行的船，這壓根兒就不能稱是一條道兒」，因此他對朱湘後期的詩不滿意，「據云朱湘後期受了不知道是什麼哲學的影響，作詩也不能忘了經驗世故——這浮淺的玩藝兒。」

排斥說理，其中一點就是不需要詩人在詩中進行解釋。朱英誕舉了一些寫得不好的詩句，這些詩句不好的原因就是詩人站出來解釋他這首詩。

1、一群生命中，我頌揚偷火的飛蛾！唯有他，得著了光明中偉大的死！（選自宗白華《飛蛾》，朱英誕評道：「這說得何等嚴重，只是這樣大叫一聲卻很令人生厭，把飛蛾投火的光彩打消，反為不美了。」〔註12〕）

2、這就是行路的本身。（選自徐玉諾《小詩》，朱英誕因這一句沒有選這首詩，理由是「解釋不能成詩，正如描寫及講故事一樣不能成詩」〔註13〕。）

這兩個例子都是因為作者站出來解釋而被朱英誕認為寫得不好。

這裡的說理，還包括將時代的普遍精神通過詩歌的形式表達出來。朱英誕評價臧克家說：「詩又不是說理的，詩人臧克家彷彿還要對於詩有一個格外的需要，這個我認為是揠苗的心理，而對於詩又是『去之如惡草了。』」朱英

〔註 9〕 廢名、朱英誕，《新詩講稿》，第 270 頁。
〔註 10〕 廢名、朱英誕，《新詩講稿》，第 167 頁。
〔註 11〕 廢名、朱英誕，《新詩講稿》，第 157 頁。
〔註 12〕 廢名、朱英誕，《新詩講稿》，第 185 頁。
〔註 13〕 廢名、朱英誕，《新詩講稿》，第 270 頁。

誕論述臧克家這個「格外的需要」，沒有舉例，我們無從知道其具體所指，但是我們知道臧克家是左傾詩人，茅盾曾說：「在目今的青年詩人中，《烙印》的作者也許是最優秀中間的一個了。」〔註14〕得到左翼批評家的高度認同。朱英誕此處所指，大概就是指臧克家在詩中所表現的較為明顯的政治傾向。這可以從他對戴望舒的評價中來印證。戴望舒在抗戰時期詩風大變，《災難的歲月》是他這一時期的代表作。這本詩集由星群出版社1948年2月出版。收錄詩歌27首，前9首作於抗戰前，後16首寫於抗戰期間，後16首是《災難的歲月》的核心，包括《元日祝福》、《過舊居》、《我用殘損的手掌》、《蕭紅墓畔口占》等著名詩篇，這些詩篇祝福祖國人民，渴望自由解放，表現了民族解放戰爭環境下詩人的正義感和堅貞氣節。對於這種傾向，朱英誕是不喜歡的，「關於下半部分（十六首），那種輕呼而吶喊之作，我覺得更沒有話可說。因為要說可說的話就太多。這裡故略言之，一個人可以是很安靜，也可以一轉變而成為蠻性的；首先我們的民族就是一個忍耐和頑強的極端者：那麼你的安靜是一種暫應，一個闔合；你的轉變的結果也同樣是一時的，虛妄的，脆弱的；有了藝術，沒有內容，固然只是『少作』必經過的一段路程；但有了內容，失掉了藝術良心，也同樣不能令人滿意：因為它還是落在這圈子內的」〔註15〕。戴望舒在詩中表現出了的民族情感，朱英誕卻認為這失掉了「藝術良心」，這充分表現了朱英誕推崇「藝術至上」而失掉了起碼的判斷是非的能力，所以出任了偽北大的教職。晚年朱英誕對周作人雖有微詞，但他心中理想的詩人正是周作人。「對於舉世正是具有一種大丈夫的和藹，而別一方法又可以知道這也就是『不作詩而有詩情』的第一流了。」〔註16〕而正是這樣「對於舉世」的「和藹」，才混淆是非，腆顏事敵，所以不在詩中表達「格外的需要」，實際上也是很危險的事。

二、新詩是「完全」的

　　張桃洲對廢名的新詩觀念有一段精闢的論述，「從廢名對『詩的內容』的強調來看，其關於新詩詩質的要求體現為兩點：一是詩的『當下』性，一是

〔註14〕茅盾，《一個青年詩人的〈烙印〉》，《茅盾全集》第19卷，北京：人民文學出版社。1991年版，541頁。

〔註15〕朱英誕，《讀〈災難的歲月〉》，載《華北日報・文學》第39期，1948年9月26日。

〔註16〕廢名、朱英誕，《新詩講稿》，第76頁。

詩的『完全』性。由於新詩是以『詩』的方式進行思考的，並且『詩的思維』、『詩情』的促動、催生乃至『泛濫』是『忽然而來』的，因此『詩的內容』便是『當下』完成的；同時，就『詩情』的存在狀態而言。『泛濫』的『詩情』由於其觸發的瞬時性和直接性，也就不會是零碎的，而是完整、充沛以及飽滿的；是一種渾融的『詩』的意緒」〔註17〕。張桃洲的「當下」性和「完全」性實際上是一個意思，就是指詩的內容的「完全」性，「當下」性的創作動機是為了保證內容「完全」性。為了論述的方便，我們完全可以把兩點合併為一，就是「完全」性。

關於這一點，我們需要暸解廢名本人對此的論述：

溫庭筠的詞不能說是情生文文生情的，他是整個的想像，大凡自由的表現，正是表現著一個完全的東西。好比一座雕刻，在雕刻家沒有下手的時候，這個藝術的生命便已完全了，這個生命的製造卻又是一個神秘的開始，即所謂自由，這裡不是一個醞釀，這裡乃是一個開始，一開始便已是必然了，於是在我們鑒賞這一件藝術品的時候我們只能點頭，彷彿這件藝術品是生成如此的〔註18〕。

因此，詩意是否「完全」，成為廢名論詩的主要標準。廢名非常得意自己的詩是「完全」的，抗戰後，他評價自己的詩說：「我的詩也因為是天然的，是偶然的，是整個的而不是零星的，故又較卞之琳、林庚、馮至的任何詩為完全了。」他選了自己七首詩來點評，第一首是《妝臺》，寫這首詩的時候，廢名「有一個感覺，我確實是一面鏡子，而且不惜於投海，那麼投了海鏡子是不會淹死的，正好給一女郎拾去」。這首詩「我寫得非常之快，只有一二分鐘便寫好的」。第二首是《小園》。廢名說他這兩首詩「不但就一首說是完全的，就兩首說也是完全的。這就是說，我的詩是整個的」。而這之前朱英誕在北大講詩時，也推《妝臺》為「最可愛」，並說廢名寫詩時「詩之來是『意在筆先』的，廢名的詩就是如此，詩是早就完成了，彷彿圖樣；寫下來便是成功了一座樓」〔註19〕。這也是就廢名詩意的「完全」意義上立論的。無論就人生經歷，還是文學趣味，新詩人中跟廢名師徒差別最大的莫過於郭沫若，但廢名和朱英誕對其《夕暮》一詩卻非常推崇，並不以人廢文。郭沫若《夕

〔註17〕張桃洲，《重解廢名的新詩觀》，《華中師範大學學報》2005年第3期。
〔註18〕廢名，《已往的詩文學與新詩》，《談新詩》。
〔註19〕廢名、朱英誕，《新詩講稿》，第279頁。

暮》是「一群白色的綿羊，＼團團睡在天上，＼四圍蒼老的荒山，＼好像瘦獅一樣。＼昂頭望著天，＼我替羊兒危險，＼牧羊的人兒喲，＼你為什麼不見？」1936 年，廢名初講新詩時，就將這首詩列在《沫若詩集》這一講的開篇，他說：「這首詩之成，作者必然是來得很快，看見天上的雲，望著荒原的羊，詩人就昂頭詩成了，寫得天衣無縫。這首詩真能表現一個詩人。」（129頁）朱英誕追憶廢名選這首詩的情形說：「現代版的《沫若詩集》我從前買來讀了兩遍，這首《夕暮》在二六九葉，有我的評語，第一次是藍筆兩個字，『幼稚』，第二次是朱筆蟹行，此之『甚善』。後來給廢名看，他說這兩個意都對：這就是說新詩的第一大特色即在這個幼稚。廢名編詩至此認為已讀過的新詩再沒有比這首《夕暮》更好了。」〔註 20〕十年過後，在新詩人中已經湧現了卞之琳、林庚、馮至等傑出詩人的情況下，廢名仍然認為這首詩好，「讓我說一句公平話。而且替中國的新詩作一個總評判，像郭沫若的《夕暮》，是新詩的傑作，如果中國新詩只准我選一首，我只好選它，因為它是天然的，是偶然的，是整個的不是零星的」。

顯然，廢名兩處推舉《夕暮》，都從這首詩的「完全」上著眼，朱英誕儘管沒有說「完全」二字，但意見顯然跟廢名一樣。朱英誕論詩是常常批評人家的不完全。他說李金髮「他的詩裏有真是清詞儷句必為鄰，好行也真可以俯拾即是」。但「要找出一首較為完成的詩也實在太難」〔註 21〕。在評《現代》一群的詩中，他說上官橘的《唱》第二節很新鮮，但「只可惜前後都屬於是沒有必要的拼湊，即使有巫術神話的方法，我們也不能聯想到一塊兒」〔註 22〕。

可見，在朱英誕的新詩觀念中，他繼承了廢名的看法。認為一首詩的內容必須是「完全」的，既不能只有「清詞儷句」而無「完成」的事，也不能將不相干的意象拼湊在一起。

——本文選自《文科愛好者》vo2，no2，教育教學

〔註 20〕廢名、朱英誕，《新詩講稿》，第 129 頁。
〔註 21〕廢名、朱英誕，《新詩講稿》，第 219 頁。
〔註 22〕廢名、朱英誕，《新詩講稿》，第 323 頁。

美麗的沉默和眞詩的旨趣
——關於朱英誕詩歌的對話

王澤龍、錢韌韌等

主持人：王澤龍　華中師範大學文學院教授　博士生導師
討論人：程繼龍　錢韌韌　倪貝貝　華中師範大學文學院 2011、2012 級博
　　　　士生
　　　　羅燕玲　馬雪潔　任禕男　曾琦珣　石燕波　楊葵　華中師範大學文
　　　　學院 2010 級碩士生
時　間：2013 年 5 月 30 日
地　點：華中師範大學文學院現代文學教研室

王澤龍：朱英誕是 20 世紀現代文學史上一位被長期遺忘的優秀詩人。
近一些年來開始被關注。在謝冕先生主編的《中國新詩總系》（人民文學出
版社 2012 年出版）中，共選取了朱英誕的詩歌 26 首，數量爲第 3 位，列
艾青、聞一多之後，比第 4 名郭沫若的 23 首多 3 首。現在公開發表或結集
出版的朱英誕的詩，還不到朱英誕詩歌的 10%。近兩三年，我們在朱英誕
家屬的大力協助下，收集整理後，初步定稿的新詩已經有 3100 多首，現代
舊體新詩近 800 首，還有大量的詩歌論述文獻等。朱英誕是 20 世紀新詩創
作量最大，創作時間跨度最長的一位詩人（從 1928 年至 1983 年）。由於歷
史原因，朱英誕成了一位現代都市的「隱逸詩人」。朱英誕屬於 20 世紀 30
年代成長起來的詩人，是京派文人圈中的代表性詩人。今天在座的 2010 級、
2011 級同學們，都參加了朱英誕詩稿與文稿的整理工作。我想，同學們能
否從如下方面來談談對朱英誕詩歌的認識。一是，朱英誕生活在大動蕩的

20 世紀，卻能靜心沉默地把詩歌作為自己人生的存在方式，他的獨特性人生觀與生命體驗是怎樣詩意呈現的，有何獨特價值？二是朱英誕的詩歌基本上是一種以傳統意象為依託的意象抒情詩，較集中地在大自然的意象世界與夢幻意象世界中表達他的體驗與情緒，而與傳統詩歌意象內涵與呈現方式又有了明顯不同的現代特質，這樣一種古代與現代交織的匯通的經驗值得我們去總結探尋。三是詩人真詩追求的藝術匠心，特別是體現在散文句式與口語語言上的自然之美，值得重視。

一、美麗的沉默：以詩為生活方式的現代隱者

　　▓楊葵：朱英誕被認為是「退卻到高高的小屋裏的孤獨的詩人」，他更像是一個「邊緣行吟者」，在大時代的動盪與騷亂中歸然不動，執著地耕耘著屬於自己的詩的「園地」。朱英誕的詩歌題材大都與時代的主流話語不相融合，他的詩歌呈現出「向內轉」的特質，注重於個人內心世界的抒懷。在五十多年的寫詩和生活道路上，他始終把詩歌作為「家園」虔誠地守護著，無論外部世界發生了多大的變化，他總是「詩意地棲息」在自己潛心創造的藝術世界裏，總是在面對生存環境的諸多無奈時，不屈不撓地以「美麗的沉默」的誠實天性或倔強個性堅守著對新詩的信仰：從朱英誕的自道中我們理解了為什麼在「不寧靜」的年代裏，他的詩歌卻呈現出那麼多的「和靜」之美！詩人沒有選擇把保家衛國、奔赴前線作為題材去宣揚，去吶喊，他不流於「假大空」的呼號，而更多的是選擇「自然裏的人生」作為題材去經營詩歌，這是詩人對於藝術執著的守候。

　　▓羅燕玲：朱英誕可以說是一位「現代隱者」般的詩人。這種追求隱逸恬淡的人生態度其實能從他的前輩詩人廢名那裡尋到蹤跡。朱英誕對禪趣的喜愛，亦同廢名之「以禪入詩」一樣，「並非就是以詩寫禪」，與「傳統的禪詩中追求的那種水中月、鏡中花，不涉理路、不落言筌的詩境與詩思特徵依然有別」。朱英誕雖「遁入」佛理的莊嚴妙境，不復關注現實中的戰爭革命，時有「隱逸之思」，但對生活的赤子情懷卻深刻烙印在他的生命哲學裏，進而影響他的詩歌理念。其詩歌的根依舊生於現實的土壤裏，只是有著禪意的雲霧繚繞，在現實圖景中洋溢著禪意，與傳統的禪詩儼然有別。熱愛生活的詩篇乃是詩人赤子心的揮灑，而充滿佛理趣味的詩篇則是詩人超然物外之「莊子氣」的寫意。赤子心與莊子氣往往在其詩中相融不悖，渾然一體。詩人赤

子心與莊子氣的自在相融，對現實自然的熱愛同對佛理禪趣的怡悅在其詩中交織渾融，使詩歌傳達出一種「常情與禪悅渾融的意象旨趣」。

　　■程繼龍：作爲「五四」後成長起來的一代，朱英誕並沒有單向度地擁抱現代工具理性，他的趣味常常出現遊移和偏離，他的精神結構是複雜的。他對於詩有不同於一般的期許，他駁斥上世紀三十年代中期曾一度流行的「新詩無用論」，在《詩之有用論》中說：「詩人雖然在寫詩的時候好像『浪費光陰』或像『憂鬱的出世者』，其實眞詩人莫不是用欣賞態度寫出美感的——拿這傳達給一般人正是想使一般人也能抱著欣賞的態度，轉而去領略或感受生機的妙趣，使人覺出人生並不只如一部呆板的機器之無味，乃能立定腳跟好好地活下去。」朱英誕敏感地覺識到，在粗糙的「現實」面前，原有的英雄史詩、田園牧歌和風雅頌，都被機器的轟鳴和汽車的尖叫淹沒了。「現代」加於心靈性的詩人的是感官的鈍化、粗糙，是各種固定的理念、主義。爲此詩人經常感到苦悶、焦慮，在上世紀三四十年代日益現代的北平，他時時覺得湫隘，只好躲進書齋，過起了紙閣蘆簾、花草盈階的生活，用藝術的方式精心營造自我的「詩意世界」。

　　■羅燕玲：但不能說朱英誕是在企圖營造一座空中樓閣般的詩國。恰恰相反，詩人將詩歌作爲自己的生活方式，在詩歌裏陶冶平凡人生，因而世間萬物皆有著詩意的靈動與韻致。正是出於「以詩爲生活方式」的詩學理念，他才能在詩的小園裏，筆耕不輟五十餘年。詩的詩思徜徉在這片「平靜的海」裏，園外的喧囂遂不復存在。因而，在不寧靜的年代裏，他的詩歌呈現出的卻是獨特的和靜之美：望秋夜的星空，想到的是美好的星球，在這個星球裏「兩個陌生者相遇也會握手言歡，／他們將於此重建家園」（《秋夜》）；傾聽明駝的鈴響，呼喚著「我們時代需要的是那／漢馬擔負起天下的興亡」，這完全不同於「文革」中同伴相殘、百廢待興的社會現實。在悠閒的時間與平曠的空間裏，他的詩自然築成了一座「傑閣」，有著「香山擁護」（《樓閣》）。

二、自然與夢：詩人的烏托邦

　　■倪貝貝：詩人的詩意生存方式的精神源頭，主要源於中國古代詩歌傳統。從朱英誕的詩可察覺，詩人受古典傳統詩歌的影響頗深。他在意象的選擇上體現出「南宋的詞」（廢名語）的特徵，廢名曾稱其詩爲「六朝晚唐詩在新詩裏復活也」。以《西沽春晨》爲例：「鳥鳴於一片遠風間，／風掛在她的

紅嘴上；／高樹的花枝開向夢窗，／昨晚暝色入樓來。 ／／最高的花枝如酒旗，／也紅得醉人呢；／望晴空的陽光如過江上，／對天空遂也有清淺之想。」詩中選用了鳥鳴、遠風、夢窗、夜色等一系列古典化的意象，使整首詩似一幅簡練優美的寫意國畫。「昨夜暝色入樓來」可以說是純古詩的做法，鳥兒與風兩個意象形成了迴環呼應的效果。由花枝伸向窗扉聯想到昨夜入樓來的夜色，從花枝醉人的紅色既而又延展到晴空裏的陽光，意象的交織與聯想的跳躍賦予了詩歌朦朧而「清淺」的色彩。

　　■錢韌韌：在新詩大量採用新事物、新名詞的背景下，朱英誕卻偏愛選擇傳統詩歌中常見的自然意象，是一種較有意思的現象。這並不意味著詩人因循於古典詩歌，相反，他重視詩意的生新，用現代詩語的形式表達新的複雜情緒。如《山居》：「一枝桃花斜出在竹梢之外，／仙人為什麼捨此而去呢？／暗香在有無之間打濕了我，／如沾衣的密雨，如李花初開。／聽山果一顆顆的落滿地上，／它們仍有著青色的璀璨的背景嗎？／雨夜不眠的岑寂裏，／我遂做種種的遐想。」桃花、竹梢、暗香、密雨、李花等意象源自古典詩歌，但詩人更為突出主體的思想、情志，特別是「我」的種種遐想與追問，表現詩人山居時的幽寂閒適的心境以及現代人旅居的情感心理特徵。大量自然意象入詩，契合了詩人「詩近田野，文近廟廊」的詩歌觀念，也體現出詩人在淪陷區詩壇嚴酷的生存環境中尋找精神家園的傾向。它們開闢了一個新的象徵系統，充滿著現代文人思想情志的隱喻。同時，也表現出與同時代反映社會矛盾和時代風雲的主流詩歌所不同的旨趣，即構築一種詩意想像的空間來隱性地對抗悲觀、破碎的生活狀態。

　　■石燕波：我感興趣的是何以朱英誕會通過這些意象透射出現代人的情感心理。我認為，現實中的屢屢碰壁讓朱英誕成了一個喑啞的歌者，無法吐露的心聲只能借由詩歌傾瀉而出。除自然意象之外，「夢」意象在朱詩中出現頻率很高，地位也頗為特殊。某種程度上，詩歌和夢境就是詩人的烏托邦。在詩歌《如夢》中詩人曾寫道：「夢？就是那些沒有必要對誰述說的／可是自己知道得最清晰的／心靈的歌曲。」《懷念母親》便源於詩人的一個夢。詩中雖然沒有提道夢，但全詩卻是因夢而起，因夢而成。在這首詩裏，「夢」指向母親去往的那個神秘莫測的彼岸世界。

　　■馬雪潔：朱英誕「夢」意象具有明顯的內涵指向，他主要是以「夢」意象寄託情思，在夢中寄託對早逝母親的思念以及對江南故鄉的憧憬。朱英

誕的一生當中，內心始終有兩種隱痛，一是母親早逝，二是思念其江南的故鄉。在思念母親的同時也常伴隨著對於故鄉的思念，可以說早逝的母親與回不去的故鄉是詩人平生揮之不去的惆悵與感傷，是永恒的追想，而這種追想往往寄託於「夢」來實現。其「夢」意象最具特色與深情的運用幾乎都是在表達對母親與故鄉的思念之情的詩歌當中。

■羅燕玲：朱英誕詩歌意象豐富，自然風物、夢境遐思皆在詩人妙筆點染下成爲詩中意象。縱觀其現存的所有新詩，我認爲朱英誕的新詩意象主要有兩大類。一類是植根於現實的自然季候類意象：春花秋月、夏雨冬雪、鳥啼蛙鳴、葉落花發，無一不是詩人反覆描寫的風物。詩人對此類意象的描摹，多用清新雋秀的筆觸，傳達出一種靜穆和諧之美。另一類則是沉潛於冥想的夢幻虛化型意象：或沉醉於夢境，在夢中拾掇詩意；或遨遊於書海，與古人暢敘幽情；或感悟於鏡燈，在禪意中思索人生。詩人對此類意象的抒寫，多用隱喻象徵的手法，展現出一種怪麗幽思之美。兩類意象時而交替呈現，時而相織互融，使朱英誕的詩歌總體呈現出一種虛實相生、朦朧和靜的獨特意境。正如詩人在《什麼是詩》中所言：「眞的詩就生在這神秘與現實之間，彷彿是草生在山水之間」，朱詩爲我們構築了一個現實與幻境交織的詩意世界。

■任禕男：朱英誕新詩中的兩類意象可看作是他對西方象徵主義詩藝和東方美學品格追求的結合。以《枕上》爲例：「寒冷的風由遠而近，／夢攜來泥土的香味；／有風自南，來自海上，／風啊，吹來了，徐徐的消逝。　//睡枕是驚夢的暗水的小池塘，／吹落星花，徐徐的消逝；／籬園裏是空的，有曉月，／像乳白的小孩。」該詩中「風」、「夢」、「睡枕」、「暗水」、「池塘」、「星花」、「籬園」、「曉月」、「小孩」等，都是中國詩歌的傳統意象。但是「夢」與「風」的交感、「曉月」與「小孩」的契合，顯然又是西方象徵主義詩歌的感物方式。整首詩既有象徵主義詩歌虛幻不可捉摸的迷離感，又吸收了中國傳統詩歌意境營造上的營養，將西方的意象表現與中國的傳統意象藝術加以糅合與轉化，構成了一個和諧的整體性意境。同時，《枕上》夢境的追憶與夢境的消逝暗合情緒的起落，「徐徐的消逝」重複出現，如音樂中反覆呈示的主音，強化了這種節奏感。

三、節制與沖淡：「不明言之美」

■楊葵：我主要想談談朱英誕新詩詩情的傳達方式。在朱英誕的詩中，

很難看到郭沫若般「我便是我呀！我的我要爆了！」那樣噴湧而出的激情，也沒有艾青「為什麼我的眼裏常含著淚水，因為我對這土地愛得深沉」直抒胸臆的深情。他在詩中所釋放的感情總是處於一種半壓抑的節制狀態。如《試茶》一詩，詩人遊走於鄉愁、詩愁、人世哀愁之間，情感始終淡而不濃，卻讓讀者於節制中見深情、於沖淡中見凝重，讀到了他的詩情與愁情。即便是有「三十六陂春水，白頭想見江南」的深情，也只以一句「勿告我以暮春三月和你的鄉愁」，四兩撥千斤，將鬱積心頭的愁思輕輕淡去。詩人選擇將「深情與節制、凝重與沖淡」並置的情感溶解在詩中，這樣的情感表達方式也正好讓讀者在半明半暗、朦朧迷離中去體會朱氏的那份「不明言之美」。

　　■曾琦珣：這種「不明言之美」與詩人在表現手法上的求新有關。以《陌巷》為例，詩人聚焦的鏡頭在空間上由局部移到整體：光線經過壞牆，撫過人們的面龐，後來擴展至「每一條陌巷」。而時間在直線性的流動中帶有曲線式的迴環。「反覆辨認」說明時光一點點地流逝，而面對日復一日光陰的逝去，人們幾近於麻木，臉面上「甚至沮喪的神情也沒有」。時間的腳步雖在不斷地前進，卻似乎沒有在陌巷中刻下印跡，沒有出現任何新生、萌芽式的發展，只能形成無奈的迴環。從心理空間的維度來看，詩歌呈現出環境的自然與人性的自然的和韻與變奏。首先，陽光和月亮本是環境的一部分，詩人卻將它們暫時抽離出來，以探尋者的視角來審視整個陌巷；其次，「壞牆」在第二句中做了三次重複，而「走來」、「而又走去了。又一個走來」，與詩歌第二句的「壞牆，壞牆，壞牆」形成了節奏上的呼應，環境被冰封一樣地凍結，人們在其中無奈地等待，傳達出對擺脫等待的循環的渴望。該詩兼具晚唐詩風的朦朧隱晦，和象徵主義詩歌的現代性，將古意奇崛而又富於晦澀性的哲思，籠罩在朦朧、詭秘、冷寂的「真詩」氛圍中。

　　■倪貝貝：朱英誕提出新詩的「栽竹樹」法，要求詩人在寫詩時須兼顧到詩句的前後照應關係。朱氏推崇西方詩人哈爾黛（T.Hardy），理由在於他的詩之所以那麼精巧嚴密，給人一種乾淨伶落的觀感，與其建築學的技術背景是密不可分的，這意味新詩在文體結構上應具有一定的建築美。這並非要與聞一多的「三美」畫上等號，朱英誕更多借鑒的是古典園林的「借景」手法，指出詩藝的成功取決於詩思顯與隱的和諧搭配，詩人若能在寫法上實現表現與掩蓋相得益彰，詩的揮灑性就圓滿了。

　　■馬雪潔：我想談談朱英誕新詩在詩歌句法上的特點。朱詩的句子常常

以口語化的句式為主導，使詩歌整體上呈現出日常生活化的樣態，營造出一種場景化的氛圍。如《觀浴日口占》裏的「來，翻箱倒籠」，「好，那麼，家，讓我是地圖上的兩個小黑點」等。其中「來」、「好」都是以一個字來單獨成句，是典型的口語句式。此外，朱英誕在詩句建構上用口語的句子對古典詩詞的原句進行「改良」，打破句式形式上的整齊，祛除詩詞原句本身的格律押韻，使之呈現出一種現代的樣態。如在《出塞》開首兩句化用王安石《泊船瓜洲》中「春風又綠江南岸，明月何時照我還」，將其句中自古以來廣為稱道的形容詞動用的「綠」字作了修改，加之助詞「了」，改為現代白話「吹綠了」。雖然不再具有原句一個字可以涵括色彩與動態美的「特效」，但對這樣的詩句進行口語翻新，達到了即包含著其原本的含義，又在現有的現代詩歌當中構建著新的意義的功效。

■程繼龍：在詩歌的語言文字方面，朱英誕繼承了胡適、廢名新詩須發揮散文語言優長的主張。他看重散文語言文字的自由特性給新詩帶來的解放，但這並不意味著他忽略了詩與散文的界限，指出經過一定階段的嘗試，積累足夠的經驗之後，必須找到新詩「不同的領域」。散文的詞彙、句法釋放了韻文的拘束，有利於自由地表情達意，容易與複雜曲折的現代思維形成同構，這既是由新詩內在的自由品質決定的，又是由五四之後漢語由古典文言到現代白話再到成熟的現代漢語的歷史進程所規定的，詩歌和語言是相互借用、相互提升的關係，

所以這一處境是難以逾越的，必須有一個歷史的實踐過程。同時，詩歌對它所紮根的語言負有改造提升的天然義務，而且，從詩歌本身的審美要求出發，也須找到區別於散文的身份標識和內在品質，所以在更高的層次上對詩歌提出要求是理所當然的。在更廣闊的意義上開鑿、提升語言，衝破語言的牢籠，達於無言之大美的至境，是他一生所汲汲追求的。

■錢韌韌：朱英誕推崇淡雅、純淨的詩歌語言，重視修辭，肯定語言的變化創新，但是排斥快速與新異、神秘或迂怪，強調新詩語言的平易自然。詩人在《初雪》中依著直覺採擷「雪」「風」「月」「果」「美夢」「羽翼」等詞語，營造一種富有神韻的詩歌意境：「小銀刀割著頻婆果／也割著美夢的羽翼嗎」，詩句聯想自然，譬喻生動，令人幾乎覺察不到修辭和技巧的存在。朱英誕重視新詩語言，強調「文字是新詩隊伍中逢山開路遇水搭橋的先行」。他將新詩看做「自由的詩」，文字也「要聽從自然的運命」，希冀用現代的語言文

字寫出可以與古詩相媲美的現代新詩。朱英誕詩歌的各種自然詞彙、人文詞彙等，無論新詞還是舊詞，都被賦予了個人的情思和獨特的精神氣質，具有自由與自然的新質。也即是說，朱英誕的現代新詩語言在面對詩歌傳統時，採取了一種以「我」爲主的重新調配和賦予所指的現代化過程，以在詩人個性經驗的支撐下成就一種新的詞彙體系或意義賦予。

■馬雪潔：廢名被學者稱爲廢名圈的詩人代表。其實不僅是詩學觀念和人生態度接近廢名，朱英誕在詩歌創作的詞彙組合上也與廢名存在極大的探討空間。廢名的詩歌常常出現矛盾詞彙的組合，呈現出一種整體性的巨大張力。如《琴》：「我是一個貪看顏色的人，／所以我成了一個盲人」，詩人以矛盾的詞彙組合，傳達出含義單純的詞彙所難以承載的複雜情緒。詞與詞之間貌似不合邏輯的組合，比起正常的語言表達顯得更加詭奇而富有詩意。朱英誕的詩歌則較常呈現出具象詞與抽象詞的嵌合。如《冬日》：「闊別已久的人的信厚厚的／乃展開了海上的溫柔。」「展開」是具象的動作，「溫柔」是抽象的形容詞，使得該詩具有一定程度的陌生化，同時又非形成一種閱讀阻障，而是呈現出一種奇麗的色彩，有助於抽象的情感與哲思之理解。就審美趣味而言，廢名以禪宗統攝詩歌，善於在個人的園地中孤獨冥想、悟道、虛闊心靈，溝通了儒釋道而遠離了淺薄浮躁，以較爲晦澀的語言表達著對於複雜世界與內心世界的獨特感受。他的現代禪趣詩常常將具體化、現實化的實相「虛化」構成清遠之詩境，滲透出一種空濛之美。朱英誕則醉心於煙水國，將「智之雕刻」與有節制的情感相結合，以智慧爲支撐在自然與日常生活中追求詩歌的一種平淡之美，構成了赤子的天眞與深遠的結合，做到了將抽象的詩思與具象表現相彌合，在知性化詩潮中尋到了一條難得的道路。

■倪貝貝：談及朱英誕跟廢名的關係，我更傾向於從二者的詩學觀念上來探討。在廢名看來，新詩區別於舊詩的根本在於新詩是詩的內容，散文的形式。而舊詩則剛好相反，他在《廢名講詩‧〈冰心詩集〉》中談道：「舊詩大約是由平常格物來的，新詩每每來自意料之外，即是說當下觀物。」朱英誕將廢名所指的新詩的「當下性」定義爲詩的「本色」，即：新詩注重把握當下，強調今日之感與昨日的不同，詩人因對當下的生活有了連續完整的詩意，才要去寫詩。每一首詩與另一首詩不同，正如人事之在明日與今日不同是一樣，首首詩的內容與形式雖相似而不同，這才是眞正的自由詩的風格，也就是今日的新詩與已往任何一種詩的不同。廢名在形式上將自由詩理解爲：第一，

散文化的白話句式。第二，以分行作爲新詩的惟一形式。由此形成了他新詩形式的全部要求。但對處在學步階段的新詩人而言，廢名的建議並不具備足夠細緻的可操作性。朱英誕贊同新詩要以散文化的形式予以表現，但這並不意味他如廢名那樣視格律爲新詩形式之死敵。相反，在長期的詩體形式探索過程中，他曾多次表明格律詩的存在具有合理性的態度。他認爲，新詩在韻律上不是不能，而是不願或者不必像舊詩那樣必須依賴韻律的支撐。從朱英誕對自由與格律兩者利弊的反覆權衡與考量中可見他在相關問題上表現出較爲含糊的態度：他是想博取兩者之長，繼而創造出一種適宜新詩寫作的雜糅形式。

■錢韌韌：在既「傳統」又「現代」的淪陷區詩人群中，朱英誕對自然、人生和宇宙的體驗也最爲敏感。總體說來，朱英誕的詩歌淡雅、純淨，將古典詩美與現代詩情巧妙融合。一方面，朱英誕將「自然」作爲書寫對象，有「回歸中國傳統」的傾向；另一方面，他借鑒西方詩歌的優秀成果，突出了現代人的情感和精神。同時，詩人講究眞與純的詩歌理想以及詩歌語言的自然天成，而非苦吟與晦澀。這種詩歌觀念使得詩人的創作更加自由。朱英誕始終以一顆赤子之心在詩歌中書寫著「美麗的沉默」，詩思獨特，意境深遠，清新自然的藝術風格爲當下的詩寫實踐提供了諸多有益的啓示。

■程繼龍：朱英誕的詩藝和象徵主義淵源深厚。受馬拉美和瓦雷里詩學的啓發，朱英誕借助意象思維，將玄想性開掘到一個全新的高度。「玄想」之「玄」，即在心物感應凝成意象時，智性逐漸滲透進來，致使意象帶上了哲理的意味，這種哲理，是個人內心的飄忽之思，是對世界和自我的一種靈光乍現地領悟，帶著思想源發時的野性，是一種「準哲學」。意象組合的非線性特徵也有力地彰顯了象徵主義表達的暗示性。「非線性」實際上是「時間的空間化」，即意象在詩思中的展開和在文本中的分佈打破了時間的先後順序。既然詩是「人生微妙的刹那」，那麼「刹那」就是詩意開啓的一個特殊時刻，時間的過去性、現在性和未來性統統消失了，在某一個點上側身而入，旁逸開去，進而雲集大量的意象，就像垂直的星空雲集了無數的星座，共同醞釀一片詩意的光輝。時間的空間化解放了時間的單一、狹窄，將全感官和全思維帶來的大量信息置放了進來，實現了詩歌以最經濟的語言表達最豐富的意思的藝術原則。

■王澤龍：今天大家的討論較爲集中，對朱英誕詩歌的感性認識還是較

爲準確的。也能從朱英誕的詩學主張的聯繫中來討論詩人的創作。朱英誕在現代詩人中，應該是一位最自覺地選擇傳統、辨識傳統、改造傳統的詩人。他的詩歌在感性的表達中更多的是自然的參悟與人生體察，與感性的抒情的傳統是有較大不同的，這與他對西方知性主義詩學的吸納是有關係的。我們還需要多多從這一方面考察，總結詩人對中國詩歌傳統的現代轉化的成功經驗。

——原載《揚子江詩刊》2014 年第 3 期

「在尋覓眞詩的路上」
——朱英誕新詩導讀

錢韌韌

　　「七·七」事變後，一些詩人隨高校南遷至西南聯大，也有一些詩人如南星、吳興華、沈寶基等留守淪陷區，以校園爲陣地，進行「沉默而冥想」式的寫作，朱英誕就是其中一位。他師從林庚，結識廢名、沈啓無、周作人等，也是「廢名圈」中的一員。從 1928 年發表第一首新詩《街燈》起，至 1983 年病逝前寫下《掃雪》、《飛花》等，朱英誕總計創作了近三千首新詩，自訂詩集《小園集》、《深巷集》、《夜窗集》等二十餘冊。廢名曾給予他高度評價：「在新詩當中他（朱英誕）等於南宋的詞。這不是很有意義的事嗎？這不但證明新詩是眞正的新文學，中國文學史上向有眞正的新文學。」〔註1〕然而，由於淪陷區詩壇的特殊背景以及詩人自身的性格原因，朱英誕公開發表的詩歌不是很多，在文學史上也鮮爲人知。

　　在既「傳統」又「現代」的淪陷區詩壇，朱英誕不僅有新詩創作，更有大量的詩評、詩論，對自然、人生和宇宙的體驗也最爲敏感。總體說來，朱英誕的詩歌淡雅、純淨，具有自由和自然的新質。這種新質有著古典詩美與現代詩情的巧妙融合，關乎「古典與現代互涉的美學」〔註2〕。一方面，朱英誕將「自然」作爲書寫對象，有「回歸中國傳統」的傾向；另一方面，他借鑒西方詩歌的優秀成果，突出了現代人的情感和精神。同時，詩人講究眞與

〔註1〕廢名，林庚同朱英誕的新詩〔C〕，廢名、朱英誕：新詩講稿〔M〕，陳均編訂，
　　　北京：北京大學出版社，2008 年，345。
〔註2〕陳芝國，朱英誕詩歌：古典與現代互涉的美學〔J〕，江漢大學學報，2010 年，
　　　29（1），11。

純的詩歌理想以及詩歌語言的自然天成，而非苦吟與晦澀，這種詩歌觀念使得詩人的創作更加自由。朱英誕始終以一顆赤子之心在詩歌中書寫著「美麗的沉默」，詩思獨特，意境深遠，清新自然的藝術風格，爲當下的詩歌實踐提供了諸多有益的啓示。

一

朱英誕曾被認爲是「沉默的冥想者」、「大時代中的小人物」。他感慨自己的一生僅僅是「苟全性命於亂世」。實際上，在淪陷區嚴酷的生存環境中，正是這種不事張揚使詩人逃過了一場場戰爭和文化的劫難，進行一種自由且自然的詩歌寫作。因此，朱英誕將詩歌看作是一種精神生活，以構築詩意想像的空間來慰藉現代人的情感和心靈。

首先，將「自然」作爲書寫對象，如花、葉、星、月、雪、風、水、魚、鳥等。在新詩大量採用新事物、新名詞的背景下，朱英誕採擷了大量傳統詩歌中常見的自然意象，是一種較有意思的現象。這種選擇並不意味著詩人因循於古典詩歌，相反，他重視詩意的生新，用現代詩語的形式表達新的複雜情緒。如《山居》：「一枝桃花斜出在竹梢之外，／仙人爲什麼捨此而去呢？／暗香在有無之間打濕了我，／如沾衣的密雨，如李花初開。 //聽山果一顆顆的落滿地上，／它們仍有著青色的璀璨的背景嗎？／雨夜不眠的岑寂裏，／我遂做種種的遐想。」此詩的桃花、竹梢、暗香、密雨、李花等意象均源自古典詩歌，如「暗香浮動月黃昏」、「沾衣欲濕杏花雨」等，但朱英誕更突出了主體的思想和情志，特別是「我」的種種遐想與追問，體現出詩人「山居」中的幽寂閒適的心境，表達了現代人旅居的情感心理特徵。詩歌語言與興會經驗的融合，使得詩境清新勻淨。朱英誕在詩中採用大量的自然意象，體現了詩人在淪陷區詩壇嚴酷的生存環境中，尋找精神家園的傾向。在某種情況下，詩歌中如「魚」、「花」、「月」、「水」或「仙人」等意象所隱含的道佛意味，也與此有關。朱英誕詩歌自然意象較多，很少出現與戰爭有關的意象，開闢了一個新的象徵系統，表現出與同時代反映社會矛盾和時代風雲的主流詩歌所不同的旨趣。朱英誕在許多文章中曾提道「詩近田野，文近廟廊」〔註3〕。他的詩作如《落花》、《秋雨》、《黃昏》、《落葉》、《小園》、《蝴蝶》、《春

〔註 3〕 朱英誕，梅花依舊——朱英誕自傳〔C〕廢名、朱英誕：新詩講稿〔M〕，陳均編訂，北京：北京大學出版社，2008 年，393。

夜》等都飽含豐富的自然美，突破了傳統詩歌中的象徵意義，充斥著現代文人思想情志的隱喻。

其次，富有現代氣息的人文意象。這種人文意象，雖然沒有自然意象出現的比例大，卻使詩歌突破了舊詩以自然為中心的意境體系，而富有現代的情緒和人文特徵。朱英誕詩歌塑造了一個行在途中的詩人形象。如《試茶》：「而且我可以摸索著歸宿，／雖然走在暮色裏如穿過魑魅。」又如《道旁》：「當我走在途中時，／一朵孤獨的野花／沉思者，我的衣裳窸窣作響嗎？／為什麼對我的狂馳付諸微笑。／／秋風正在天涯啓程，／嗯，當你走過她的時候，／你將傾聽著沉默，／對著那無言的宇宙的中心。」不同於魯迅《野草》中的「過客」，也不同於郁達夫筆下的「零餘者」，詩人將各種複雜的現代情感、思想與心境融化在詩境中，體現出自然、節制的哲理色彩。即使有《鄉野》「這麼遼闊的天壤會容不下／我的生，死和躊躇？」也很快被「松葉」等自然意象所容納。「少年」、「旅人」、「水手」、「遊子」等人文意象的大量出現表明詩人作為現代人，對個體價值和精神體驗的關注。同時，朱英誕也塑造了其他現代文人形象，如《沉默者言──懷林庚》：「愛沉默，您說我／難於捉摸：像一縷青煙……／濃淡？／而我所深愛的是／一片青青者天，／嬝嬝的如遠人不見」，詩歌對人物形象的塑造不同於古詩中的舊式文人形象，而是一位吸著香煙、充滿冥想情調、具有個性特徵的現代文人形象。他有自己的追求，深愛著「一片青青者天，／嬝嬝的如遠人不見」。這種富有主觀色彩的人物形象，透露出「五四」後追求自由與個性主義的新式人物之風。此外，朱英誕還運用「和平」、「安眠」、「戰爭」、「汽車」、「碼頭」、「電線」、「玩具」等現代人文意象，雖然這些意象出現的比例較低，且較多地嵌入自然意象中，但也顯示出詩人對現實的敏銳感受，以暗示或象徵來抵制環境對精神的擠壓。

再次，以「夢」與「鏡」為臨界點進行詩意想像。這種精神鏡象與枕上夢寐結合日常生活的情境，有著現代性的情感和思想。如《枕上》，詩人著眼於日常的感覺書寫了夢來、驚夢、夢醒時的情景，特別是「睡枕是驚夢的暗水的小池塘，／吹落星花，徐徐的消逝」，將驚夢的感覺寫得富有現代氣息和動態特徵，而不同於古詩中理想、興亡、人生等固定的比喻義。如《曉夢》以夢的造訪者開始，又以「夢笑嬝嬝」結束，結合晨雪的日常情景與詩意想像，寫出了夢醒時的遐思和遨遊，乃至「種子」、「牧女和「菊」均可入詩入夢。詩人在詩與夢中實現時空的跳轉和虛實變換，建構自己的精神家園。如

《秋夢》：「棄兒落入靜水的時候／陰涼彷徨於夢寐的臉上／至於我的足音嗎／去問流水吧」，詩人尋找「足音」，「靜水」和「夢寐的臉」成爲現實與幻境的臨界點，詩歌語言消解了詞語本身所對應的象徵義，而成爲精神的幻象。「鏡」與「夢」一樣，反射出多重世界的影像。如《對月》：「那麼，我掬取你，水中的鏡啊，／像我愛聽的琴中山水。」如《秋水》：「山，海嗎？鏡中的她卻笑而不答。」詩人彷彿能夠通過「鏡」與「夢」或「詩」實現對另一種世界的追求和滿足。「對現實的規避使他們耽於自我的鏡象，迷戀於自己的影子，就像臨水的納蕤思終日沉迷於自己水中的倒影一樣。」〔註4〕詩人處在精神鏡象和夢寐的邊緣，通過「夢」與「鏡」等現代詞彙意義的轉化，更加自由地完成了從古典到現代的抒情方式和審美風格的轉變。這些意象出現的頻率較高，意象之間的互文性，也顯示了朱英誕詩意空間的多重性與豐富性。

二

朱英誕「試圖找到一種融會古今、涵納天地萬物之『自然』的詩歌寫作形式」〔註5〕。詩人純熟地駕馭各種關於自然、人生和宇宙的經驗，在詩歌境界上實現了情景事理的渾融，使得詩歌既富有現代色彩又韻味無窮，具有自由和自然的新質。

其一，日常生活的詩意想像。朱英誕曾提起自己寫詩的緣起，「疾病與閒暇兩者都是動力」（《我爲什麼沉默了四十年──〈冬醪集〉後記》）。枕上、病中及悠閒的時刻是詩人詩興最爲濃鬱之時，他因此更善於從日常生活中捕捉靈感、情緒及思想的閃光。朱英誕幼年喪母，因此寫有許多懷念母親的詩句，如《懷念母親》：「當風吹著草葉的時候／我想往訪您，／母親。我想抓住您的衣襟，依舊／像兒時」，這一日常化的事隨之昇華到對生與死的感悟，以及現實與夢想的糾纏上，「我找不到一條梯形的崎嶇山路／我終於會找到它」，詩歌充滿淡淡的感傷和理性的思索。《枕上》、《苦雨》、《山居》、《試茶》、《悼童年》、《遊子謠》等詩歌也都來自於日常生活的詩意想像。詩人通過詩的方式彌補在現實環境中的缺憾。他認爲「詩是曇花」（《試茶》），在寫詩中

〔註4〕 吳曉東，臨水的納蕤思──中國現代詩人的鏡象自我〔A〕，二十世紀的詩心〔C〕，北京：北京大學出版社，2010 年，231。
〔註5〕 朱英誕，梅花依舊──朱英誕自傳〔C〕，廢名、朱英誕：新詩講稿〔M〕，陳均編訂，北京：北京大學出版社，2008 年，387。

能獲得充分的自由，同時也希冀自己的詩歌如「藥草之有華」，以慰藉疾病的痛楚。當求生存成爲淪陷區詩人面臨的首要任務時，朱英誕避開敏感的現實與政治領域，書寫個人的日常生活及其由此而生發的有關夢境、理想、情緒、生命等方面的感悟。如《對月》中的「散髮的仙子」、《秋水》中的「漁女」、《山居》中的「仙人」等美好的象徵意象，寄寓著詩人的彼岸理想。但是詩人並沒有完全沉醉在充滿靈性和古典趣味的道佛仙境之中，這些詩意想像與日常生活有著密切的聯繫。殘酷的現實環境給詩人的心靈留下了深刻的印記，無法直接表達的沉默之苦促使朱英誕詩歌的日常意象充滿許多象徵色彩。如《苦雨》，詩人以隱喻的方式寫出：「一個大時代只是個蠕動，／像我們在做夢……」以至於訪友、出城、行路等簡單事件都暗示著在大時代環境中求生存的艱難。詩人不是直接表露自己的情感，而是借助「苦雨」的象徵氛圍以及「給孩子們講『龜兔競走』」等輕鬆的事件來緩和詩歌的思想和情感。這種寫法巧妙契合了淪陷區詩人的心境，以「溫柔敦厚」的情感方式隱約表露出關於時代的個人感悟，有著周作人、廢名式的象徵與禪意色彩，描繪了現代人的情感心理特徵。這種現代主義的象徵和隱喻色彩建立在日常生活的詩意想像之上，其中，情感的節制、現代思想的隱現也關乎詩人對詩美理想的追求，以沖淡現實的遭遇。

其二，清新自然的詩歌語言。朱英誕非常重視新詩語言，強調「文字是新詩隊伍中逢山開路遇水搭橋的先行」。他將新詩看做「自由的詩」，文字也「要聽從自然的運命」（《讀柳柳州後》）。詩人希冀用現代的語言文字寫出可以與古昔相媲美的現代新詩。朱英誕詩歌的各種自然詞彙、人文詞彙等，無論新詞還是舊詞，都被詩人賦予了個人的情思和獨特的精神氣質，具有自由與自然的新質。如《一片羽毛》，詩人將羽毛的古典意味如「清虛的聖賢」、「古意的鏡子」轉化爲富有現代情感和思想特徵的象徵元素，「但是你卑微些吧，平凡些吧，／離開大陸，深入海上：／去航行到那死的碼頭，正如航行到生／的，然後一件件行裝卸下來，／像脫掉衣裳，赤體讀經。／如夏天一到，一身輕」。羽毛的平凡性在詩中還原，同時又寄託了詩人的生命感悟：在遼闊空間中的生與死。「碼頭」、「航行」、「卸」等具有現代特徵的人文詞彙沖淡了羽毛的古典格調。「那肥大的玉簪花如靈活又傲慢，／讓我們爲了生唱死神的輓歌」，自然意象與哲理色彩相映成趣，體現出詩人對傳統詩語和現代白話的巧妙駕馭。朱英誕推崇淡雅、純淨的詩歌語言，重視修辭，肯定語言的變化

生新，但是排斥快速與新異、神秘或迂怪，強調新詩語言的平易自然。詩人在《初雪》中依著直覺採擷「雪」、「風」、「月」、「果」、「美夢」、「羽翼」等詞語，營造一種富有神韻的詩歌意境：「小銀刀割著頻婆果／也割著美夢的羽翼嗎」，詩句聯想自然，譬喻生動，令人幾乎覺察不到修辭和技巧的存在。這種既講究修辭，又強調自然而爲的詩歌語言，使得朱英誕的詩歌清新純淨。朱英誕注重寫詩的當下性，不願修飾和雕琢打扮，講究任天而動、清絕滔滔等。雖然他曾表示過「對苦吟境界的欽羨」（《餘霞集》），但自己是並不苦吟的，其意在於調和寫作自由與詩句推敲之間的平衡，既不能太過隨意，也不能過度修辭。因此朱英誕的詩歌在修辭效果上，「但見聲情，不睹文字」，語言妙合無間，韻味無窮。

其三，靈活多變的詩體形式。朱英誕講究詩歌內容的眞與純，在藝術形式上也嘗試靈活多變的自由創作。詩人將詩歌看做一個圓滿和諧的美的整體，反對詩歌的刻意雕琢，強調順應自然的眞質。朱英誕早期詩歌較多採用小詩體的形式，並自稱其爲「短歌微吟」。這些小詩多爲即興或口占的短詩，如《枕上》：「寒冷的風由遠而近，／夢攜來泥土的香味；／有風自南，來自海上，／風啊，吹來了，徐徐的消逝。 ／／睡枕是驚夢的暗水的小池塘，／吹落星花，徐徐的消逝；／籬園裏是空的，有曉月，／像乳白的小孩。」朱英誕重視感性和頓悟，將靈感的一閃，思想的火花，情緒的飛揚化爲詩歌的片段，具有空靈、渾成之美。《忘形》、《月光》、《睡眠》、《宇宙》、《浪花船》、《夜》、《原野》等都是結構整飭的小詩體的形式。朱英誕受泰戈爾詩歌以及詩經、唐詩等意境氣質的影響，巧妙借鑒中西詩歌的優秀傳統，融入了情感與語氣的節奏，詩句中頗能體現詩人情緒的變化流動，將古典詩味和現代情感結合得十分自然，甚至無跡可尋。此外，還有一種自由體詩的形式，按照朱英誕的說法是：「『自由詩』即是揚棄韻律，用普通散文寫詩。但並不等於我們的『以文爲詩』。其實質則是：內容是『眞詩』，形式是散文的。」（《〈深巷集〉題記——紀念寫詩四十年》）這種詩體用普通散文來寫，不藉重韻律，詩行字數不整齊，不協韻，不作整齊的行數的分節等，但按照「眞詩」的要求，有著自由體詩中各種相應的形式。這些詩歌有時獨段成詩，如具有明顯現代色彩的《陌巷》一詩，利用語言的組合和句式的變化，寫出了如同「木偶」似的缺乏思想、充滿麻木色彩的人生。有時，朱英誕詩歌具有許多詩節，在這些詩節的劃分中，體現出詩歌韻律、詩思表達和情感節奏的變化。如《鳥兒

飛去》是一首充滿節奏和韻律的自由詩。詩歌有四節，每節四句，每節的抒情和表達方式大致相同，具有一種迴環往復的詩美。「什麼鳥兒伴著你飛去，／那海鷗的巢在哪兒，／你墮地的哭聲？／是不是那一片神秘的大海？」文字的律動與人生不同階段神秘的鳥兒相應和，全詩富有音樂性，餘味無窮。當然，也還有《遊子謠》式的兩句一節工整的詩體形式，以及《對月》、《懷念母親》、《苦雨》等分節分行、句式長短不齊、自由多變的詩體形式。這些詩體形式順應情感內容、哲理情緒、語氣節奏等方面的因素，有時甚至可以獨句成節，如《對月》的「讓我走去，飲馬，投錢」。以形成全詩境界的昇華。朱英誕嘗試各種詩體的形式，尋找適應現代思想和複雜情緒的表達，體現出一種自由而自然的詩歌寫作及創新精神。

總體而言，朱英誕講究日常生活的詩意想像，使用清新自然的詩歌語言，靈活多變的詩體形式，書寫了現代人的情感心理特徵和生活氣息。這種詩歌自然合韻、淡雅純淨，情景渾融而又深蘊理致，既富有現代色彩又圓融和諧，韻味無窮。朱英誕詩歌的自由與自然之美，豐富了新詩藝術的表現力。

三

朱英誕善於從中西詩歌、哲學、宗教、音樂、自然、宇宙和現代生活中取法，對各種詩歌要素進行巧妙的融會貫通，創作出許多融古化歐、清新自然的優秀詩篇。

他對於傳統詩歌既有接受，又有創新。他在自傳中寫道：「讀詩史，於屈、陶、二謝、庾信、李、杜、溫、李，乃至元、白以及歷代諸大名家，我無不敬愛至極！但人性難免有其偏執，自覺對山谷、放翁，特感親切。」〔註6〕深厚的古典文學素養使他有著對古典詩歌的自覺接受。首先，朱英誕認為陶淵明的詩歌「是最高的詩境」（《自白——〈燕拂集〉代序》），他的詩歌頗受陶詩的影響。如《落花》：「走在無人之境裏，／似過去前面就是座桃源；／一朵落花有影子閃下，／那翩翩的一閃，／覺出無聲與無言；／彷彿落了滿地的後悔，／尋不見一處迴避的地方／與水面的不自然。」此詩清新自然，沒有明顯的雕琢痕跡，詩人採擷《桃花源記》中落英繽紛的一瞬，將自然的情志與落花的思緒進行了調和，語言淡雅純淨，富有意趣。此處描寫與陸游《遊

〔註6〕蔡慶生，妙在不明言——朱英誕詩歌欣賞〔J〕，詩評人，2008年，9。

山西村》的「山重水複疑無路，柳暗花明又一村」不同，後者流露出積極樂觀的情緒，前者隱含了詩人的悵惘與哀愁。其次，朱英誕有著與宋代詩人黃庭堅、陸游相投的性情。黃庭堅重視心靈、氣質對創作的影響，寫詩變化出奇，生新瘦硬。朱英誕詩歌中也常有典故的使用，如《對月》中的「飲馬，投錢」，有時詩歌也常採用新鮮的現代詞彙，嘗試以「貓或狗搖落滿身的雨珠」這樣的奇崛之語入詩，顯示了朱英誕詩歌自由探索的藝術魅力。同時，陸游晚年詩詞的愛國與隱逸情懷也較契合朱英誕的心境。這些詩詞清曠淡遠的田園風味，有著隱約的悲憤與蒼涼之情，寄寓了深沉的人生感受和高超的襟懷。朱英誕詩歌中也隱含了類似的複雜的心緒。再次，朱英誕對唐宋詩詞以及詩經、楚辭有著特殊的偏愛。如偏愛韋應物之詩的淡雅、純淨，「看他愛用慣用的那些字，其本身似乎就已具詩的本質」（《病中答客問（代序）》）。《秋水》一詩化用了韋應物的詩句「楚塞故人稀，相逢本不期」，寫出了沖淡閒遠的秋水之景：「時有片片的花葉流來，／一點的亂人心曲！」詩歌意象的塑造也與賀鑄的「試問閒愁都幾許？／一川煙草，滿城風絮，梅子黃時雨」有異曲同工之妙。姜夔之詞清空高潔的風格、靈動自然的語言、豐富的想像力在該詩中也有所體現。同時，詩人融入了現代人的情感心理特徵，以散文化的詩歌語言寫出了平靜卻又微起波瀾的心境。可見，朱英誕雖然接受了古典詩歌的影響，但善於自由化用古詩意境，從中生發出新質，使之清新純淨、韻味無窮，具有自然、融合的特徵。

朱英誕詩歌自由與自然的新質，還體現於詩人在詩歌想像、詩歌情感、詩歌語言和詩體形式等方面對西方詩歌的有效借鑒。就詩歌想像而言，葉芝對自然的想像力使朱英誕真正開始迷戀於詩。他曾不止一次地引用葉芝的話，「當舉世高唱理由與目的的時候，美好的藝術是清淨無邪的」。如《鳥兒飛去》的意境的構思、意象的營造與葉芝的《披風、小船和鞋子》的反覆吟詠都具有相似的效果。其中，象徵的手法、柔和的節奏、清新的語言顯示了詩人返璞歸真的本色風範，「什麼鳥兒伴著你飛去，／那烏鴉的巢在哪兒，／寒冷的人哪？／是不是那落日裏的岩石？」詩歌的結尾將現代人尋覓與追問的那種孤寂冷清的情緒抒發得淋漓盡致。對葉芝詩歌想像力的借鑒在構成朱英誕詩歌清新自然的風格方面起到重要作用。在詩歌情感方面，朱英誕接受了 T.S.艾略特的「情感」與「個性」詩論，詩歌語勢舒緩、情感節制，而非郭沫若那般情感激揚、奔突湧動。如《苦雨》中時代氛圍的暗示，《鄉野》中生

命情感的抒發，都很快消融在其他自然意象和現代思想中，情緒節奏舒卷自然。當然，「溫柔敦厚」的古典詩學，淪陷區的現實殘酷環境，也是朱英誕性情溫和內斂、詩歌情感節制的重要原因。從詩歌語言來說，朱英誕對西方文法結構的借鑒打破了中國古詩的語言束縛，實現了文言、白話與歐化語的融合。特別是各種關係詞的使用，改變了古詩中較為自由鬆散的語言組合功能與表意系統，以感歎句、疑問句等各種散文化句式的合理運用，增添了詩歌搖曳流轉的韻致。如《陌巷》中「甚至」、「然而」等關聯詞寫出了詩人情感的波折變化，以主體情感參與的方式寫出了時間流動過程中環境的凝滯所帶來的現代感，古詩中「平行呈列」的密集化意象世界被打破，現代思想和複雜情緒在分析性、散文化文字中得到適當傳遞。此外，朱英誕還受到王爾德、塞萬提斯、D.H・勞倫斯、濟慈、狄金森、高爾基、屠格涅夫、托爾斯泰、陀思妥耶夫斯基、別林斯基、普希金等人的影響。這使得朱英誕後期詩歌突破了早前因泰戈爾《飛鳥集》而創作的小詩體形式。英美意象派、法國象徵主義等詩歌流派也促使朱英誕在其他詩體形式、詩歌意象的構建上更加自由。可見，朱英誕對西方詩歌的自覺借鑒豐富了新詩寫作的視域，有利於詩歌藝術的多重探索。

朱英誕詩歌自由與自然的新質，不僅在於詩人對中西詩歌的借鑒和創新，還在於對中西各種藝術、思想的融會貫通，如哲學、宗教、音樂等。其詩歌中「夢」與「鏡」等意象具有朱英誕式的現代色彩，這種現代色彩融會了離騷的象徵手法，溫庭筠、李商隱及晚唐詩歌縹緲朦朧的意境，南宋詞「比興寄託」的立場，與西方浪漫派、現代派、英美意象派、法國象徵主義等詩歌流派也有密切關係。這種意象具有複雜的象徵意義。同時，佛道思想與哲學在其中也留下了印記。佛家的「鏡」、「花」、「水」、「月」、「夢」等幻象的隱喻義，使朱英誕詩歌有著現實世界與想像世界的交錯雜糅之感。道家思想中的宇宙意象、生命情調和自然意識對朱英誕詩歌圓滿和諧的境界也有一定影響，詩人對無量壽佛經的好感甚至早於對《桃花源記》的偏愛。詩人年輕時曾趨難避易而喜愛奇崛，受到李長吉、李商隱以及法國「苦吟」作家的影響，部分詩歌有晦澀、難解的傾向，以致有人認為對朱英誕詩歌的理解「常常在一知半解中滑行」〔註7〕。實際上，這也有「妙在不明言」之美。葉芝、陶淵明詩歌的「自然」特徵以及歐洲古典哲學、萊布尼茨的「和諧」說又在一定

〔註7〕蔡慶生，妙在不明言——朱英誕詩歌欣賞〔J〕，詩評人，2008年，9。

程度上使朱英誕詩歌變得圓融明晰。多重思想的交融使得朱英誕詩歌在「顯」和「隱」中變幻，顯示了不同詩歌意象世界的交錯、碰撞和互補。如《對月》、《苦雨》、《陌巷》、《試茶》、《鄉野》、《一念》、《曉夢》等詩歌都具有深遠的韻外之致。也就是說，朱英誕詩歌自由與自然的特徵，並不意味著詩歌意義的單薄、蒼白，而是有著豐富的涵義，值得反覆吟詠回味。其中的新質體現在現代知識分子敏感的情緒、思想在哲學、神話、宗教、夢境中的滿足，以及詩歌中精神自由與理性積澱的實現。朱英誕也受到蹇先艾、林庚、周作人、廢名等同時代的詩人的影響，詩歌飽含「內傾化」的特徵，詩思獨特，意境雋永，韻味無窮，具有現代思想與現代品質。

朱英誕認爲新詩是「講究氣韻的中國的藝術」（《我一直在等一個說話的機會》），將生活與詩融合在一起，才是「中國的眞詩」。詩人自如地運用各種文字，寫出了淡雅純淨、清新自然的詩歌。這些詩歌巧妙融合了古典詩美和現代詩情，以自然天成的詩歌語言、靈活多變的詩體形式、深遠豐富的意象世界，自由地表達了現代人的情感心理特徵和生活氣息。有關日常生活與詩意想像的詩歌，實現了詩人對眞與純的詩歌理想的追求。朱英誕運用詩的智慧和詩的思維，以「自然的音律」，寫出了「可以與古昔相媲美的現代新詩」。這種詩歌妙合無間，韻味無窮，具有不尋常的質素。總體說來，朱英誕的詩歌創作實現了他的詩歌觀念。雖然公開發表的詩作不多，但是朱英誕一生筆耕不輟，詩藝頗高。他將作詩看做是「木葉微脫」，等到冰雪入夢的時刻，枯樹和落葉，乃化爲生命的成熟或完成，而非衰亡。這在某種程度上，也可看做是詩人與詩的隱喻。他晚年的作品如《欲雪》、《掃雪》、《飛花》等，也都是優秀之作。可以說，朱英誕的一生都走「在尋覓眞詩的路上」，眞正寫出了「中國的眞詩」。

——本文選自《中國詩歌》2013 年第 7 期

朱英誕詩歌：古典與現代互涉的美學

陳芝國

　　廢名在 1948 年所寫的《林庚同朱英誕的新詩》中說道：「在新詩當中，林庚的分量或者比任何人要重些，因爲他完全與西洋文學不相干，而在新詩裏很自然的，同時也是突然的，來一份晚唐的美麗了。而朱英誕也與西洋文學不相干，在新詩當中他等於南宋的詞。這不是很有意義的事嗎？這不但證明新詩是眞正的新文學，而中國文學史上向有眞正的新文學。」〔註1〕長期以來的民族主義意識形態遮蔽著我們的研究視野，亦已使淪陷區文學成爲多數現代文學研究者無意涉足的禁區。這裡提道的朱英誕（1913～1983），後來的新詩史家鮮有論及，個中緣由，卻並非因其詩歌缺乏藝術價值，而在於朱英誕公開發表詩歌的時空幾乎都集中於抗戰時期的淪陷區，尤其是北平。北平光復以後，他雖仍筆耕未輟，但去世之前再未曾發表作品。時至今日，當我們以比較開放的心態從歷史的廢墟中重新檢視朱英誕的詩歌，不難發現他的詩歌自有值得後人珍惜的地方，這尤其表現在其詩中古典與現代互相指涉的方面。

　　雖然朱英誕在 1928 年讀中學時寫出了受到文學老師李再雲好評的《街燈》，但朱英誕眞正開始寫詩的時間應該是 1932 年夏。他在紀念自己寫詩 40 年的文章裏說道：「民廿一年夏，我一個人在親戚家小住，雨中讀泰戈爾《飛鳥集》，——行篋裏惟一的一本小書；偶效其體，寫了幾首《印象》，卻發表了，自此始保存詩稿。猶之乎有泉一線，這樣，就開始了一條向詩傾斜的道路。」〔註2〕從 1928 年仿泰戈爾的《飛鳥集》寫出並發表《印象》到 1983 年倚枕寫出《欲雪》《掃雪》等詩篇，前後歷時 50 餘年，寫詩時間可謂長矣；

〔註1〕廢名，林庚同朱英誕的詩〔N〕，華北日報，1948－2－04，225。
〔註2〕朱英誕，《春草集》後序——紀念寫詩四十年〔J〕，新詩評論，2007 年（2）。

在這麼漫長的寫詩生涯中，共留下「25 個詩集（不包括未整理成冊的詩稿及其他著作）」〔註3〕，公開出版的詩集則有《無題之秋》和《冬葉多花集》，據不完全統計，他一生寫詩有三千首之多，作品數量可謂多矣。他的文學成就主要在新詩創作方面，當然，在其他方面也頗有收穫。有學者就指出，在新詩創作之外，他還有傳記《李長吉評傳》《楊誠齋評傳》、歷史劇《少年辛棄疾》《許穆夫人》，以及散文、譯詩等眾多文稿。朱英誕終其一生，寫詩論詩，筆者在此亦將集中討論其詩歌觀念與詩歌創作。

一、從西方現代主義回望晚唐的美麗

廢名認為朱英誕和林庚的詩都「與西洋文學不相干」，在筆者看來，卻並非如此。雖然廢名與這二人皆為知交，但此種觀點評論林庚詩或許恰當，卻無法移用至朱英誕之詩。在 1944 年前後，朱英誕在一篇詩序中對自己 10 餘年的寫詩經歷有過小結：「十年間我對於詩的風趣四變，本來我確甚喜晚唐詩，六朝便有些不敢高攀，及至由現代的語文作基調而轉入歐風美雨裏去，於是方向乃大限定。最初我欣賞濟慈（J.Keats），其次是狄更蓀（E.Dickinson），此女即卡爾浮登所說的『溫柔得像貓叫』者是。最後是 T.S.Eliot，此位詩人看似神通，卻極其有正味，給我的影響最大，也最深。」〔註4〕可見朱英誕並非如同廢名想像的那樣，完全從中國固有的文學中找到了「新詩」，而是像許多其他新詩人一樣，也受到了英美浪漫派和現代派的影響，甚至他對於晚唐的喜愛也是受外國詩歌的激發所致。他在談道自己對於現代詩的感受時說：「蔡普門（A.Chepman）在《詩與經驗》裏，『嚴格的把真詩和辭藻（rhetorics）分開』，他認為『有些作品若使用散文來寫，也不會失掉什麼妙處』；『而真詩是絕對不能用散文來代替的』（這裡散文指藝術形式）。這是我最初接觸並接受了的一種現代詩的理論，它給我很大的啟發。因之，我聯想到『晚唐詩』，尤其是李商隱的《無題》之類的詩，是足供我們借鑒的。這類詩其實質說它的珠玉在前，是不錯的，因之它很難得，令人有『作詩火急追亡逋，情景一失後難摹』之感。」〔註5〕戴望舒、何其芳、卞之琳等人幾乎都是受西方象徵主

〔註3〕 朱英誕，《春草集》後序──紀念寫詩四十年〔J〕，新詩評論，2007 年（2）。

〔註4〕 白藥（朱英誕），逆水船・序〔J〕，文學集刊，1944 年（2）。

〔註5〕 朱英誕，《我對現代詩的感受》，作於 1977 年 9 月 16 日，引自《新詩評論》2007 年第 2 輯。按：蔡普門（A. Che p 2man）為現代文學批評家，朱英誕在這裡所說道《詩與經驗》實乃蔡普門的《雪萊、華茲華斯及其他》一書中第一篇。

義詩歌啓發，在現代漢詩與晚唐詩五代詞之間發現了「一種微妙的呼應關係」
〔註6〕。蔡普門使朱英誕意識到詩與散文之區別，從而使他聯想到李商隱的《無
題》詩，不獨說明朱英誕對於晚唐具有晦澀傾向的李商隱之《無題》詩的喜
好，不是因爲詩人對中國傳統的深厚瞭解而自發的文學接受現象，而是受之
於外國文學的激發，還表明在 1930 年代的晚唐詩熱中，不同的詩人進入晚唐
的方式也有著差異。另一方面也表明，在朱英誕走上現代詩歌道路之初，他
就在西方現代詩歌批評的啓發下意識到了古典詩歌與現代詩歌兩種文化互有
疊合相互指涉的可能性。

他的《無題之秋》於 1935 年 12 月在北京自印，共收抒情短詩 100 首，
分爲三輯，第一輯爲自由體詩，計 32 首，第二輯《長夏小品》爲「韻律詩」，
〔註7〕計 54 首，第三輯《春草與羌笛》亦爲「韻律詩」，計 14 首。廢名的《林
庚同朱英誕的詩》論朱詩部分，12 首皆出於《無題之秋》，其中選自由體 8 首，
韻律詩選了 4 首，後者卻是「選得好玩的」，並說：「朱英誕的方塊詩仍等於
不方塊詩，靠詩人的意境，只是作者聰明會寫文章，能寫出一個方塊罷了。
是作者幫助方塊，並不是方塊幫助作者，正如我們作文造句有時歐化得有趣
而已。」〔註8〕在新詩的自由與格律關係方面，朱英誕與廢名所持的立場亦並
不一致。在《無題之秋》出版前後，朱英誕曾專門談論過「韻律詩」的問題。
他認爲：「爲什麼我們寫詩似乎非要『形式』不可，這只要想：裸女或人體美
是人人欣喜的，而女人的服裝之考究也佔有極大的勢力，其中的道理蓋大同
小異耳。今日寫今日之詩，本不在形式之『自由』不『自由』，惟『自由詩』
之於今日，乃能找出可以與以前不同的詩情，只有這一點是他的好處。……
但是我們仍要想到：裸女畫大概不能一天到晚去看的，而適體好的服裝，即
令並不如何高貴，卻絕不能毫無理由地就討厭它。因此自由詩寫熟了，韻律
詩便會降臨。」〔註9〕解放以後，他雖從詩壇消隱，未參與 1950 年代的那場
現代格律詩論爭，但從私底下所寫的文字來看，他在 20 世紀 30 年代就有的
詩歌形式觀念並無太多變化。他說：「關於韻律方面的事，我以爲可有可無；

〔註6〕 孫玉石，中國現代主義詩潮史論〔M〕，北京：北京大學出版社，1999 年：151。
〔註7〕 「韻律詩」即現代格律詩，簡稱格律詩，廢名稱之爲「方塊詩」，朱英誕比較
　　　 常用的是「韻律詩」，因而筆者在談論朱英誕的這一類詩時，亦採用「韻律詩」
　　　 的說法。
〔註8〕 廢名，林庚同朱英誕的詩〔N〕，華北日報，1948－2－04，225。
〔註9〕 朱英誕，談韻律詩〔J〕，星火，1936 年（2）：4。

用散文來寫詩是現代化的**趨勢**，同時也是十足的難事，如利用韻律，實際上正是避難趨易。這裡面並無絲毫的神秘。」〔註 10〕可見，相較於廢名堅執自由詩一端，他對於詩歌形式的看法就顯得更爲辯證和通達，也更符合新詩在面對逐步多元化的現代文化語境時自然應有的豐富多樣的文類特徵。

雖然朱英誕是受外國詩論啓發而開始從晚唐詩中尋找新詩的出路，但由於他對於中國古典詩詞浸潤甚深，尤其他自始至終的京派文人思想觀念，使他的現代詩作不自覺地會顯露古典的氣象。廢名說：「讀了朱君的詩，或者一個句子，或者用的一個字，不像是南宋詞人的聰明嗎？」〔註 11〕朱英誕詩的古典氣象也正表現在如部分南宋詞人的詞作，理趣若隱若現在情景的刻畫之中。如《無題之秋》中的《雪之前後》：

> 亮雲下若靜室的幸福
> 普天之下無所獻
> 夜來暖意暗暗
> 月乃無處投宿
> 無葉樹開出花來
> 冬來才有的敦厚之路啊
> 門外朝行人的足迹
> 與人以薄命之感〔註12〕

廢名評曰：「這種詩眞刻畫得可愛，刻畫而令人不覺其巧，只覺其天眞。比南宋人的詞要天眞多了，可愛多了。『敦厚之路』『薄命之感』，正是南宋詞的巧處，但我們爲朱君的修辭之誠所籠罩了。」〔註 13〕這首詩寫冬夜下雪前後屋外的景致，在寫景中溶進詩人的生命體驗。如果我們不聯繫這首詩的詩題或面對的是被誤排的詩題，相信誰也會摸不著頭腦。全詩無一雪字，而雪意彌漫於字裏行間。首節前兩行寫下雪之前人們對雪天的期待。緩緩增厚的亮白的積雨雲，無聲地布滿天空，眼望著「亮雲」的詩人內心產生一種如在靜室

〔註 10〕 朱英誕，略記幾項微末的事──答友好十問〔J〕，新詩評論，2007 年（2）。

〔註 11〕 廢名，林庚同朱英誕的詩〔N〕，華北日報，1948－2－04，225。

〔註12〕 朱英誕：《無題之秋》，北京：自印，1935 年，第 12 頁。按：廢名的《林庚同朱英誕的詩》原載北京《華北日報》1948 年 4 月 25 日，這首詩的詩題被誤排爲「雷之前後」，遼寧教育出版社 1998 年版的《談新詩及其他》，便以「雷之前後」，加以編排；該社 2006 年版的《新詩十二講》，亦復此訛。

〔註13〕 廢名，林庚同朱英誕的詩〔N〕，華北日報，1948－2－04，225。

的幸福感覺。所謂「無所獻」，亦即無所不獻，天空將要落雪的幸福將會傳達到每顆渴盼落雪的心靈。換言之，彌漫天際的亮雲，在詩人內心產生如在靜室的幸福感覺，也產生在其他人的內心。沒有前面的「幸福」作鋪墊，第三行的「暖意暗暗」便難以理解，由幸福而過渡到溫暖，令人不覺其巧，直歎其真。接下來詩人用「無處投宿」加以暗喻，傳神地寫出雪落之大，描繪出雪月交相輝映的美景。末節寫落雪之後所見的情景。不說「禿」而說「無葉」，不僅是為了避俗，也是為了更好的襯托開花之美。此花是雪落在樹枝上的樣子，亦即雪花，還是梅樹一夜大雪之後綻放鮮花，不必著實，也不可著實，留給讀者無窮的想像，等著有心人的妙悟。「冬天才有的敦厚之路啊」一行更是出奇之語，卻又自自然然地寫出路上積雪之厚。因事早行的人是來不及欣賞眼前的雪景的，「敦厚」遂難以長久，不由令詩人心生薄命之感。

像這樣頻繁而奇妙地使用暗喻和聯想，正是南宋詞的特徵之一，尤其是姜白石的詞。元代詞家張炎說：「詞要清空，不要質實。清空則古雅峭拔，質實則凝澀晦昧。姜白石詞，如野雲孤飛，去留無迹。」〔註 14〕朱英誕早年時愛詞甚過愛詩，因為詩總給他一副板重的臉，並說：「近來詞家長於整理，稱道姜白石的詩；新派亦然，廢名先生為程鶴西散文作序，也引用白石詩，細讀之果其可愛也。」〔註 15〕更值得注意的是，朱英誕也深受英美現代派的影響，而以抽象之詞彙書寫具象之事物，也正是西方現代主義的基本特徵之一。故而，這首詩恰可作為他穿梭於古典與現代、本土傳統與西方影響之間的一個例證。這種處理傳統與現代、本土與西方的方式，用他自己的話來說，就是「外來影響與傳統不能偏廢，歸趣仍在現代，這更是自明的事」〔註 16〕。

二、互涉詩歌美學在淪陷區的延續

正如筆者開篇所言，朱英誕一生詩作很多，但其公開發表作品的時期和刊物幾乎都集中於抗戰時期的淪陷區。在日本侵略者推行文化殖民政策的歷史語境中，朱英誕古典與現代互涉的詩歌美學是否曾改弦更張？這樣的問題不僅屬於純文學的範疇，當然也可以當作我們探討淪陷區作家文化心理的一

〔註 14〕張炎，詞源〔M〕//郭紹虞，中國歷代文論選（2），上海：上海古籍出版社，1979 年：467。
〔註 15〕朱英誕，廢名先生所作序論——跋廢名先生手稿〔J〕，新詩評論，2007 年（2）。
〔註 16〕朱英誕，略記幾項微末的事——答友好十問〔J〕，新詩評論，2007 年（2）。

個切入點。北平淪陷時期，朱英誕發表許多以專輯形式出現的作品。比如發表在《輔仁文苑》第 2 輯的《紫竹林集》，就包含《歸》《夜雨》《大雨》《黃昏的天意》《行色》《夏之來去》《牆》《西風》《陽光的林子》《黃昏》《落花》《秋天》《古城》《原上》《道旁的園子》和《冬月》，計 16 首。這些詩大多如張泉所說，「關注瑣屑微末，思維跳躍，意象組合突兀，卻也在『獨語』中流瀉出情趣和意境，以及一己的心緒」〔註 17〕。朱英誕雖終其一生都默默地在自己的詩歌園地裏耕耘，但他也曾在 1943 年間短暫地被人注意過。1943 年 4 月，他開始用「莊損衣」之名以專輯形式發表《損衣詩鈔》。其中，在北京《中國文藝》發表 3 輯，共 13 首；在上海《風雨談》發表 3 輯，共 30 首。在這兩個刊物中，朱英誕還以其他筆名發表過單篇或組詩，但未標明爲「損衣詩抄」。1943 年 8 月，這些並未結集出版的《損衣詩鈔》中的一部分被人帶到在日本東京舉行的第二次大東亞文學者大會上，並被大會評議委員會評爲第一屆大東亞文學賞「選外佳作」。三個月以後，到中國訪問的日本文學報國會事務局長久米正雄，又將其追加爲「大東亞文學賞副賞」，並舉行了授獎儀式。《損衣詩鈔》被評爲「大東亞文學賞副賞」，當然不是因爲這些詩作脫離了京派作家在創作時超然於政治的藝術至上主義，與日方鼓吹的「大東亞共榮圈」或者「全體主義」相一致。這些完全書寫個人生活狀態與個人生命體驗，與時事毫無瓜葛的詩作，能被文化殖民者看中，在現在看來似乎顯現出京派現代主義的弔詭，但實際上主要是因爲彼時彼地的朱英誕與沈啓無保持著一種密切的關係。北京鼓吹文學的「熱」與「力」的人士認爲，獲獎作品是參加大會的買辦和名士加以妥協的結果，名士「便選出了還未預備出版的詩集，題目爲《損棉襖詩抄》」〔註 18〕。張泉指出，所謂的名士是沈啓無，「沈啓無與廢名情投意合，又與朱英誕同在北大文學院，他看好他的『門生』朱英誕，看來是可信的」〔註 19〕。事隔近 30 年以後，朱英誕自己在紀念寫詩 40 年時，曾談及此事。他說，在淪陷後期，「在我，其間爲了一位『莽大夫』把我的所謂詩曾攜往東京（並加盜印），幾乎使我罹得一次意外的『詩禍』！」〔註 20〕他雖未明言此位「莽大夫」就是沈啓無，但在華北方面參加第二次大東亞者

〔註 17〕張泉，抗戰時期的華北文學〔M〕，貴陽：貴州教育出版社，2005 年：485。

〔註 18〕司馬諄，北京文場的幾件事〔J〕，敦鄰，1944 年（1）：3。

〔註 19〕張泉，抗戰時期的華北文學〔M〕，貴陽：貴州教育出版社，2005 年：486。

〔註 20〕朱英誕，秋述──紀念寫詩四十年〔J〕，新詩評論，2007 年（2）。

大會的六位代表沈啓無、陳綿、張我軍、徐白林、柳龍光和蔣義方中，能身兼「名士」與「莽大夫」者，唯有沈啓無而已。沈啓無的名士身份自不用說，「莽大夫」當指其在 1944 年與片岡鐵兵站在一起共同攻擊周作人，而後被周作人破門，以致走投無路一事。

　　朱英誕的《損衣詩鈔》，既不為日偽殖民文化政策搖旗吶喊，也與當時中國詩壇彌漫的家國情懷無關，依然是個人生活經驗與生命體驗的呈現，其藝術至上的京派文學觀依舊體現在這些詩作之中。從詩歌美學層面來看，則是古典與現代互動互涉的詩歌觀念之推進。比如其中的一首《十五夜》：

　　　　鏡的神秘，荷葉暗示著
　　　　光明，而今夜裏才完全
　　　　明白了。誰多香水的瓶
　　　　陣列著山和水，山和水
　　　　小時候就聽過這砧聲
　　　　大一點的時候讀從軍行
　　　　以為那就是刀聲
　　　　深閨裏的衣裳在夢裏成功
　　　　又一次月亮跟著人行
　　　　那裡面也有山和水
　　　　卻迷藏在那代表悲哀的
　　　　灰色的楊柳的小腰後
　　　　誰也不希望有兩柄欸乃的槳
　　　　何苦說手臂，如兩彎新月
　　　　欣欣在林裏摸魚兒
　　　　而我若是樵子便想折一枝
　　　　月中的花持贈給照鏡的人〔註21〕

在第一節中，詩人似乎想尋求一種句的均齊，為了每行都由 9 個字組成，四行詩竟有三行採用了跨行法。可能這種拗折的句法，束縛了經驗的傳達和感情的抒發，於是在接下來的三節中詩人便徹底採用自由體。朱英誕曾說：「晦澀與樸素，難與易，本來是兩種並行不悖的風格，卻非涇渭之分。當然，詩寫得晦澀，往往是由於在『大膽、熱情、省力』這些原則上多所缺陷所致，

〔註21〕莊損衣（朱英誕），損衣詩抄・十五夜〔J〕，中國文藝，1943 年（8）2。

而明白的詩比較起來倒是難寫的。」〔註22〕可見，他並不像沈啓無那樣以文學進化論的觀念將晦澀置於新詩現代化這一梯子的頂端，而是清楚地認識到這只是風格的一種而已。不過，他與廢名、沈啓無等人在晦澀上也有相似之處，在晦澀與明白之間，他「不甚責難趨易避難」，更傾向於寫晦澀風格的詩。這首《十五夜》就非常神秘而晦澀，但也並非無門可入。

開篇以「鏡」隱喻圓月，月光照在荷葉之上，映像出光明。以鏡喻月以荷寫月都是古典詩詞常用的手法，然而直言「神秘」與「暗示」卻是西方象徵主義的拿手好戲。「而今夜裏才完全明白了」，明白的對象是什麼？是以鏡喻月的神秘感受，還是荷葉的暗示功能？還是月圓之夜的美？詩人並未明言，但卻能激發讀者的想像。詩人接著在發問中再次書寫明月之美，以印有山水圖畫的香水瓶，隱喻人眼中明月呈現的山水之貌。首節都是靜態風景和圖畫的刻繪，下節自然而然轉入聲音的想像。在這寧靜的月圓之夜，唯有砧聲傳入詩人的耳中，使他恍惚又回到童年。童年的砧聲，可能來自於眞實的生活，也可能從父輩吟誦唐詩的口中聽到，誰又能說得清這裏的砧聲究竟源於書本抑或來自現實？當回憶由原初的童年進入少年，讀詩經歷中誤將搗衣的砧聲當作刀聲的情景便漸次浮現在詩人的眼前。此三行詩對於一個讀過唐詩的讀者來說，自然會引發無窮的聯想。至於是沈佺期《獨不見》中的「九月寒砧催木葉，十年征戍憶遼陽」，還是李白《子夜吳歌》中的「長安一片月，萬戶搗衣聲」，抑或李頎《送魏萬之京》中的「關城樹色催寒近，御苑砧聲向晚多」，皆無關緊要，緊要處在於詩人不自覺地將古典與現代進行糅合，讓讀者看到古典與現代互涉的可能。該節最後一行化用晚唐詩人陳陶《隴西行》中的「可憐無定河邊骨，猶是深閨夢裏人」，卻又非完全搬用，而是以「衣裳」一詞將此行與上面三行暗中相連。第二節中詩人連用「砧聲」、「從軍行」、「刀聲」、「深閨夢裏人」的意象，詩人內心的家國之思，讀者似乎隱約可感。其實不然，藝術至上的詩人最大的優點在於他們超然於民族國家觀念，當然他們最容易受人指責之處亦在於此。此節容或體現了詩人的家國情懷，那麼接下來的兩節則再次回到個體生命的自洽與自足。第三節在月亮與人的相對移動中，寫出月亮消失在楊柳後面時詩人內心的淡淡的悲哀。末節第一行再次以柳宗元詞《漁翁》中的「煙銷日出不見人，欸乃一聲山水綠」寫眼前之景，而將手臂比喻爲在林中摸魚兒的兩彎新月，想像之豐富與新奇，非平凡詩人

〔註22〕朱英誕，略記幾項微末的事——答友好十問〔J〕，新詩評論，2007年（2）。

所能及。「摸魚兒」一詞既在內容上指涉唐代柳宗元的詞，本身又是宋代才出現的適宜於書寫文人閒情雅興的詞牌。最後兩行看似直抒胸臆，卻也在暗中借用了吳剛砍樹的典故，而此處自如地出現的意象「鏡」，又再次呼應了開篇的詩行。

這種以豐富生動而跳躍的意象、隱喻和聯想，在古典與現代之間穿梭往來的詩歌美學，朱英誕自己很早就有過揭示。他說：「把每一句 Compose 的構造法變為 Montage，這在節拍上，不但可以免去點 Timenuisance，而且似更適於 Repetition 作用的。」〔註23〕亦即將以明白曉暢為原則的散文式的作文法變為蒙太奇的手法，可以打破散文化語言的線性流程，在字裏行間增加詩的功能。這樣的做法，用羅曼·雅各布森的話來說，就是「進一步把『相當』性選擇從那種以選擇為軸心的構造活動，投射（或擴大）到以組合為軸心的構造活動中」〔註24〕。當然，在朱英誕這裡，這不僅顯現為一種詩法的運用，更顯示出他在古典與現代、本土傳統與西方影響的關係方面所持一種互涉的美學和文化立場。他的這種美學和文化意識的建構，既非完全源自廢名所言「與西洋文學不相干」的本土傳統，亦非移植於與中國古代詩歌傳統完全無關的西洋潮流，而主要是在西方現代主義的激發下為中國現代漢詩找到了一條接通中國古代詩歌傳統的幽徑。用他翻譯的《T.S.Eliot 詩論拾零》中的話來說即是：「以克制個人的形式，參觀傳統，表現出現代人的意識來；用基本的過去文字和當代經驗的一個客觀互關物來傳遞之。」〔註25〕

——本文選自《江漢大學學報》(人文科學版) 2010 年第 1 期

〔註23〕朱英誕，無題之秋·自跋〔Z〕，北京：自印，1935 年。
〔註24〕羅曼·雅各布森，語言學與詩學〔M〕//趙毅衡，符號學文學論文集，天津：百花文藝出版社，2004 年：182。
〔註25〕朱英誕 T.S.Eliot 詩論拾零〔J〕新詩評論，2007 年（2）。

「美麗的沉默」與時代的錯位
——論現代詩人朱英誕的詩歌藝術成就

彭金山、劉振華

一

　　朱英誕（1913～1983），1928 年開始創作新詩，成爲新詩的執著的創作者和研究者。其作品散見於上世紀 30～40 年代的報刊《中國文藝》、《風雨談》及《華北日報》文學版。1935 年出版《無題之秋》，次年完成《小園集》。抗戰期間曾在淪陷了的北大文學院任教，主講新詩。1937 年後陸續寫成《深巷集》、《夜窗集》、《古城的風》、《采綠集》、《珠塵集》等二十幾個詩集。晚年著有《苦吟詩人李賀》、《楊誠齋評傳》等。

　　1975 年，已 62 歲的朱英誕對自己的詩歌創作進行回顧、總結，那時的中國正處「文革」時期，具有獨立思考和創作個性的詩人，在近乎絕望中以象徵手法將自己喻爲「冰繭」，他在《冰繭》一詩中寫道：「冰雪中盛開了花朵？／風啊，你就吹吧，／我哀於人之無所用智，／卻不願寫一首輓歌。／我不如趁此細雨夢回，／把這新秋白日夢，悄悄的／也埋葬起來。」詩人自注冰繭：「長一尺，色五彩，織爲文錦，人水不濡，以之投火，經宿不燎。」通過詩人自注，《冰繭》的象徵意義的指向已十分明顯，被詩人「埋葬起來」的詩作「新秋白日夢」就是「冰繭」。它在雪霜覆蓋下勞作，成「色五彩」的繭。「織爲文錦」，則水火皆不怕。詩人在該詩中又說：「可愛的冰繭。唉，／你也埋葬著那美麗的／紅青椒的頭。」他自注紅青椒頭是瞿秋白狂想曲。可見色爲「五彩」，織爲「文錦」的詩，雖在冰雪覆蓋下誕生，外表「冰」，內裏

卻藏著「狂想曲」似的火。1977 年 2 月初，中國才粉碎「四人幫」4 個月。朱英誕感到了藝術發展的新的生機，他不再「埋葬」自己的詩了。他想讓詩思如駿馬一樣的馳騁，「呀，蕭蕭馬鳴，／——那兒，就是我家老屋」(《枕上》)。1979 年 2 月，中國改革開放的偉大里程碑——黨的十一屆三中全會閉幕不久，朱英誕在紀念自己做詩五十年的《五十弦》一詩中以壓抑不住的喜悅心情寫道：「既然嚴冬過去……歡樂的鳥啊，你就飛吧。」在幾年時間裏，由於中國「忽如一夜春風來」，詩人將自己的詩作從喻爲「冰繭」到喻爲「馬鳴」，再到「飛鳥」，思想從絕望到歡快，再到解放，詩的意境也由靜到動地開闊起來。詩人對自己詩作的前景充滿了信心。

在幾十年的新詩創作生涯中，無論時代如何「天翻地覆慨而慷」，詩人朱英誕總是如一塊礁石默默地靜觀著主流話語的「大江東去」，不露聲色地沉醉在自己的詩藝天地裏。詩人感到自己人生的「冬季」已來到，就將自己詩稿的最末小卷稱爲「冬葉冬花」。在這個小卷的《獨立——自題「冬葉冬花」》一詩中，詩人直接地說道：「漫遊與歷險，兩條道路，你說：憑我來／選擇嗎？哼，設置圈套的化裝式的自由，只好／去餵狗！／我既不要那毫無心肝的山水遨遊，／也不想冒險而有所探求。」詩人在這首詩中把自己所走過的創作道路稱爲「一條寂靜的山中小徑」。詩人骨子裏始終恪守自己詩歌藝術的桀驁不遜的鮮明個性，這與他孜孜不倦地追求的「神聖美」是統一的。詩人「既不要」沒有自己情感體驗的「毫無心肝」的對「山水」的表面的假大空的吟頌，但「也不想冒險」去有自己的發現。詩人認爲自己五十年來所走過的新詩創作之路，只是一條「山中小徑」，且「是無行迹的，傾斜的，寂靜的」，而詩人卻「徜徉於」這條「小徑」的「藍天麗日間」。這其實也是朱英誕的詩多用象徵手法來表現的重要心理原因。如先生這樣「純粹」的詩人，從藝術上看，的確達到了很高的水平，從內容上講，大多數情況下未能與當時的主流話語融匯，形成了自己美慧的「山鬼」般「淒豔」又充盈著人性溫暖的藝術世界。

1986 年 8 月號《詩刊》特刊發了「朱英誕遺作五首」。1985 年，詩人的女兒朱紋曾編選 150 首詩請林庚教授點選，因種種原因未能出版。1992 年 8 月，詩人的夫人陳萃芬女士爲了紀念詩人逝世 10 週年，從他辛勤耕耘 50 年的 25 個詩集（不包括未整理成冊的詩集及其他著作）中，選出 234 首詩作結集出版，這就是我們現在看到的《冬葉冬花集》。讀完朱英誕的《冬葉冬花集》，我們十

分驚歎先生對新詩藝術幾十年如一日地執著追求所取得的豐碩成果和所達到
的高深境界，同時也惋惜先生生前總是與自己時代的錯位所造成的「背運」。
當然，藝術家生前的「背運」是中外藝術史上常見的事，只要他為藝術的發展
和繁榮提供了真正有價值的東西，人們總是會在特殊的時空點上重新發現他、
認識他、推崇他的。朱英誕是否就是這樣的一位詩人呢？讓我們分析一下他的
《冬葉冬花集》為我們儲蓄了哪些可供借鑒的藝術資源和經驗教訓。

二

　　大凡真正的詩人，必然有嫻熟運用詩的形式符號的高超技能，必然有營
造意象世界的別具一格的藝術匠心，可真正的詩從來不是（將來也不是）純
技巧的產物，就其核心意義或本質而言，詩是詩人的生存方式，是詩人的生
命審美形態。朱英誕就是這樣一位以詩作為他的生存方式的詩人。他在《一
場小喜劇》中說：「我只是『詩人』。逃人如逃寇。一向只是為自己寫詩，然
而我對於詩卻永遠是虔誠的。人生經驗我是什麼也不愛分析，也不能解說，
什麼都馬虎，什麼都置之度外，我所珍惜的是純粹的情感。其實詩也毫無秘
密，我願意說詩只是生活的方式之一，與打獵，釣魚，彈琴，跳舞，游泳，
划船，溜冰，旅行，作畫，甚至於戀愛，……原都是『一樣』的；也許我有
偏愛，但詩實在是比較最有韌性的一個生活的法門。我未免有童心的珍重。
不過詩是精神生活，把真實生活變化為更真實的生活；如果現代都市文明裏
不復有淳樸的善良存在，那麼，至少我願意詩是我的鄉下。」這裡所以要把
原文大段地引用，是因為這裡面所表達的詩歌和人生觀念對於朱英誕來說實
在是太重要了，差不多可以當作解讀朱英誕的一把鑰匙。在 50 多年的寫詩和
生活道路上，他始終把詩歌作為「家園」虔誠地守護著，無論外部世界發生
了多大的變化，他總是「詩意的棲息」在自己潛心創造的藝術世界裏，總是
在面對生存環境的諸多無奈時，不屈不撓地以「美麗的沉默」的誠實天性或
倔強個性堅守著對新詩的信仰。從朱英誕的自道中我們理解了為什麼在「不
寧靜」的年代裏，他的詩歌卻呈現出那麼多「和靜」之美！朱英誕把自己「生
命的芬芳」全部奉獻給了中國現代詩的發展和創新。詩人寫於 40 年代的《李
長吉》一詩，可以看作是詩人獻身於新詩的一篇「宣言」。

　　「你擷取了生命的芬芳／（並不是春天的姿媚）／其餘的便都拋棄了／
我把那叫做浪費／……你的寧靜高出了肉體／那藍天，正當秋深時」（《李長

吉》）。這是一首懷念唐代詩人李賀的詩。僅活了 27 歲的李賀，被後人稱爲「詩鬼」。他的詩具有豐富的想像力，構思奇特，色彩濃烈，以其人生的悲憤形成了獨特的藝術風格，對其後的詩歌創作產生了一定的影響。從《李長吉》一詩可以看出，朱英誕對李賀的詩和創作態度都是十分讚賞的，他的詩也如李賀一樣擷取的是「生命的芬芳」，而不是「春天的姿媚」。「整整半個世紀的日日夜夜，他的靈魂沉浸在詩的海洋裏，不爲名利，不計榮辱，讀書，寫詩，如醉如癡地鑽研是他的最大樂趣。」（陳萃芬：《冬葉冬花集‧後記》）

春生，夏長，秋收，冬藏。詩人的肉體生命的季節已經過去，他的詩大部分在詩人生前沒有在眾人面前顯示過「春天的姿媚」，可《冬葉冬花集》中選錄的 234 首詩卻充分地展示了詩人半個多世紀所擷取的自己的「生命的芬芳」。《冬葉冬花集》以詩人的精神「寧靜高出了肉體」。朱英誕依然活在《冬葉冬花集》裏。然而，詩人的一生畢竟不能每時每刻都「棲息」在「詩意」裏，他無法也不能完全躲開自己的生存環境和生活時代，即使朱英誕這樣把畢生心血都投入到新詩創作中的詩人也不例外，他必須面對現實生活中的諸多現實問題，面對時代變遷中的各種思想觀念和不同價值取向，從而做出自己的選擇。在抗日戰爭烽火連天的民族救亡歲月，朱英誕沒有如一些詩人那樣去吶喊，去鼓動，作爲一個愛國主義者，他的選擇是無可奈何的書生式的然而又是內心不屈的，「正如一些冷清的夜裏星稀／我們的話因爲不能言說，很少／而赤子是一個美麗的沉默／……古代的詩人隔水問樵夫，／而他正在想著今夜的投宿……」（《聲音與沉默》）。在這種「沉默」中，赤子與赤子是心有靈犀的。這種「靈犀」穿透時空，與在已「隔水」保持了幾千年沉默的那位中華民族家喻戶曉的「古代詩人」進行赤子報國的對話。不難看出，詩人的「沉默」包裹著火一樣「美麗」的內心話語，而透出來的卻是焦慮與痛苦，這顆赤子之心啊，「今夜」將「投宿」何處？

三

《冬葉冬花集》所選錄的詩作，是朱英誕各個時期的代表作品，從這些詩作的審美走向看，大致可分爲如下幾個階段：

（一）1932 年至 1937 年：「退卻到高高的小屋裏」的孤獨詩人，藝術追求上主要表現爲一個象徵主義者。

（二）1938 年至 1948 年：「關注現實人生」，但又「發現了現實的虛無」的苦悶詩人，藝術追求上主要表現為象徵主義大於現實主義。

（三）1949 年至 1965 年：「我看我們的北京又大又小」的不再「沉默」的愛國詩人，藝術追求上主要表現為現實主義大於象徵主義。

（四）1966 年至 1976 年：「我不能潛心寫好詩」的激憤詩人，藝術追求上主要表現為象徵僅成為詩的現實主義內容的手法。

（五）1971 年至 1983 年：「躊躇地在一條夢幻的路上走著」滿懷喜悅和希望的詩人，開始回顧、總結自己 50 年新詩創作經驗和審美走向，並「在尋覓真詩的路上」進入了如鳳凰涅槃境界的思考，這個時期的藝術追求已表現為一個徹底的現實主義者了。

象徵主義詩歌最早出現於 19 世紀中後期的法國，隨後波及世界，成為一種文學潮流。在對象的把握方面，象徵主義詩作的著眼點不在客觀的現實的此岸世界，而是追求那存在於現實之外的彼岸世界的「唯一的真理」；在藝術表現上，象徵主義重視通體的象徵和暗喻，重視「通感」；在詩的境界上，不提倡畫面的明淨和晴朗，而主張含混、朦朧。朱英誕步入新詩壇的 20 世紀 30 年代，正是西方象徵主義在世界範圍內已經產生深刻影響的時期。雖然廢名先生說過「而朱英誕也與西洋文學不相干」的話，但我們細細考究朱英誕的詩和相關史料，發現他並非「與西洋文學不相干」。在「歐風美雨」來襲的時代，身處曾是新文化運動中心的北京並且在大學讀書和教書的朱英誕不可能不受其浸潤。標誌朱英誕走上詩歌創作道路的最早的幾首題為《印象》的詩，就是在雨中讀了「泰戈爾的《飛鳥集》——行篋裏唯一的一部小書，偶效其體」而寫成的〔註 1〕。他「不但很敬愛夏芝及其詩，而且對愛爾蘭和色勒特也引起嚮往來。我對於詩的普遍的信念就是這樣樹立起來的」〔註 2〕。他曾翻譯過艾略特的詩歌，並且輯譯了艾略特的詩論（見《T.S.Eliot 艾略特詩論拾零》）。1944 年，他在為自己的詩集《逆水船》寫的序言中說：「十年間我對於詩的風趣約四變，本來我確甚喜晚唐詩，六朝便有些不敢高攀，及至由現代的語文做基調而轉入歐風美雨裏去，於是方向乃大限定。最初我喜歡濟慈（J.Keats），其次是狄更蓀（E.Dickinson），此女即卡爾浮登所說的

〔註 1〕 朱英誕，《一場小鬧劇》，《中國文藝》第 5 卷第 5 期，1942 年 1 月 5 日。
〔註 2〕 朱英誕，《春草集·後序》，見北京大學出版社《新詩評論》，2007 年第 2 期，第 99 頁。

『溫柔得像貓叫』者是。最後是 T.S.Eliot，此位詩人看是神通，卻極其有正味，給我的影響最大，也最深。」〔註 3〕由上述可知，當時的青年詩人朱英誕是接受了外國詩歌特別是象徵主義影響的，其詩歌所透射出的濃重的象徵和神秘色彩也說明了這一點。

廢名在《嘗試集》一文中說：「新詩的內容則要是詩的，若同舊詩一樣是散文的內容，徒徒用白話來寫，名之曰新詩，反不成其為詩。什麼叫做詩的內容，什麼叫做散文的內容，我想以後隨處發揮。現在就《蝴蝶》這一首新詩來做例證，這詩裏的情感，便不是舊詩裏頭所有的，作者因了蝴蝶飛，把他的詩的情緒觸動起來了，在這一刻以前，他是沒有料到他要寫這一首詩的，等到他覺得他有一首詩要寫，這首詩便不寫亦已成功了，因為這個詩的情緒已經完成，這樣便是我所謂的詩的內容，新詩裝得下的正是這個內容。」〔註 4〕作為「廢名圈」裏重要詩人的朱英誕，其詩歌創作的發生之本在「詩的情緒」的來訪，因此他的詩歌多是日常生活中所獲得的詩的情緒的表達，再驚天動地的大事，若無「詩的情緒」的完成，也不為之。「詩的情緒」對寫作主體而言是一種精神的燃燒，其內核是詩意的發現。今天我們讀朱英誕的詩，覺得詩人的生活好像與當時的時代有相當的距離，重大的社會題材和當時人們共同關注的主題在詩人的筆下很少有直接的反映。誠如作者自己所言：「我的不滿足給我帶來了大半生的清簡生活，我沒有參加到那朝頂進香的人馬隊伍裏面去，我沒有『災梨禍棗』。」〔註 5〕但他的詩，卻的確是「詩」的，語言的柔美流暢且不說，大多數的詩都詩意充盈，雖是即時的小感觸，意境卻清新、遼遠。做到這一點，是不容易的。我們說朱英誕的詩歌與當時的時代有距離，並不意味著他的詩只是一己私情之表現，他三四十年代的詩歌多呈現的是自然裏的人生、人與自然的交流與契合，以知性化的感受，在內心世界和外部世界的呼應中，發現獨特的現實，詩的神聖美也由此產生。當然，朱英誕也在不時地反省自己。1943 年詩人在一篇文章中說道十年間自己詩的

〔註 3〕 朱英誕，《春草集・後序》，見北京大學出版社《新詩評論》，2007 年第 2 期，第 99 頁。

〔註 4〕 白藥，（朱英誕）《序文二篇》，《文學集刊》第二輯，1944 年 4 月 7 日。

〔註 5〕 馮文炳：《談新詩》，人民文學出版社 1984 年 2 月版，第 5、185～186 頁。朱英誕，《冬述──「春知集」代序》，見北京大學出版社《新詩評論》，2007 年第 2 期，第 96 頁。

風趣約四變,並表述了這樣的看法:「而在事實上我們殊不能滿意於貧血的自然和軟骨的浪漫。」〔註6〕

在象徵主義為主要特徵的時期,朱英誕詩歌既不像李金發的詩歌在語言上存在西語與文言交雜的梗阻,也和同時期戴望舒的更重主觀,繼而關注社會主題不一樣,他精心地侍弄著自家的「小園」,至今我們猶望得見那一片青色。在中國象徵主義詩人中,朱英誕走的是一條研究界過去較少注意的路子。西洋詩歌對他有影響,而詩的根基仍在中國傳統,在六朝晚唐詩和南宋詞人一脈。他的詩內斂、和靜,很重視意象和詩的境界的創造,在吸納西洋詩歌營養的同時,著重發展了中國古代詩歌傳統中的「神韻」之長,創造出了真正中國式的象徵主義詩歌,暗合了東漸之西潮。

「如春花與秋月/珍藏著一半的生命/夢與夜/找不著此外的行蹤/……在一張圖畫裏/那定形的風迹呢」(《少年行》)。「春花與秋月」是新詩的象徵,珍藏著詩人「一半的生命」。只有虛幻朦朧的「夢與夜」是真實存在的,新詩的「神聖美」就在那裡,再「找不著此外的行蹤」。詩魂似在一張「圖畫裏」彌漫,可又找不著對詩意執著追求的「定形的風迹」。朱英誕新詩創作的「少年行」,從象徵主義那裡邁開了第一步。「走在無人之境裏,/似過去前面就是座桃花源;」「彷彿落了滿地的後悔,/尋不見一處迴避的地方/與水面的不自然」(《落花》)。「落花」,暗喻孤獨的青年詩人要去尋找一個世外桃源,可一行動就「後悔」了,到處的「水面」依舊,哪裏會有桃花源呢?「一往情深的是/從清晨到黃昏又到夜半/沒有夢或是多餘的行動/我做一些人們不關心的事/反照裏大廈傾倒了/但那磊落的人/已走遠去——不復歌與哭/我退卻到高高的小屋裏來」(《寫於高樓上的詩》)。詩人對當時的生存環境沒有了希望,也沒有實際行動,盼望這個社會「大廈傾倒」,但那些敢歌敢哭的光明「磊落的人」已走遠了,「我」便「退卻到高高的小屋裏來」,有意疏遠當時社會環境只顧「做一些人們不關心的事」,沉醉在詩在象徵主義彼岸世界的「美」中。總之,朱英誕這一階段的新詩創作中,「象徵」不是局部的修辭手法,而是通體運用的「主義」。少年朱英誕是以一個孤獨的象徵主義詩人出現在讀者面前的。寫於 1941 年~1942 年間的《夜窗集》中,有一首

〔註 6〕 馮文炳,《談新詩》,人民文學出版社 1984 年 2 月版,第 5、185~186 頁。朱英誕,《冬述——「春知集」代序》,見北京大學出版社《新詩評論》,2007 年第 2 期,第 96 頁。

題為《沉默者言──懷林庚》的詩：「愛沉默，您說我／難於捉摸：像一縷青煙……／濃淡？／而我所深愛的是／一片青青者天／嬝嬝的如遠人不見。」詩也如人，「沉默者言」道出了作者的性情，也道出了其為詩之「道」。一個人在藝術上接受一種「主義」也許會容易些，可要走出這種「主義」相對要難一些，於是我們看到了朱英誕在 1938 年至 1948 年十餘年時間裏新詩創作中的現實主義的萌芽和象徵主義仍占支配地位的現象。

「肖像一直注視了二十年，／我才懂得怎樣看這人間，／如同對寒冷的秋雲。／如今緊閉的窗外落紅滿徑」（《母親的肖像》）。在母親的肖像注視了二十年之後，詩人才懂得如何看現實的人生，才知道人情世態的「寒冷」和「秋雲」一樣的波詭雲譎。在這種人生環境中，詩人可以將自家的窗戶「緊閉」，可對「窗外」的「落紅滿徑」雖同情卻又無可奈何。這本是現實主義的表現手法，可詩人卻在另一首《終生的懷念》中這樣寫道：「或者母親正做著懷念我的夢──／這個人生是死亡的倒影？」生是死的倒影，此岸的現實是彼岸的虛無的倒影，生活中神聖的內涵又要在情感的「絕對世界」中去尋找了。先生這個階段的絕大部分新詩都是如此，現實主義手法剛一露「尖尖角」，就被象徵主義大手掐去了，甚至於連「為和平而歌」這樣重大的現實題材也以《遠眺》式的視覺來觀照。從該詩創作的時間看，應是對抗日戰爭慘烈現象的歎息，「而我的歎息也將消瘦了」，可見這種「歎息」的頻率之高與時間之長對詩人的消耗。詩人把和平寄託在「天邊外」，「天邊外如果是平原，／我渴望飽看那無邊的落花，／我渴望飽看那無邊的飛絮」。天邊外如果是虛無，「而我是一顆星」。詩人在天邊外「為和平而歌」中捨棄現實主義而堅守在彼岸世界的虛無縹緲中去尋找和平「聖地」的象徵主義的審美走向，令人遺憾。這個時期，詩人常常回到現實人生中來，「陌巷是消失了，／那新鮮的花兒的叫賣聲；／沉澱下你的宿命，／戰爭勝過了和平」（《回憶》）。可這種現實感極易倏爾而逝，「你們，睡熟的女孩？……我發現了現實的虛無，／燈光的樓屋是被掘盜的墳墓，／夜是聖賢的白日夢的結晶」（《僧侶和赤子──寄白鳳》）。此詩寫於 1948 年 9 月，內容的象徵性指向與當時中國的現實又相去甚遠。詩人的靈魂常常奔取於生與死、現實與虛無、此岸世界與彼岸世界之間。

從 1949 年新中國成立到 1965 年「文革」開始前夕的十七年，是朱英誕新詩創作的一個平和的時期，成為一位旗幟鮮明的「我愛我們的北京又大又

小」的愛國詩人，在對新詩創作藝術的追求上現實主義明顯大於象徵主義。

這一時期的開篇之作是《古城的風》。他把毛澤東主席入主北京時講話的「雄宏的聲音」喻爲「古城的風」，中國人民在這風中感到了從未有過的精神愉悅。詩人也以幾十年少有的對現實生活的情感體驗歌唱這風「來的自由自在，自然而然」，詩人熱烈地歡呼：「你就吹吧，吹吧，風啊，／帶著說服的力量，／帶著歡樂的力量，／燈呢，乃是極亮的明亮了。」同所有愛國知識分子一樣，詩人把以毛澤東爲代表的中國共產黨人喻爲「清掃人」，在《清掃人》一詩中寫道：「勤謹的清掃人／像紅日一出／清除了黑夜」，對一個新的社會制度建立的喜悅擁戴之情溢於言表。詩人還在這首詩中對人民大眾表現出前所未有的信心。「年輕的人都很健康：／像鐵血般的高粱，／而高粱像人眾，／一出就是一片啊。」

也許是由於建國後連續的政治運動，尤其是 1957 年反右擴大化，以及個人性情等方面的原因，朱英誕在當年寫的詩中又表現出難以驅除的孤獨：「詩人，孤獨之子，／總是在夜裏，／你的詩情啊才是一棵樹」（《燃燈驅夢》）。又回到象徵主義：「影子遲疑說……，／我是無夢的夜？是無夜的夢？」（《黃昏獨自遠眺》）又陷人虛無主義，「是的，人類即是影子。／你我都不過是幻化之身」（《對影──贈森然》）。儘管如此，先生在這一時期新詩創作的主流是關注現實人生和現實生活的。

十年「文革」，萬馬齊喑，落英滿地，許多詩人和作家慘遭迫害，有的因絕望而自盡。朱英誕因在此前公開發表的作品不多而逃過了此劫。然而，作爲一位默默耕耘的詩人，他深知這不是一個有利於詩的花朵開放的季節，他在困惑中《獨行》：「不知道從何處來，到何處去；每走一步都彷彿尋覓／你在哪裏？」詩人深切地感歎道「我不復能夠潛心寫好詩」了（《不明言的詩》）。但感歎歸感歎，詩人依然筆耕不輟，而且在這一時期成爲清醒的現實主義者。詩人在《秋夜》中說人類生活的地球是一個幻美和現實的化合體：「兩個陌生者相遇也會握手言歡，／他們將於此重建家園。」在那個狂躁的年代裏（1969年），寫出這樣的詩句，需要的是怎樣的一種操守呵！從這裡，又顯示出朱英誕獨立詩人的品性。從大宇宙的眼光看我們人類生存在其中的一個「美麗而孤寂」的星球，沒有當時正在被鼓吹到極點的狹隘的民族主義偏見，可謂世界主義的思想萌芽，全球一體化的先聲。這是一位愛國知識分子爲中國當代的發展所作的一份寶貴思想貢獻。在那個掃蕩文化的特殊歷史時期，詩人對

現實的關注程度是前所未有的。詩人說：「儘管你們不再放光彩，／儘管你們不能歌唱，／對你們不明言的戲劇我最欣賞！」（《殘果》）。象徵在詩中已成爲一種手法，凸現出的卻是現實生活的內容。許許多多曾作出過傑出貢獻的文化人物，一時間被席卷神州大地的風暴從他們應有的位置上刮落到地上，不僅「不再放光彩」，「不能歌唱」了，連申辯的權力也沒有。詩人認爲這些人的遭遇是「不明言的戲劇」，雖然命運如「在冬晨」被「凍紅了」的「殘果」一樣，但「我最欣賞！」可見，詩人的心是與這些「殘果」連在一起的，精神上是息息相通的。有時詩人則表現爲以退爲進的牴觸，「登高能賦嗎？／望不盡的平蕪，／望不盡的大海；／登高是我的隱退的路。」「山雨欲來，這裡可以躲避，／夜訪，可以秉燭談；／舊照時，我安眠，／月照時，我清醒。」（《樓閣》）到處無秩序，滿眼「紅海洋」，詩人要以「登高」爲隱退之路。詩人的「登高」，不同於陳子昂「念天地之悠悠，獨滄然而涕下」的蒼涼、悲愴，他有著自己獨特的文化見解和理性思考。

檢閱「文革」時期的「地下寫作」，不應忘記朱英誕。

十年「文革」結束，詩人朱英誕可以說與所有渴望民主法制的文化人一樣，是「春江水暖鴨先知」的。「我獨上高樓，／摘下那顆行星，／拿來稱一稱。／違反理性是否是一個有分量的砝碼？」（《星空》）。詩人舉重若輕地闡發了在地球上任何「違反理性」的行爲，都是對人類的發展進步沒有「分量」的。這個時期的詩人朱英誕，在新詩創作上可以說是一個徹底的現實主義者了，代表作可推《清明時節的新綠——紀念周總理》。「誰是縱火犯，引起了／森林的燃燒，熊熊的大火啊。／人人從冬眠中醒轉來，／其中有我啊。」天安門廣場「花圈花籃無數；詩，無數；無比新鮮的／這些早綠的小詩（而不可以詩論）的／詩，一首整體的大詩，／它拒絕剖析。」詩人把那些由無數小詩匯聚成的「天安門詩抄」看成「一首整體的大詩」。這些小詩是「早綠」的，從詩的藝術上講也許還不成熟，但「無比新鮮」。這些詩不能單純的以詩來看，它是一種飽和著中國人民強烈意願的時代的吶喊。這是詩人朱英誕引以自豪的我們的「詩的大傳統，／千花百草，連同我們的夢想」。至此，我們才發現了詩人從祖先朱熹他們那裡繼承的儒家學說中關注現實民生的民主思想的精華。

四

　　文學是顯現在話語蘊藉中的審美意識形態，文學也是一個與時代同時出現的秩序。詩人朱英誕，可以說於前者是非常的成功，於後者又是相當的失敗。

　　眾所周知，中國從 1840 年第一次鴉片戰爭到 1949 年中華人民共和國成立的百餘年，一直處於內憂外患之中。民族救亡和解放運動是貫穿百年歷史的一條主線，關注這條「主線」便成為中華民族的主流話語。如前所述，朱英誕新詩創作起步的 20 世紀 30 年代，是一位與主流話語保持相當距離的「退卻到高高的小屋裏」去的孤獨的象徵主義詩人。到了 40 年代，詩人又在無法排遣的苦悶中「發現了現實的虛無」，連「為和平而歌」這樣重大的現實題材也是以《遠眺》為題目來寫的，並把和平的希望寄託在虛無縹緲的「天邊外」。詩人的那些象徵主義的新詩如東流大江邊迴旋的美麗浪花，少有閒情逸趣者去觀賞。加之，在彼岸世界去尋找「神聖美」的象徵主義新詩在中國缺乏深厚的哲學基礎。兩千多年來，孔子所創立的儒家學說自漢武帝「罷黜百家」以後就一直在中國思想界佔據著統治地位，對中國知識分子的心理結構的形成產生了決定性影響。儒家學說的精華就是對民生的格外關注，認為「美」就存在於我們經驗到的自然和社會生活中，「美」不在彼岸世界。因此，中國精英知識分子一貫主張「文章合為時而著，歌詩合為事而作」（白居易），主張「文以載道」（韓愈），主張「先天下之憂而憂，後天下之樂而樂」（范仲淹），而道教和傳入中國的佛教的直視內心，或直視世界背後的隱密的哲學思想雖然也對中國文學的發展產生了深刻的影響，但一直未能居於支配地位。所以，象徵主義新詩在 30 年代至 40 年代的中國知識分子中接受者也不是很多。由於上述兩個主要原因，朱英誕初登中國詩壇的新詩就不會產生如法國的波德萊爾《惡之花》在西方世界那樣的影響。廢名在《林庚同朱英誕的新詩》一文中說過這樣的話：「我與林（指林庚——彭劉注）朱的關係是新詩罷了。我一讀了他們的詩就喜歡，這真是很古的一句話，『樂莫樂兮新相知』了。中國的文壇卻也是應該害羞的，因為專講勢力，不懂得價值，林朱二君的詩都是自己花錢出版的，朱君的集子恐怕沒有人知道。」廢名說這話時，已是抗戰勝利之後了，及在《華北日報》副刊發表已是 1948 年。廢名所言當是又一個原因。就這樣，本應在 30 至 40 年代「一舉成名」的朱英誕，第一次與自己的時代錯位了。20 世紀 50 年代初到 60 年代中期，先生已有許多現實主義大

於象徵主義的新詩寫成，但不知何故，又幾乎沒有公開發表。也許是詩的題材、主旨，以及話語方式與當時提倡的「工農兵方向」有所疏離，第二次朱英誕又未能與自己的時代保持同一個「秩序」。十年「文革」中，詩人寫了許多現實主義的關注民生的好詩，可又不能發表，詩人的詩作與時代的「內在秩序」很是一致了，可又被當時的形勢所不容，先生再一次又被時代抹煞了。從 1977 年到 1983 年先生病故，這六、七年時間，應是詩人的藝術個性與時代「雙向」選擇的最佳時期，給詩人提供了前所未有的「大器晚成」的歷史機遇，可不知爲什麼也未見詩作公諸報刊。只是到了 1986 年詩人已離世三年後，《詩刊》第 8 期，才特爲詩人出「朱英誕遺作五首」專輯，並介紹作者簡短生平和他的作品。可無論如何，詩人生前又最後一次令人遺憾地在「成名」上與他自己生活的時代擦肩而過。當然，一個詩人在生前「不爲名利，不計榮辱」是良好的個人品格，建國後的詩不爲「時風」所惑，顯示了先生對藝術獨立追求的精神，可作爲一種「秩序」的審美意識形態，總是不能與其生活的時代同時發生影響，且屢屢錯位，這無疑是詩人的悲哀。

五

　　《冬葉冬花集》的作者是在詩的核心層面上營造詩的意象世界從而在這種營造中達到詩的意境超驗層面的高手，他把對內心世界精微的觀照常常以凝煉形象的語言和精短優美的形式表達出來。詩人深受中國古典詩詞的滋養，無論象徵主義還是現實主義的詩作，都有著柔美而開闊的意象世界，這個意象世界在時空中跳轉，在虛實中轉換，在詩的造境或「合境」的布陣方式中形成一種整體優勢和「格式塔效應」。《冬葉冬花集》所達到的藝術水準，爲當代新詩的個性化創作提供了可資開發的豐富資源。

　　詩的任何富有生命活力的意象的創造，都不是缺乏「主觀」因素的一種簡單的「強合」，而是外在的自然界與人的內在世界的有機融匯，是詩人長期情感的、思想的、生活的積累的「前緣」與某一客觀的「象」相互思慕、想互尋覓、刻骨銘心、不見不散的「定數」。詩人朱英誕熱愛自然的「赤子」之心是幾十年一以貫之在他的新詩創作中的，他將這種赤子之心投射到哪裏，哪裏就沐浴著他心靈之光的獨特色彩，形成他自己的柔美而廣闊的意象世界。詩人在營造意象時採用幻變、感悟、哲思、派生、多維等多種組合方式，又以疊加、并置、環鏈、嵌珠、復合等多種手段布陣造境，加上比喻、擬人、

誇張、象徵、通感等修辭在詩中俯拾皆是的推波助瀾，使他的詩呈現出一個五彩斑斕，生機勃勃的新美世界。如詩人 30 年代最早創作的《印象》一詩：「太陽照澈了大地，／是不是看多了人間的不平，／那滿壁的夕陽沒落著，／但，大樹微漾著深深的花蔭。」詩中太陽、夕陽、大樹、花蔭、紅霞、風等意象，以環鏈方式布陣構成「看多了人間的不平」的幽美意境，透出對這種「不平」的無可奈何的「歎息」。「我想著有一隻夜航船，／我將航到天邊。／／山鷹棄了巢，／又負著青天了，／我也徒然點綴了山巔。」（《大覺寺外》）詩人在寺院外，想到彼岸世界，山鷹「負著青天」，成為青天的一個景點，「我」也是山巔的一個「點綴」，一個意象嵌珠般地給人留下耀眼的亮點。在一首詩中運用多種意象的組合方式造境也是常見的，如《鏡曉》中「小鳥是岩石的眼睛」，是嵌珠；「青松巢住著春風」，又是疊加。詩人朱英誕的意象柔美而開闊，就連他寫的邊塞詩也表現出婉約的陰柔美，沒有如邊塞詩人岑參「北風卷地白草折，胡天八月即飛雪，忽如一夜春風來，千樹萬樹梨花開」的陽剛氣勢。如《塞下》一詩：「水啊，流去這裡的日月了，／白雲高高的蔭覆著；那低音的歌曲，／孟姜女哭倒了長城。」詩人在「塞下」悠長的歲月、廣裏的空間裏，感覺到了歷史久遠的老百姓心聲。

象徵、比喻、擬人、通感等修辭手法在新詩創作中的廣泛運用，既見出朱英誕鮮活的藝術感受力，又表現了他營造詩的意象和拓展詩的境界的自覺性。「紅燭在你的手裏，／照著的是我所愛慕的你，紅燭遞到我的手裏來，／照著的我也是你的。／方才在黑暗的人嗎？小心啊，風前的燈，／花一般寂寞的紅」（《秉燭之遊》），是戀人和生存環境的對抗性矛盾嗎？結尾的象徵手法，包含著深刻的生活哲理。愛情如紅燭，但現實是嚴酷的，愛如「風前的燈」，隨時有被吹滅的可能。大凡美的都是脆弱的，「花一樣寂寞的紅」，讓人聯想起許多，焦仲卿與劉蘭芝，梁山伯與祝英臺，賈寶玉與林黛玉，羅密歐與朱麗葉，涓生與子君等，他們的愛「在黑暗」社會裏，不正是「風前的燈」嗎？所有「方才在黑暗裏的人」的愛不都是「風前的燈」嗎？一首僅有七句的小詩，舉重若輕而又美妙含蓄地點化出了黑暗社會裏真正的愛與環境對抗的性質和這種對抗置多少戀人於死地的悲劇性內涵。

「清晨裏有晨曦的皓腕，／伸到我的夢中的臉上來。／或者落在病中，／它疑心這個異鄉人。／遂用它的光，／照上我的牆，／為我開了一面窗，／無聲的詩啊」（《早安》）。將「晨曦」擬人化，與「我」進行無聲的對話，

爲下段「我看見了鄰家的小姑娘，／澆花澆草，並澆著了我夢中的瘦小的花蝴蝶，／翻飛過銀塘的夜」（同上）的象徵性意境創造提供了條件。而通感手法，在《多葉多花集》中更是隨處可見的。「輕雷零落地響了，／如一柄鑰匙，／我將拾去，打開，／花開草長，蟄蟲始蘇」（《輕雷》），聽覺形象直通視覺形象，一下子提高了該詩創造意境的效率。「晨曦入室了，／若一曲駝鈴」（《郵亭》），視覺形象又直通聽覺形象，給人以美妙而空靈的藝術感受。

在《多葉多花集》中，「夢」這個意象出現頻率很高，但在詩人的不同創作時期「夢」的思想內涵是不一樣的。在象徵主義占支配地位的時期，「夢」指向神秘莫測的彼岸世界；在現實主義占支配地位的時期，「夢」又是一種理想的存在；50年代初，詩人從詩的藝術角度對「夢」作了唯物主義的闡釋，「有人說，人生如夢，／夢？就是那些沒有必要對誰述說的，／可是自己知道得最清晰的／心靈的歌曲」（《如夢》）。這個「闡釋」中包含著兩個關於詩歌創作的要點：一是作爲「內視點文學」的抒情詩，不是像「外視點文學」那樣「述說的」，它有自己的表現方式；二是詩「是自己知道的最清晰的」個性化和心靈化的歌曲。這兩個要點，既觸及詩的特有形式，又觸及詩的本質內涵。這種對詩的本質的見解，高爾基在《給薇·葉·加克爾——阿林斯》中曾說得明白而又徹底：「眞正的詩永遠是心靈的詩，永遠是靈魂的歌。」不過，對「我想照太陽照出顏色來」（《畫》）的朱英誕來說，將《多葉多花集》視爲他心靈的詩、靈魂的畫則更爲貼切些。他一生照出太陽顏色的赤子「心畫」，爲「內視點文學」體驗世界和對世界的情感反應方式，以及通往人的內心精微的諸多「幽徑」，提供了一個個性化十分明顯的範本，當然要去除有一些詩中象徵主義的負面影響——晦澀難懂的部分。

——本文選自《中國現代文學研究叢刊》2009年第2期

渾圓與清淺
——廢名與朱英誕新詩比較

陳　茜

　　廢名和朱英誕的詩歌傾向接近於卞之琳，他們的詩都是在日常生活默想。但是，他們的表達方式並不一樣。本文將側重比較廢名與朱英誕詩歌的差異，並思考朱英誕被文學史家忽視的原因，探討詩歌研究者應有的研究態度。

　　廢名認爲現代詩歌與古典詩歌的不同不在於是否用韻，「新詩要別於舊詩而能成立，一定要這個內容是詩的，其文字則要是散文的」〔註1〕。「一首舊詩裏情生文，文生情」〔註2〕，舊詩只是一株樹上的一枝一葉，而靠枝枝葉葉合成空氣。古代的詩歌常常只有一句是好的，其它句子是做出來的。而詩不是寫出來的，是在寫作之前已經完成。因此，在廢名的詩歌中，他比較強調詩歌的氣氛，不一定取用古代詩歌中的意象，也無完整的形式，他追求詩歌意境的渾圓和義理的藏蘊。

　　《冬夜》是廢名早期的詩歌，「朋友們都出去了，／我獨自坐著向窗外凝望。／雨點不時被冷風吹到臉上。／一角模糊的天空，／界劃了這剎那的思想。／霎時僕人送燈來，／我對他格外親切，／不是平時那般疏忽模樣」。這首詩歌帶有日常生活敍事風格，前四句通過環境勾畫來描寫自己存在人世與

〔註1〕廢名，新詩問答〔A〕，廢名、朱英誕著，新詩講稿〔C〕，北京：北京大學出版社，2008年，第7頁。
〔註2〕廢名，新詩問答〔A〕，廢名、朱英誕著，新詩講稿〔C〕，北京：北京大學出版社，2008年，第31頁。

自然當中的一份孤獨。「僕人送燈」代表雙重的溫暖，回到人間的溫情和世界的明亮當中。詩歌採用對比的方式表達對溫情的感念。這首詩看上去是描寫一個場景，一次心理活動，正如廢名自己所說，「我的詩是天然的，偶然的，是整個的不是零星的，不寫還是詩的」〔註3〕。

朱英誕早期的詩歌，多有來自古代詩詞中的意象：如《西沽春晨》：

> 鳥鳴於一片遠風間，
> 風掛在她的紅嘴上；
> 高樹的花枝開向夢窗，
> 昨晚暝色入樓來。
>
> 最高的花枝如酒旗，
> 也紅得醉人呢；
> 望晴空的陽光如過江上，
> 對天空遂也有清淺之想。

鳥鳴來自王維的《鳥鳴澗》，高樹來自曹操的「高樹多悲風」，遠風、夢窗、暝色入夢、花枝如酒旗等，偏正詞組或用自然景物與人文景物結合，都是古典詩歌追求簡潔凝練，營造氛圍之法。

與廢名不同的是，廢名詩歌中的「我」可以是詩歌寫作者，也可以指代普泛意義上的人類。朱英誕的這首詩是無「我」的，書寫者視角物化，即通過「花枝」做夢，「花枝」望晴空，對著天空想心事來替代詩歌寫作者，「花枝」成為詩人的移情對象。

在詩歌中，朱英誕喜歡通過加入語氣詞，使詩歌顯出說話的調子，與古文文法結合，形成朱英誕三十年代獨有的詩歌表達方式。

第一節不改變其意，可以改成純粹的現代白話：

> 鳥在風中，遠遠地叫
> 她的紅嘴上掛著風
> 高高樹上開著花，花枝向著夢中的窗戶打開
> 和昨天晚上的昏昏所想一齊入夢。

朱英誕的這首新詩並未脫去古詩模型，稍加刪減就是一首五言古詩：

〔註3〕 廢名，妝臺及其他〔A〕，廢名、朱英誕著，新詩講稿〔C〕，北京：北京大學出版社，2008 年，第 36 頁。

　　　鳥鳴遠風間，

　　　　風掛紅嘴上。

　　　花枝開夢窗，

　　　　暝色入夢來。

朱英誕的《西沽春晨》分兩節，類似詞的上下闋，第二節是第一節意境與形象的補充和解釋，整首詩描繪出春天的自然風光。鳥、樹、花構成春天的美景。詩歌有似一幅寫意國畫，畫面感很強。

　　廢名的詩經常是一氣呵成，一節形式居多。在詩歌人物設計和景致描寫上，追求瞬間感悟。如《海》一詩：

　　　我立在池岸，

　　　望那一朵好花，

　　　亭亭玉立

　　　出水妙善，——

　　　「我將永不愛海了。」

　　　荷花微笑道：

　　　「善男子，

　　　花將長在你的海裏。」

詩歌闡釋的是人類與物質世界的一種關係。「我」是代表人類，「花」就是物質本體的代指，那麼「海」有兩重含義，第一次「我將永不愛海了」，是「我」面對池岸中亭亭玉立的荷花而言，第二次荷花對「我」說「善男子，花將長在你的海裏」，這裡的海非自然中的大海，指的是人類所看到的如海洋一樣的內心世界。廢名詩歌中的意象常是混沌的，兩個「海」並非遞進或並列關係，而指向不同的兩個範疇。

　　朱英誕的《早秋》是一首敘事風格的詩，從梧桐葉飄落，撿起梧桐葉夾進書裏寫起。由並不完美的梧桐葉想起它所在的山水，「山水落於晴意的遠處」，如是廢名，詩歌到此即止，從自我世界引申到宇宙或人生就立刻結束，而朱英誕還要在比喻中強調詩中的「我」在，強化「我」對描繪現象的體悟：「一帆如蝶而非夢／我愛這一葉之影即是濃陰」。把梧桐葉比作是蝴蝶，用一種物體來印證另一種物體的存在，表達「我」對存在過往的情感。相對而言，朱英誕的詩注重情感的完整性。廢名的詩更重說理，並不追求詩意表達的完整，而是類似禪的頓悟。

　　朱英誕早期的創作中常有由此及彼的聯想。如《大覺寺外》，由杏花、罄聲而聯想到夜航船，「我」在詩中：「我將航到天邊」，《想像──贈林庚》「以微語念迢遙迢遙的／與搖著的幸福的手指／招來一個熟悉的地方／爲一個暗笑打斷了」，從低聲說話聯想到遙遠的地方。《靜默中的馳想》從秋風瑟瑟，梧桐積葉而靜默，「馳想著丹山」。廢名的詩歌常有的是發散式想像，甚至帶有非理性的幻覺。如他自己最喜歡的《十二月十九夜》，由「深夜一支燈」，想像爲「若高山流水，有身外之海。」由地面想到天上，「星之空是鳥林，」由天上又到人間「是花，是魚」。「海是夜的鏡子」，此海非大海，是內心對世界的成像，因此，他說道「思想是一個美人」，可理解爲：美人並非女人，而是使人感到美好的事物。廢名的詩歌常常使用詩家愛用的歧義，串起一系列美好的事物，如詩中繼續下去的是排比，思想還是「是家／是日／是月／是燈／是爐火」這些並非具象的意象作爲概念，襯出他內心海（世界）中所映出的思想（美好）。這是一個豐富的內心世界，因此十二月十九日也是一個充實的夜晚。

二

　　從朱英誕三十年代的詩歌寫作看，他試圖在古典和現代詩歌間尋找一條適合自己的道路。只是現在讀者所能看到的：三十年代的戴望舒、卞之琳等現代詩人用非常流暢的現代漢語寫作表達古典詩韻，新月後期詩人用北京土話創作的現代詩在詩壇有過一席之地。在這種歷史語境當中，朱英誕的詩歌並未表現出奪人耳目的新鮮感。因此筆者對於朱英誕在新世紀的浮現，可以肯定，在很多讀者眼裏，會認爲他不過就是戴望舒或卞之琳的模仿者，被詩歌史和讀者忽略是可能的。無獨有偶，在二十年代末，草川未雨寫的中國第一部新詩史專著《中國新詩壇的昨日今日和明日》中對同爲海音社成員的謝採江的詩給予高度評價，認爲他的《彈簧上》是中國明日短歌的標準。而筆者閱讀《彈簧上》時，發現作者不過用了冰心式的短句表達汪靜之類似的情詩，在當時的詩壇和現在的詩壇都並未引起更多讀者的注意。這的確牽涉到詩人詩歌出場時間先後的問題。

　　我們暫且忽略這重要的時間魔術師，在時間和歷史之外再次來探究朱英誕的詩意與廢名的差異。

　　朱英誕的詩是寧靜的，與他選擇的意象有關。他的詩歌意象來自自然，

來自古詩文。他選擇的時間意象如「春曉」、「月夜」、「星夜」、「早秋」、「晚秋」，空間意象如「墓園」、「宇宙」、「郵亭」、「西窗」，對象意象如實在的爲「草」，「枯樹」、「槐花」、「漁火」、「玉簪」，還有虛幻的意象如「夢」、「浪花船」等。

廢名的詩有動感，在動感中收穫思想。他的意象並不太豐富，喜歡用「燈」、「星」、「爐火」、「日」一類照明性的詞語，還喜歡「宇宙」、「上帝」、「人類」、「眞理」、「人間」、「海」、「花」（「蓮花」、「荷花」）、「妝臺」、「鏡子」、「玩具」、「魚」這類哲學或佛教中常用的特殊用語，「淚」、「屍體」、「垢塵」、「墳墓」一類指代生與死的存在意象。

在三十年代創作默想類詩的作者有卞之琳、戴望舒、廢名、林庚等詩人。在朱英誕的詩中，很多淺嘗輒止的意境，就像一次沒有完成的談話。廢名的詩在跳躍的思維中往往一次成型。朱英誕有一首《說夢》：

> 看看行雲，出去吧
> 默誦一篇悼文
> 青松與白石相對無言
> 人啊是多麼好事
> 藍天裏雨絲和斜陽舞蹈
> 一隻蝴蝶如負重而飛來
> 花陰遂作爲說夢的場合
> 夏至日綠葉是更綠一番了

詩中的意象在交織中訴說詩人情感，行雲與悼文、青松與白石、雨絲和斜陽等意象充滿著生命感悟：死與生，永恒與短暫。行雲是指無法把捉的東西，人生似行雲流水，然而與人的短暫生命相比，行雲是永久的存在。悼文是對逝去人的追憶，它同時又是默誦者的永遠的記憶。行雲是暗示生命流動變化的意象，而悼文是提醒讀者一個人的生命終結，卻以另一種形式延續的意象。青松白石，爲墓地莊嚴的物象，象徵著往生者的人格，也期待生命永存如青松，人格潔白似白石。這些都是人類文化擬定出的意象，「人啊是多麼好事」，應該是指向文化延續，使很多物象都有特殊的含義。就因爲這樣，在「雨絲和斜陽舞蹈」的想像性景象中，「負重而飛來」的蝴蝶是否象徵著生命的蛻變，或是文化的負載？一隻蝴蝶又暗示著孤獨？無疑，「蝴蝶」意象增添歷史的厚重感和畫面的靈動感，這是詩中唯一活躍的生命，它是蝴蝶，它也是文化，

也可以看作是敘事者，或者詩人，一個生命來到一幅畫面中，畫面整個具有了新的生命力，花蔭就成爲說夢的場合，綠葉更綠，不僅說夏至日到來的生命的旺盛感，而是在陰與陽，暗與亮的畫面中，強調時間的現實感。詩歌中的情感是一貫相同的。在文字上，朱英誕的詩歌沒有閱讀障礙。在意象設計上，有獨到之處。廢名的《夢中》只有四句：

> 夢中我夢見水，
>
> 好像我乘著月亮似的，
>
> 慢慢我的池里長了許多葉子，
>
> 慢慢我看見是一朵蓮花。

這是一個渾然的夢幻意境：水、月亮、葉子、蓮花，夢中意象的不斷幻化，不過是在講述佛教中的色即空的道理。廢名的《渡》也是寫夢，同樣有更多的理性參入。如第一節：「夢中我夢見我的淚兒最好看，／是一個玩具，／上帝叫他做一隻船，／渡於人生之海，／因爲他是淚兒，／岸上之人，／你別喚他」。詩歌以淚爲船泅渡人生來強化人生生存實爲在災難中度日，在夢中夢見淚好看是因爲現實當中淚並不好看，它做虛幻的船，也只能泅渡虛幻的人生，最怕的是夢醒，所以你「別喚它」，不要讓他從虛幻當中墜入現實。第二節的最後一句是「你別看他」，加深了詩歌的現實意義，「別看」，那麼就是因爲它經不起看，經不起人們的推敲，它是虛幻的，又是實在的東西。廢名的詩歌更讓讀者感到詩意的混沌。

朱英誕和廢名都喜歡在詩裏寫宇宙。朱英誕的宇宙是靜物畫的，從「青燈」和「瓶花」中來，「我愛這一盞雪後的青燈／讚頌它是宇宙的雛形」「瓶花得之於九月的寒郊／獻給你一束美夢／點綴你的宇宙／黃昏溫柔的來臨」從一個大宇宙到一個小宇宙。他的宇宙還是「我」的。而廢名的宇宙構思來自聲音：

> 街上的聲音
>
> 不是風的聲音──
>
> 小孩子說是打糖鑼的。
>
> 風的聲音
>
> 不是宇宙的聲音──
>
> 小孩子說是打糖鑼的。
>
> 小孩子，

風的聲音給你做一個玩具吧，
街上的聲音是宇宙的聲音。

——《街上的聲音》

在這首頗有童趣的詩歌中，聲音屢次被小孩子說成是打糖鑼的，在孩子的世界裏只有糖鑼，沒有風的世界，沒有宇宙的概念，而宇宙又是客觀存在著的。廢名這首詩是從小到大，不斷地擴充一個世界，顯出孩子可愛的。廢名的宇宙是天下的。

三

朱英誕被詩歌研究界所忽略的原因頗多。一是與朱英誕的性格有關。朱英誕幼時朋友何炳棣曾說朱英誕七歲喪母，性格含蓄〔註4〕。最瞭解他的妻子陳萃芬說「英誕為人耿介，不喜交道，但對知交，誠懇相待」〔註5〕。從朱英誕的詩歌講解〔註6〕、寫作和風格可以看出，他是內心高遠，為人低調，詩風內斂。不是一個特別愛與環境直接抗爭的人。他的詩歌中一直在表現人與宇宙的和諧，並非馮至《十四行集》中那樣描寫人與宇宙的合二為一，也不像郭沫若筆下那條不羈的「天狗」，向世界發出「我的我要爆了」的大吼。二是時代強行改變個人命運。四十年代朱英誕在周作人負責北大的時候，由朋友沈啓無推薦成為北大助教。抗戰結束後，周作人走上了人生的下坡路，「周沈破門事，城門失火，殃及池魚，我從此與周先生的關係斷絕了」〔註7〕。朱英誕兩萬字左右的傳記《梅花依舊》中寫到周作人的人生悲劇。可見，朱英誕本來性格溫和，目睹周作人遭際，也無意走入江湖，寧願選擇靜默，遠離喧囂大眾，為自己內心默寫。三是朱英誕離開北京大學之後，經歷坎坷，先後在東北、華北工作，因身體有恙，1963 年退休。退休後，他轉向古典文學研究，這可能是他被新詩界遺忘最大的原因。即便朱英誕三十年代出版過詩集《無題之秋》，自己編訂的詩集有《春草集》（1934～1935）、《小園集》（1936）、

〔註4〕 何炳棣，讀史閱世六十年〔M〕，南京：廣西師範大學出版社，2009 年，第36 頁。

〔註5〕 陳萃芬，朱英誕生平與創作 1913～1983〔J〕，詩評人，2008 年（9）。

〔註6〕 筆者另有專論廢名與朱英誕的詩歌講義論文，《高高持著：廢名與朱英誕的新詩講稿比較》，待發。

〔註7〕 朱英誕，梅花依舊〔A〕，廢名、朱英誕著，新詩講稿〔C〕，北京：北京大學出版社，2008 年，第 401 頁。

《深巷集》（1937～1944）、《花下集》（1940～1944）、《夜窗集》等多本，詩歌創作一直持續到八十年代，他應該是現代詩歌創作生命力較長的一位詩人，比他的老師廢名、林庚的作品都要多。但因爲他遠離詩壇，乃至他的子女對他的詩歌認識也來自於他去世之後〔註8〕，可見他的沉默與淡泊有多深。四是朱英誕詩歌創作本身存在個人原因。據林庚所寫「他似乎是一個沉默的冥想者，詩中的聯想往往也很曲折，有時不易爲人所理解」〔註9〕，這也應是朱英誕不爲人所知的重要原因。在一個大眾狂歡共享的年代，或是只要求寫老百姓喜聞樂見的作品的時代，朱英誕詩歌中的自然靈性與知識分子隱藏起來的思考無人有耐心去解讀，去體會。以上原因，造成了一位勤奮詩人無人理會的結局。

八十年代，批評家的眼光都在關注朦朧詩熱潮，或是對歸來詩人的讚美，朱英誕沒有步入歸來詩人的隊伍，也非有地下詩人那樣振聲發聵之作，他一直安然生活在讀者視線之外，繼續主流放逐的創作。正因爲他只寫給自己看，詩歌中沒有大眾化的情緒，只有內心的蒼涼與沉鬱：

> 入夜，當我鑽進我的老屋
> 彷彿葬身空腹
> 這時候，你說，我是逃避呢
> 還是想找個地方痛苦？
> 你說，這中天月色，慘淡的
> 那兩三顆星，豈非鮫人的淚珠？
> 我不是一個感傷主義者，明朝
> 窗外石榴樹盛開著謊話，並靜靜落下。

──《老屋》

「老屋」是個多義性意象：它既是逃避現實的私人空間，也是讓痛苦得以發泄之處。在這裡，月色和兩三顆星，象徵著生存氣候，或者人世間寡淡的情感。在這個空腹般的的「老屋」裏，也可以說是在自己熟悉的環境裏，包括書、人、地點帶來的熟悉環境中，懷著一種並非「感傷主義者的信念」等著

〔註8〕 朱紋，《詩評人·卷首語》中說道：「父親是一位詩人，也是一位詩評人。我是在他去世之後，閱讀他的自傳體《梅花依舊》，翻閱他的遺作，又到圖書館查找舊報刊之後，才逐漸認識和瞭解他的。」《詩評人》2008年總第九期。

〔註9〕 林庚，冬夜冬花集·跋〔A〕，朱英誕著；陳萃芬選編，冬夜冬花集〔C〕，文津出版社，1994年。

「盛開著謊話」的石榴花，靜靜落下。雖然不像食指那樣絕望，又那樣充滿信心「相信未來」，朱英誕詩中的「我」只是等待「明朝」判斷得到進一步證實，沒有更多的渴望。

——選自《長沙理工大學學報》（社會科學版）2011 年第 3 期